日本語の配慮表現の多様性

歴史的変化と
地理的・社会的変異

野田尚史・高山善行・小林隆 編

目　次

この本の目的と構成　　iii

第1部　配慮表現の多様性の概観

配慮表現の多様性をとらえる意義と方法 ―――― 3
　»　野田尚史
配慮表現の歴史的変化 ―――― 21
　»　高山善行
配慮表現の地理的・社会的変異 ―――― 37
　»　小林　隆

第2部　古代語の配慮表現

奈良時代の配慮表現 ―――― 57
　»　小柳智一
平安・鎌倉時代の依頼・禁止に見られる配慮表現 ―――― 75
　»　藤原浩史
平安・鎌倉時代の受諾・拒否に見られる配慮表現 ―――― 93
　»　森野　崇
平安・鎌倉時代の感謝・謝罪に見られる配慮表現 ―――― 111
　»　森山由紀子

第3部　近代語の配慮表現

室町・江戸時代の依頼・禁止に見られる配慮表現 ―――― 131
　»　米田達郎

室町・江戸時代の受諾・拒否に見られる配慮表現————149
》　青木博史
室町・江戸時代の感謝・謝罪に見られる配慮表現————167
》　福田嘉一郎
明治・大正時代の配慮表現————185
》　木村義之

第4部　現代語の配慮表現の地理的・社会的変異

現代語の依頼・禁止に見られる配慮表現————205
》　岸江信介
現代語の受諾・拒否に見られる配慮表現————223
》　尾崎喜光
現代語の感謝・謝罪に見られる配慮表現————241
》　西尾純二

第5部　現代語の配慮表現の多様性

談話の構成から見た現代語の配慮表現————261
》　日高水穂
携帯メールにみられる配慮表現————279
》　三宅和子

あとがき　　297
索引　　303
著者紹介　　315

この本の目的と構成

　この本は，近年，日本語研究の中で注目されるようになってきている「配慮表現」を多角的に研究したものである。古代語から現代語までの歴史的変化と，現代の日本各地に見られる地理的・社会的変異という主に2つの観点から，専門分野が異なる日本語研究者16名が時間をかけて共同研究を行い，日本語の配慮表現の多様性を追究した成果である。

　日本語では，古くから「敬語」の研究が盛んに行われてきた。さまざまな時代の敬語についても，さまざまな地域の敬語についても，研究の蓄積は十分にある。しかし，「すみませんが，」のような前置き表現や「m(＿ ＿)m」のような顔文字などは，相手に配慮するという点で敬語と似た働きをしていても，これまではまとまった形で詳しく分析されることはあまりなかった。

　この本では，敬語のほか，前置き表現や顔文字などを含め，聞き手や読み手に悪い感情を持たれないようにするために使う表現を広く「配慮表現」として，できるだけ多くの言語現象を取り上げるようにした。配慮表現の定義を行ったり，範囲を決めたりはしなかった。配慮表現の研究はまだ始まったばかりなので，研究の範囲を限定することはおもしろい言語現象の研究を排除することになるかもしれないと考えてのことである。

　敬語は言語形式の数が少なく，見つけやすいので，個人で研究がしやすい。それに対して，配慮表現はどのような言語形式で表されるかがまだ完全にはわかっていないので，用例を一つひとつ丁寧に見ていかなければならないなど，非常に手間がかかる。個人で研究するには限界がある。そのため，用例採集やアンケート調査などのデータの収集は何人かが共同で行う一方，そのデータの分析は項目を分けて各自が分担するといった体制も取り入れながら研究を進め，16本の論文にまとめた。

この本は，5部構成になっている。第1部で概観を行い，第2部と第3部で歴史的変化，第4部と第5部で現代におけるさまざまな変異を扱うという構成である。
　第1部は，この本の導入として，日本語の配慮表現の多様性を概観している。野田尚史が研究方法について述べ，高山善行が歴史的変化を概観し，小林隆が地理的・社会的変異を概観している。
　第2部は，古代語の配慮表現を取り上げている。奈良時代については小柳智一が担当し，平安・鎌倉時代については3人の分担で，依頼・禁止を藤原浩史が，受諾・拒否を森野崇が，感謝・謝罪を森山由紀子が担当している。
　第3部は，近代語の配慮表現を取り上げている。室町・江戸時代については3人の分担で，依頼・禁止を米田達郎が，受諾・拒否を青木博史が，感謝・謝罪を福田嘉一郎が担当し，明治・大正時代については木村義之が担当している。
　第4部は，現代語の地理的・社会的変異を取り上げている。3人の分担で，依頼・禁止を岸江信介が，受諾・拒否を尾崎喜光が，感謝・謝罪を西尾純二が担当している。
　第5部は，現代語のさらなる変異として，談話の構成を日高水穂が，携帯メールを三宅和子が取り上げている。
　この本では，2つのことを組み合わせて研究の新しい方向を示そうとした。1つは，言語の構造より言語の運用に深くかかわる「配慮表現」というテーマに取り組んだことである。もう1つは，異なる専門分野の研究者が協力しあって，歴史的変化の研究も地理的・社会的変異の研究も，できるだけ同じ枠組みで研究しようとしたことである。どちらも，これまであまり行われてこなかったことである。
　これからこのような新しい方向性を持った研究が次々に出てくることを期待しながら，言語研究の一つのモデルを示したつもりである。
　なお，原稿のさまざまな統一や索引の作成には，野田高広と中西太郎の助力を得た。本の編集と出版については，くろしお出版の池上達昭編集部長のお世話になった。　　　　　（野田尚史・高山善行・小林隆）

第 1 部　配慮表現の多様性の概観

» 配慮表現の多様性をとらえる意義と方法　　　　　　　野田尚史
» 配慮表現の歴史的変化　　　　　　　　　　　　　　　高山善行
» 配慮表現の地理的・社会的変異　　　　　　　　　　　小林　隆

配慮表現の多様性をとらえる意義と方法

野田尚史

1. この論文の主張

「配慮表現」というのは，聞き手や読み手に悪い感情を持たれないようにするために使う表現である。「です」「ます」のような敬語表現，「悪いけど」のような前置き表現，携帯メールで使われる笑顔を表す絵文字など，さまざまなものがある。

この論文で主張したいのは，次の(1)のようなことである。

(1) 配慮表現は，歴史的変化もあり，現代でもさまざまな要因による変異がある。配慮表現の研究では，そのような多様性をとらえるために，新しい研究方法を開発する必要がある。

この論文では，最初に，配慮表現の多様性を研究する意義を取り上げる。**1.**の後の**2.**と**3.**で，それぞれ次の(2)と(3)のようなことを述べる。

(2) 配慮表現をとらえる意義：言語形式中心のこれまでの研究では見落とされがちだった配慮表現は，現実のコミュニケーションでは重要であり，詳しく研究する価値がある。

(3) 配慮表現の多様性をとらえる意義：配慮表現は，個人差も大きく，多様性がある。配慮表現の研究を一面的なものにしないためには，そのような多様性をとらえる必要がある。

次に，配慮表現の現れ方と配慮表現の種類を概観する。**4.**と**5.**と**6.**で，それぞれ次の(4)と(5)と(6)のようなことを述べる。

(4) 配慮表現の現れ方：配慮表現は，相手に悪く思われないようにするための手段である。そのため，依頼や拒否，謝罪など，相手への働きかけが強い場合に現れやすい。
(5) 形式から見た配慮表現の種類：配慮表現は，形式から見ると，文末のモダリティ表現や，間接的な表現，前置き表現などの種類がある。
(6) 機能から見た配慮表現の種類：配慮表現は，機能から見ると，断定緩和や，共感表明，負担表明，謝罪などの種類がある。

そのあと，配慮表現の研究方法を取り上げる。7.から9.で，それぞれ次の(7)から(9)のようなことを述べる。

(7) 配慮表現をとらえるためのデータ：歴史的な研究では記録された資料を使うしかないが，現代語の研究では，ロールプレイや意識調査など，さまざまな方法を組み合わせる。
(8) 配慮表現をとらえるための基本的な方法：言語形式から出発するのではなく，互いの人間関係を含めた場面や状況から出発し，そこでどんな言語形式が使われるのかを分析する。
(9) 配慮表現をとらえるためのさまざまな方法：配慮表現には多様性があるため，談話単位の分析や携帯メールの分析など，多角的な研究を試みる。

最後に，10.で今後の課題について述べ，11.でこの論文のまとめを行う。

2. 配慮表現をとらえる意義

日本語は「敬語が発達している」言語だとされている。そして，敬語の研究はこれまでも盛んに行われてきており，たくさんの蓄積がある。

「敬語が発達している」というのは，敬意を表す表現が多いということではない。日本語の文には「敬語」という文法カテゴリーが認められるということである。

たとえば，日本語の述語では「行く」のような普通形と「行きます」

のようなていねい形のどちらかを選択しなければならない。これは，「行く」のような非過去形と「行った」のような過去形のどちらかを選択しなければならないのと同じことである。

　非過去形と過去形の選択が「テンス」という文法カテゴリーについての選択であるのと同じ意味で，普通形とていねい形の選択は「ていねいさ」という文法カテゴリーについての選択になっている。

　これまで敬語の研究が盛んに行われてきたのは，敬語が文法カテゴリーだったためである。文法カテゴリーは言語形式が限られており，体系性を持っている。そのような部分から研究が進むのは当然である。

　敬語を使う目的で重要なのは「聞き手や読み手に悪い感情を持たれないようにする」ことだと考えられるが，そのような目的のために使われる表現は敬語だけではない。「悪いけど」のような前置き表現，携帯メールで使われる笑顔を表す絵文字など，さまざまなものがある。ここでは，そのようなものをすべて含めて，「配慮表現」と呼ぶことにする。

　敬語の研究は，「です」「ます」や「お～になる」「お～する」などの述語形式や，「お」「ご」などの接頭辞のような限られた言語形式を対象にすればよかった。しかし，配慮表現と言ってよい言語形式はあまりにも多く，あらかじめ言語形式をリストアップするのは難しい。

　そのため，配慮表現の研究は，言語形式から出発するのではなく，互いの人間関係を含めた場面や状況から出発し，そこでどんな言語形式が使われるのかを分析するという方法を取ることになる。

　そのような研究方法は時間も手間もかかるため，これまであまり行われてこなかった。しかし，敬語の研究のような言語形式から出発する研究が十分成熟してきたことを考えると，これからは配慮表現の研究のような言語形式から出発するのではない新しい研究を進めていく必要があると考える。

　これは，別の角度から見ると，狭い意味での言語の研究からコミュニケーションの研究への移行ということでもある。言語の構造や体系を明らかにする静的な研究から，人間と人間がどのように言語を使って互いにコミュニケーションを行っているかを明らかにする動的な研究への移

行ということである。

　そのようなコミュニケーションの研究は，対象とする範囲も広く，研究方法もさまざまなものが考えられる。そうした新しい研究を進めていく意義は大きい。

3. 配慮表現の多様性をとらえる意義

　言語現象には，一般に歴史的変化や地理的変異といった多様性がある。そのような多様性をとらえる研究はこれまでも盛んに行われてきた。

　しかし，配慮表現の多様性は言語現象の中でも特に顕著であり，配慮表現の研究ではその多様性に十分，注意する必要があると考える。

　配慮表現の多様性が顕著なのは，次の(10)から(13)のような要因があるからだと考えられる。

　　(10)　個人差が大きい。
　　(11)　文レベルだけでなく，談話レベルの違いがある。
　　(12)　伝達手段による違いが大きい。
　　(13)　社会における人間関係の違いに影響されることがある。

　このうち(10)の「個人差が大きい」というのは，次のようなことである。敬語形式を含め，文法形式は，文を作るときに必ず選択しなければならないものであり，選択できる言語形式も限られているため，個人差はそれほど大きくならない。それに対して，配慮表現は文法形式とは違って文にとって必須のものではなく，言語形式もさまざまであるため，個人差が大きくなる。そのため，配慮表現の研究では，多くのデータをもとに分析を進める必要がある。

　次に，(11)の「文レベルだけでなく，談話レベルの違いがある」というのは，次のようなことである。敬語形式を含め，文法形式は，文のレベルのものであり，談話レベルになってはじめて現れる多様性はあまりない。それに対して，配慮表現は，たとえば断るときに，断ることと理由のどちらを先に述べるのか，理由をどれくらい詳しく述べるかといった多様性が見られる。そのため，配慮表現の研究では，談話レベルでの

分析が必要になる。

次に，(12)の「伝達手段による違いが大きい」というのは，次のようなことである。敬語形式を含め，文法形式は，話しことばと書きことばによる違いはそれほど大きくない。違いがあっても，逆接の接続助詞はインフォーマルな話しことばでは「けど」がよく使われ，フォーマルな書きことばでは「が」がよく使われるというように単純な違いが多い。それに対して，配慮表現は，たとえば言いよどみが話しことばでは語尾を伸ばしたり，声を小さくするなど音声的な手段で表されるものが，携帯メールではさまざまな絵文字で表されるなど，違いが大きい。そのため，配慮表現の研究では，伝達手段の違いに十分注意する必要がある。

最後に，(13)の「社会における人間関係の違いに影響されることがある」というのは，次のようなことである。文法形式でも歴史的変化や地理的変異は見られる。しかし，配慮表現はそれだけではなく，都市部と非都市部の違いといった社会における人間関係の違いに影響されることがある。また，身分関係が厳格な社会からそうでない社会への変化にともなって配慮表現が変化するといったこともある。そのため，配慮表現の研究では，社会における人間関係の違いを十分考慮する必要がある。

4. 配慮表現の現れ方

「配慮表現」というのは，聞き手や読み手に悪い感情を持たれないようにするために使う表現である。そのため，聞き手や読み手への働きかけが強い文に現れやすく，聞き手や読み手への働きかけがない文には現れない。

ここでは，文を「相手への働きかけが強い文」と「相手への働きかけが強くない文」と「相手への働きかけがない文」の3つに分けて配慮表現の現れ方を見ていく。

最初に，「相手への働きかけが強い文」というのは，依頼・禁止，受諾・拒否，感謝・謝罪，勧め，申し出，質問などを表す文である。どれも，単に事実を述べるような文ではない。依頼・禁止，勧め，質問は，相手に対して行動することを求める文である。受諾・拒否は，相手から

求められた行動に対して自分がどう対応するかを相手に伝える文である。感謝・謝罪は，相手の行動や自分の行動に対する自分の気持ちを相手に伝える文である。申し出は，相手のために自分が行動することについて相手の反応を求める文である。

このような相手への働きかけが強い文には，次の(14)のように，文末のモダリティ表現や間接的な表現，前置き表現など，多様な配慮表現が現れやすい。

(14) <u>ちょっと悪いんだけど</u>，先に行って準備始めておいてくれ<u>ないかなあ</u>。

その中でも特に相手に大きな負担をかけたり相手の意に反することをする依頼・禁止，拒否，謝罪などを表す文では，多様な配慮表現が現れやすい。

次に，「相手への働きかけが強くない文」というのは，単に事実を述べたり，相手の主張に反対するわけではない主張を行ったりする文である。

相手への働きかけが強くない文には，次の(15)のように，文法カテゴリーについての選択である「ていねい形」は現れるが，それ以外の多様な配慮表現はほとんど現れない。

(15) 先月ここに引っ越してき<u>ました</u>。

最後に「相手への働きかけがない文」というのは，感情の直接的な表出を行ったり，独り言を言ったりする文である。

相手への働きかけがない文では，次の(16)のように，配慮表現は現れない。

(16) 気持ちいい！

5. 形式から見た配慮表現の種類

配慮表現には，さまざまな種類がある。この**5.**では，形式の面から配慮表現の種類を見る。次の**6.**では，機能の面から配慮表現の種類を見る。

形式の面から配慮表現を見ると，次の(17)から(22)のような種類があ

げられる。
　　（17）　敬語
　　（18）　文末のモダリティ表現
　　（19）　間接的な表現
　　（20）　前置き表現
　　（21）　音声
　　（22）　記号・顔文字・絵文字
　このうち(17)の「敬語」というのは，次の(23)の「なさる」や「ます」のような形式である。
　　（23）　どちらになさいますか。
　丁寧語と言われる「です」「ます」という形式や，尊敬語を言われる「お～になる」「なさる」などの形式，謙譲語と言われる「お～する」「いたす」などの形式がこれに当たる。
　次に，(18)の「文末のモダリティ表現」というのは，(24)の「ていただけませんか」のような表現である。
　　（24）　一度，ご相談に乗っていただけませんか。
　この「ていただけませんか」は，「いただく」という受益を表す形式や，「ん」という否定を表す形式，「か」という質問を表す形式からできている。これらが組み合わさって，全体としてていねいな依頼をする形式になっている。
　なお，この「ていただけませんか」には，前の(17)で「敬語」としてあげた形式も使われている。「もらう」に対する謙譲語である「いただく」と，丁寧語である「ます」である。
　次に，(19)の「間接的な表現」というのは，次の(25)の「ほしいんですけど」のような表現である。
　　（25）　もう少し小さいのがほしいんですけど。
　この「ほしい」は，自分の希望を伝えることで間接的にていねいな依頼を行っている。「けど」は断言しないことにより，依頼をやわらげている。
　次に，(20)の「前置き表現」というのは，次の(26)の「すみません

が,」のような表現である。

　　(26)　すみませんが，先に帰らせてください。

　この「すみませんが,」は，依頼などの内容を相手に伝える前に相手に対する配慮を表すものである。

　なお，「前置き表現」と同じ機能を持つが，現れる位置や形が違うだけのものがある。1つは，次の(27)の「すみませんが。」のように，依頼などの内容を伝える前ではなく，依頼などの内容を伝えた後に相手に対する配慮を表すものである。

　　(27)　先に帰らせてください。すみませんが。

　もう1つは，次の(28)の「急なことで申し訳ありません。」のように，独立した文の形で相手に対する配慮を表すものである。

　　(28)　急なことで申し訳ありません。あしたこちらに来ていただけませんか。

　前の(26)だけでなく，(27)や(28)のようなものを含める場合は，「前置き表現」という用語は適切ではなく，「補足表現」のような用語にしたほうがよいのだろう。ただ，典型は(26)のようなものだと考えて，一般に広く使われている「前置き表現」という用語を使っておく。

　なお，杉戸清樹(1983)では，このような「前置き表現」に代表される，言語形式や言語行動に対する「注釈」が話し相手への配慮を表すことがあるとして，詳しい分類が行われている。

　次に，(21)の「音声」というのは，次の(29)のように，「よ」を長くして下降イントネーションで発音するような場合である。

　　(29)　本当に困っているんですよー。[下降イントネーション]

　次の(30)のように，「よ」を短くして上昇イントネーションで発音すると強く聞こえるのに対する配慮である。

　　(30)　本当に困っているんですよ。[上昇イントネーション]

　発話の一部で声を大きくしたり小さくしたりするのも，言いよどむのも，同じく「音声」による配慮である。「音声」は，当然のことではあるが，話しことばに限られる。

　最後に，(22)の「記号・顔文字・絵文字」というのは，次の(31)の

「m(_ _)m」のようなものである。

  (31) よろしく<u>m(_ _)m</u>

「♪」や「☆」のような記号，「(^_^)/~」や「(^_^;)」のような顔文字，携帯電話で使われる絵文字がこれに当たる。「記号・顔文字・絵文字」は，当然のことではあるが，書きことばに限られる。

6. 機能から見た配慮表現の種類

 機能の面から配慮表現を見ると，次の(32)から(37)のような種類があげられる。

  (32) 上位待遇
  (33) 断定緩和
  (34) 共感表明
  (35) 負担表明
  (36) 謝罪
  (37) 理由説明

 このうち(32)の「上位待遇」というのは，次の(38)の「です」のように，聞き手や読み手を自分より上位，あるいは自分に近くない者として扱う機能である。

  (38) これでいい<u>です</u>か。

相手を自分より上位，あるいは自分に近くない者として扱うことによって，相手を尊重しているという配慮を表している。

 次に，(33)の「断定緩和」というのは，次の(39)の「かもしれない」のように，断定を緩和する機能である。

  (39) 早く行ったほうがいい<u>かもしれません</u>。

断定を緩和することにより，自分の主張を強く押しつけないという配慮を表している。

 次に，(34)の「共感表明」というのは，次の(40)の「確かに」や「ね」のように，相手に共感していることを表明する機能である。

  (40) <u>確かに</u>おもしろいです<u>ね</u>。

相手に共感していると表明することによって，相手の言うことに反対

したり否定したりしているわけではないと伝える配慮を表している。

次に，(35)の「負担表明」というのは，次の(41)の「お手数ですが」のように，相手にとって負担であることを表明する機能である。

(41) お手数ですが，ご確認をお願いします。

相手にとって負担であると表明することによって，相手に対して申し訳ないと思っていることを伝える配慮を表している。

次に，(36)の「謝罪」というのは，次の(42)の「すみません」のように，相手に謝罪する機能である。

(42) すみません。お仕事を増やしてしまって。

謝罪することによって，相手に対して申し訳ないと思っていることを伝える配慮を表している。

最後に，(37)の「理由説明」というのは，次の(43)の「急に仕事が増えたので」のように，相手に理由を説明する機能である。

(43) 急に仕事が増えたので，手伝ってもらえませんかねえ。

理由を説明することによって，自分の依頼がやむを得ないものだということを相手に理解してもらいやすくする配慮をしている。

7. 配慮表現をとらえるためのデータ

配慮表現をとらえるためにはデータが必要であるが，歴史的な研究に使えるデータと現代語の研究に使えるデータでは性格は大きく違う。そのため，それぞれの研究でどのようなデータをどのように使うかも違ってくる。

まず，歴史的な研究の場合は，文字で残された資料を使うしかない。そのような制約があるため，現代語の研究に比べて，使える資料の種類や量が圧倒的に少なくなる。

歴史的な研究では，文字で残された限られた量の資料からでは配慮表現の実態ははっきりとはつかめないという問題点がある。配慮表現は伝達内容の中では中心的な部分ではないため，記録されていない場合が多いと考えられるからである。

たとえば，次の(44)は物語の会話部分であるが，「すみませんが」に

当たるような前置き表現は使われていない。

 (44)　……，ある人のもとに生女房のありけるが，人に紙乞ひて，そこなりける若き僧に，「仮名暦書きて給(た)べ」といひければ，僧，「やすき事」といひて書きたりけり。〔……，ある人のもとに新参の若い女房がいたが，人に紙をもらって，その家にいた若い僧に，「仮名暦を書いてください」と言ったので，僧は「おやすいこと」と言って書いた。〕

(宇治拾遺物語・5-7・182)

　前置き表現が使われていないこのような例がある程度の数，集まったとしても，そこから「この時代にはこのような状況では前置き表現が使われなかった」と断定することはできない。物語だから話の展開には重要ではない前置き表現が使われていないだけであって，現実の会話では前置き表現が使われることが多かったかもしれないからである。

　このように歴史的な資料からは配慮表現の実態ははっきりとはつかめないので，それぞれの時代の配慮表現の使われ方は推定するしかない。推定は，文字で残されたそれぞれの資料の性格を吟味しながら総合的に行うことになる。さらに，現代のさまざまな方言の状況，言語一般に見られる傾向，当時の社会状況なども参考にする必要がある。

　推定によって仮説を立て，その仮説に反するデータが出てこなければ，その仮説を暫定的に維持し，その仮説に反するデータが出てくれば，その仮説を修正していくというのが現実的だろう。

　一方，現代語の研究の場合は，小説のように長期に残ることが確実な資料だけではなく，個人的なメールのように長期に残ることが確実ではない資料も使える。また，ロールプレイや意識調査など，さまざまな方法も使える。

　このように現代語の研究ではさまざまなデータが使えるが，歴史的なデータとは性格が違うため，そのようなデータを使っても歴史的なデータと正確な比較ができないという問題点がある。

　たとえば，室町・江戸時代の前置き表現を調査するのに狂言台本を使い，現代の前置き表現を調査するのにロールプレイを使ったとする。そ

の場合，それぞれの調査結果を単純に比較して，室町・江戸時代より現代のほうが前置き表現が多く使われるという結果を出しても，正確な比較にはならない。それぞれのデータの性格が違うからである。

そのような問題点を少しでも少なくするためには，次の(45)や(46)のような調査や研究も必要である。

(45) 現代の小説やシナリオをデータにした調査
(46) 現代の小説やシナリオをデータにした調査とロールプレイ調査の比較研究

このうち(45)は，現代語のデータの中で歴史的なデータと性格が似ていると考えられる小説やシナリオも調査対象にするということである。小説やシナリオでは，実際には配慮表現が現れるような状況でも，話の展開に重要ではない配慮表現は現れないことがある。そのような配慮表現の現れ方が歴史的なデータに似ていると考えられるからである。

ロールプレイ調査のほうが配慮表現の実態を明らかにできるはずであるが，歴史的なデータと比較するためには小説やシナリオも調査したほうがよいということである。

一方，(46)は，小説やシナリオなどでの配慮表現の現れ方と，ロールプレイでの配慮表現の現れ方の違いを明らかにする研究である。その結果は，歴史的な研究で，文字で残された資料から当時の配慮表現の実態を推定するときの参考になるだろう。もちろん，さまざまな時代の物語や台本の会話と，現代の小説やシナリオの会話では，現実の会話にどれだけ忠実に作られているかが違うので，慎重な検討が必要である。

8. 配慮表現をとらえるための基本的な方法

これまでの多くの言語研究は，「ている」や「しか」のような言語形式から出発し，それぞれの言語形式の意味や機能を明らかにするものが多かった。敬語の研究も，「です」「ます」や「お〜になる」のような言語形式から出発する形で進められてきた。

これまでの敬語の研究のように言語形式から出発する研究は，研究対象である言語形式を見つけやすいという利点がある。特にコーパスが充

実してくると研究対象である言語形式を簡単に見つけられるので，研究を進めやすい。

　しかし，同じような機能を果たしていても，研究対象である言語形式とは違う言語形式のものは無視されるという問題点がある。たとえば，依頼を行うときの文末形式である「～てくれ」「～てくれませんか」「～ていただけないでしょうか」などの使い方を調査し，それぞれの形式のていねいさの度合いを明らかにする研究をするとする。その場合，文末形式だけに注目することになりやすい。その結果，文末形式と同じようにていねいさの度合いを変える機能を果たしている「ちょっと悪いんだけど」のような前置き表現や，ためらうようなゆっくりとした音声などは無視されることになりやすい。

　このような言語形式から出発する研究は研究を始めるときには効率的な方法だが，研究を発展させる段階では研究対象を広げるのを阻むことになる。

　一方，言語形式から出発するのではない研究としては，互いの人間関係を含めた場面や状況から出発し，それぞれの場面や状況でどんな言語形式が使われるのかを分析する研究がある。

　場面や状況から出発する研究では，同じような機能を果たしているさまざまな言語形式を，音声や非言語行動などを含めて見つけやすいという利点がある。

　しかし，そのような研究方法をとる場合は，すべてのデータを丹念に見ていく必要がある。コーパスも補助としてしか使えないため，時間も手間も必要になる。また，結果的に研究対象が広くなるために分析方法に工夫が必要になる一方，はっきりとした結論を出すのが難しくなる。

　このように場面や状況から出発する研究を進めるのは簡単ではないが，言語形式から出発する研究がすでに十分成熟している現在，場面や状況から出発する研究を新たに進めていくことが求められる。

　本書に収められた論文はすべて，基本的に言語形式から出発するのではなく，場面や状況から出発する研究になっている。

9. 配慮表現をとらえるためのさまざまな方法

前の8.で述べたように,配慮表現をとらえるためには,言語形式から出発するのではなく,場面や状況から出発し,それぞれの場面や状況でどんな言語形式が使われるのかを分析する方法が求められる。

歴史的な研究では,文字で残された資料を丹念に見ていき,配慮表現だと思われる言語形式を見つけて分析する方法が基本になる。

現代語の研究では,ロールプレイやアンケートによって得られたデータを丹念に見ていき,配慮表現だと思われる言語形式を見つけて分析する方法が基本になる。

ただ,「3. 配慮表現の多様性をとらえる意義」で述べたように,配慮表現には多様性があるため,次の(47)や(48)のような分析も進める必要がある。

 (47) 談話単位の分析
 (48) 携帯メールの分析

このうち(47)は,配慮表現の分析は,文単位の分析だけでは不十分で,談話単位の分析も行わなければならないということである。同じ内容を伝えるのでも,どのような順序で伝えるか,どんな部分を繰り返すかといったことで,相手が受ける印象が変わるからである。そのような点は,談話単位の分析を行わなければわからない。

本書の「談話の構成から見た現代語の配慮表現」(日高水穂)は,このような観点からの研究である。

一方,(48)は,配慮表現の分析は,話しことばや書きことばらしい書きことばの分析だけでは不十分で,携帯メールの分析も行わなければならないということである。携帯メールは,話しことばと書きことばの中間的な性格を持っており,絵文字が使えるといった特殊性があるため,分析する価値が高い。

本書の「携帯メールに見られる配慮表現」(三宅和子)は,このような観点からの研究である。

10. 今後の課題

今後の主な課題としては，次の(49)から(53)のようなものがあげられる。

(49) 配慮表現を聞いたり読んだりしたときの評価
(50) 音声による配慮表現
(51) 非言語行動による配慮表現
(52) 無敬語方言の分析
(53) 日本語以外の言語との対照

このうち(49)は，一つひとつの配慮表現を聞いたり読んだりしたときにどう感じるかという評価に地域差や世代差があるかを明らかにする研究である。どんな配慮表現をよく使うかについては，地域差や世代差がある。配慮表現を聞いたり読んだりしたときの評価にも地域差や世代差があることが予想される。そのような研究も今後の課題になる。ただ，このような研究は基本的には現代語についてしか行えない。

次に，(50)は，言語形式が同じでも音声を変えることによって配慮を表すような場合を分析する研究である。たとえば，下降調の「はい」と上昇調の「はーい」では受ける印象が大きく違い，場面や状況によって使い分けられている。そのような音声の違いも配慮表現の一種である。音声を重視した分析も今後の課題になる。

次に，(51)は，配慮表現を言語表現だけに限るのではなく，うなずきや視線，ジェスチャーなどの非言語行動も含めて分析する研究である。そのような非言語行動も，配慮に大きくかかわる。配慮言語行動の研究も今後の課題になる。

次に，(52)は，敬語がほとんど使われないとされる方言ではどのように配慮が表されているのかを明らかにする研究である。茨城や福島などを中心にしたこのような方言と，京都を中心とした敬語が発達した方言で配慮の表し方に違いがないのかを調査するのも，今後の課題になる。

最後に，(53)は，配慮表現について日本語と日本語以外の言語を対照する研究である。日本語以外の言語には，敬語が発達している言語とそうではない言語がある。どちらのタイプの言語との対照も有意義であ

る。この論文では，日本語の配慮表現を「聞き手や読み手に悪い感情を持たれないようにする」ためのものとまとめたが，言語によっては「聞き手や読み手によい感情を持たれるようにする」ためのものというまとめ方も必要になるだろう。

　日本語以外の言語の配慮表現の研究は，Brown and Levinson (1987) の影響を受けたものが多い。Watts, Ide and Ehlich (eds.) (2005) や Hickey and Stewart (eds.) (2005) など，多様な観点やさまざまな言語を扱ったものも出てきており，これからの開拓が期待されるテーマである。日本語とさまざまな言語の配慮表現の詳しい対照研究も，今後の課題である。

11. まとめ

　この論文では，本書全体のイントロダクションを兼ねて，日本語の配慮表現の多様性をとらえる意義と方法について述べた。

　配慮表現は，「悪いけど」のような前置き表現や，携帯メールで使われる笑顔を表す絵文字のように，相手に悪く思われないようにするための手段である。このような配慮表現をとらえる意義については，次の(54)のようなことを述べた。

　　(54) 配慮表現は言語形式中心のこれまでの研究では見落とされがちだったが，現実のコミュニケーションでは重要であり，詳しく研究する価値がある。

　配慮表現の多様性をとらえる意義については，次の(55)のようなことを指摘した。

　　(55) 日本語の配慮表現は歴史的変化もあり，現代でもさまざまな要因による変異がある。配慮表現の研究を一面的なものにしないためには，そのような多様性をとらえる必要がある。

　配慮表現の現れ方については次の(56)のようなことを，配慮表現の種類についてはその次の(57)と(58)のようなことを述べた。

　　(56) 配慮表現は，依頼や拒否，謝罪など，相手への働きかけが強い場合に現れやすい。

(57) 配慮表現は，形式から見ると，文末のモダリティ表現や，間接的な表現，前置き表現などの種類がある。

(58) 配慮表現は，機能から見ると，断定緩和や，共感表明，負担表明，謝罪などの種類がある。

さらに，配慮表現の多様性をとらえるために，新しい研究方法を開発する必要があるとして，次の(59)と(60)のようなことを主張した。

(59) 配慮表現の研究は，言語形式から出発するのではなく，互いの人間関係を含めた場面や状況から出発し，そこでどんな言語形式が使われるのかを分析する方法が基本になる。

(60) 配慮表現の研究では，ロールプレイや意識調査など，さまざまな方法を組み合わせたり，談話単位の分析や携帯メールの分析など，多角的な研究を試みる必要がある。

最後に，今後の課題として，次の(61)のようなことを述べた。

(61) 今後は，音声による配慮表現，非言語行動による配慮表現，日本語以外の言語との対照といった研究が期待される。

日本語の配慮表現についての研究は，敬語についての研究から始まり，蒲谷宏・川口義一・坂本恵(1998)の「敬語表現」の研究などで扱う範囲が広がり，さらに，彭飛(2004)や国立国語研究所(2006)，山岡政紀・牧原功・小野正樹(2010)，三宅和子(2011)，三宅和子・野田尚史・生越直樹(編)(2012)などによって発展してきた。今後もさまざまな観点からの研究が期待できる。

調査資料

『宇治拾遺物語』(新編日本古典文学全集50)，小林保治・増古和子(校注・訳)，
　　小学館，1996.

引用文献

蒲谷宏・川口義一・坂本恵(1998)『敬語表現』大修館書店.
国立国語研究所(2006)『言語行動における「配慮」の諸相』くろしお出版.
杉戸清樹(1983)「待遇表現としての言語行動―「注釈」という視点―」『日本語

学』2-7, pp.32-42, 明治書院.
彭飛(2004)『日本語の「配慮表現」に関する研究―中国語との比較研究における諸問題―』和泉書院.
三宅和子(2011)『日本語の対人関係把握と配慮言語行動』ひつじ書房.
三宅和子・野田尚史・生越直樹(編)(2012)『「配慮」はどのように示されるか』(シリーズ社会言語科学1)ひつじ書房.
山岡政紀・牧原功・小野正樹(2010)『コミュニケーションと配慮表現―日本語語用論入門―』明治書院.
Brown, Penelope and Stephen C. Levinson (1987) *Politeness: Some universals in language usage*. Cambridge; New York: Cambridge University Press. (ペネロピ・ブラウン, スティーヴン・C・レヴィンソン『ポライトネス―言語使用における, ある普遍現象―』, 斉藤早智子(他)(訳), 研究社, 2011.)
Hickey, Leo and Miranda Stewart (eds.) (2005) *Politeness in Europe*. Clevedon: Multilingual Matters.
Watts, Richard J., Sachiko Ide and Konrad Ehlich (eds.) (2005) *Politeness in language: Studies in its history, theory and practice*. 2nd rev. and expanded ed. Berlin; New York: Mouton de Gruyter.

配慮表現の歴史的変化

高山善行

1. この論文の主張

　この論文は，配慮表現の歴史的研究について概観するものである。この論文の構成は以下の通りである。2.で日本語史研究における配慮表現研究の位置づけについて述べる。3.で研究方法について述べ，4.では，「依頼・命令を断る」という言語行動においてどのような配慮表現が用いられるか見ていく。5.では社会構造の観点から，配慮表現の変化過程について述べる。6.はまとめである。

　本論文の主張は次の3点である。

（1）現代語の配慮表現の研究が盛んであるが，歴史的研究においても開拓していく必要がある。

（2）配慮表現に注目すれば，新しい事実の掘り起こしが期待される。表現形式の運用的側面に光を当てることで，従来の記述の捉え直しにもなる。

（3）配慮表現の歴史的変化は社会構造の変化と連動している。その実態を解明する上では，社会言語学など，他分野との連携が必要である。

2. 研究の流れ

　現代日本語の研究において，配慮表現の記述分析が盛んに行われている。一方，歴史的研究では「配慮表現」という枠組みで研究がなされて

きていない。タイトルに「配慮表現」を含む研究論文が見られるようになったのは最近のことである。

　日本語史において，これまで配慮表現に関わる研究が全くないわけではなかった。伝統的な国語学では敬語史研究の蓄積があり，その成果は辻村敏樹(編)(1971)，西田直敏(1998)などで見ることができる。しかし，対人配慮に関わる表現は敬語だけではない。たとえば，「文タイプの選択(「疑問文か命令文か」など)」「前置き表現」「ぼかし表現(婉曲表現)」「談話構成」などである。従来の日本語史研究ではそれらについては，ほとんど光が当たっていない。対人配慮は「敬語」という狭い枠組みで捉えることはできず，より広く配慮表現という枠組みで捉え，「配慮表現史」というスケールで考えていくのが望ましいのである。

　ここで焦点を絞り，文法史の観点から考えてみよう。先に述べた「文タイプの選択」以下の対人配慮に関わる表現は文法史と関わりが深いものである。にもかかわらず，実際には文法史研究で研究の範囲の外に置かれているように見える。その背景として，方法論の問題が考えられるであろう。とりわけ伝統的な国語学においては，助詞・助動詞の意味・機能の研究に重点が置かれ，連語，節といった単位の記述が研究対象として取り上げられることは少なかった。また，従来は語の意味・機能についての研究に重点が置かれ，「解釈文法」に代表されるように作品解釈を目的とするものも多かった。これは，文法史研究が古典解釈のための研究として展開してきたことによる。研究の大きな流れとしては，表現形式を基盤とした文法研究―「形式基盤型研究」と呼んでおく―が推進されてきたといえる。その反面，日本語史において言語行動(「感謝」「謝罪」「依頼」など)の記述は立ち遅れていた。そのなかにおいて，藤原浩史(1993, 1994, 1995)などの一連の研究は先見性を有するものであったといえる。

　形式基盤型研究は間違いなく必要であるし，精緻化，体系化に向けて，これからも力強く進めるべきであろう。しかしながら，このタイプの研究だけでは，狭い研究領域のなかで研究が「タコつぼ化」していく恐れがある。配慮表現への注目は，個々の表現形式の運用面に光を当て

ることになり，新しい事実の掘り起こしにつながることが期待される。それを形式の記述に反映できれば，形式基盤型研究にとっても有益なものになるであろう。

　日本語は古い時代からの文献資料が残っており，千数百年にわたって配慮表現の推移を観察することができる。これは他言語の歴史的研究に比べてきわめて恵まれた環境といえる。そのなかで，各時代ごとに文献資料での基礎調査を進めているのが研究の現状である。

3. 研究の方法
3.1 用例調査

　まず用例調査の方法について述べよう。実は，ベーシックな部分については，一般的な文法史研究と大きく異なるわけではない。記述のターゲットとする時代を決め，その時代の文献から配慮表現の用例を帰納していく方法である。通常と大きく異なるのは，研究対象となる表現形式が予め定まっていない点である。

　通常の場合，助動詞「けり」の研究，助詞「を」の研究というように，表現形式を決めた上で用例調査を始めることが多い。用例本文は古典文学作品の注釈書を利用し，語彙索引によって用例の所在を確認することができる。最近，国立国語研究所で「日本語歴史コーパス」が開発され，オンラインで用例検索ができるようになった。この場合も表現形式を決めた上で検索を行うのが普通だろう。

　一方，配慮表現の研究では，「依頼する」「受諾する」「断る」「謝罪する」「感謝する」などの言語行動を扱うのであり，それらに関わる特定の表現形式が予め知られているわけではない。「それぞれの言語行動ではどのような表現形式が用いられるか」というアプローチの仕方となる。

　したがって，とりかかりの段階では，用例収集で語彙索引を使うことはできない。調査対象とする資料を最初から読んでいき，調査のターゲットとなる言語行動を抜き出していく作業を行うこととなる。この作業では，場面・文脈を丁寧に読み込んでいくことになる。そのため，当

然のことながら相当な時間と労力がかかってしまう。その作業の後，用例を整理する段階になってはじめて，頻用される表現や固定的な表現を抽出することが可能になる。このような調査であるから，個人単位での調査範囲はかなり限られてくる。大規模調査，広範囲の調査をしようとする場合は，複数の研究者の協力体制が不可欠になってくるのである。

3.2 現代語との関係

　次に現代語との関係について述べておく。古典資料に見られる言語行動を見ていくとき,「そもそも現代語と同質のものかどうか」が問題となる。ひとつの例として,「謝罪する」について考えてみよう。現代語の「謝罪」概念と古代語の「謝罪」概念は全く同じとは言えない。文化論のなかでしばしば取り上げられるように，現代語では「すみません」を頻繁に使う。一方，古代における謝罪は，文字通り「罪」に対する「許し」を求めるものであり，そこに込められた心情は，現代よりも重いと言わなければならない。このように，現代と古代とで基本的概念にズレがあることは承知しておく必要がある。しかし，ズレがあるからといって，歴史的研究が全く不可能であると考えるのは極論に過ぎるであろう。同質を求めるのは無理でも，現代語に近似する表現を古典語から探していくことは十分可能である。つまり，現代語を出発点として，それに対応する古典語に当たるということになる。

3.3 資料の問題

　先述のように，日本語は古い時代の文献が残っており，千数百年という長いスパンで観察することができることが日本語の歴史的研究の利点であった。ただし，残っている資料には偏りや制約があるので，その点に注意をはらう必要がある。まず，残っているのは書き言葉の資料がほとんどである。これは特に古代語において顕著である。古代の話し言葉の実態については不明である。文芸作品を資料とする場合，たとえ会話文であっても，現実の発話を忠実に反映しているとは限らない。むしろ，ストーリーに直接関わらない細かい応答については，省略されてい

る可能性が高いだろう。『源氏物語』の場合，平安期の貴族社会の言語が用いられているのであり，庶民の言葉については断片的な記述しか残されていない。

「室町・江戸時代の受諾拒否」(青木博史)が指摘するように，作品によっては，意図的に誇張した表現をとることもありうる。その一方で，全くリアリティがなく，現実からかけ離れた表現だけが連ねられているとも考えにくい。結局のところ，個々の事例を慎重に吟味しながら記述を進めていくのが最善と思われる。

4. 配慮表現をどう捉えるか

3.で述べたように，「依頼」「受諾」「感謝」「謝罪」など，様々な言語行動を対象として，配慮表現を観察することが可能である。この節では，依頼に対して断る場面での配慮表現を見ていくことにしたい。この場合の「依頼」とは「命令」を含む幅広いものである。両者を無理に分けることはせず，「依頼」として扱うことにする。「断る」という言語行動は依頼者の意図を拒否することになるから，そのままでは面子をつぶす恐れがある。それを回避する上で，何らかの対人配慮の表現が出やすいのではないかと予想される。

以下では，平安時代・鎌倉時代における「断り」表現を見ていくことにする。この時代は身分制度が厳しく，下位者は上位者の依頼には常に絶対服従するように思われるかもしれないが，実際に調べてみると，上位者の依頼に対して下位者が断る例がかなり見られる。そのなかで，対人配慮との関係を観察していく。その諸相について，出来るだけ現代語と対照させながら述べていくことにする。以下に挙げる用例は，高山善行(2009, 2010)でおこなった調査に基づくものである。

4.1 可能表現

現代語で断る場合，可能表現(実際には不可能表現)を用いることがしばしばある。尾崎喜光(2006)では，「役員を依頼された場面」に見られる断り表現として，「断ワル型」「不可能ダ型」「嫌ダ型」の3つに分類

している。そのなかでは「不可能ダ型」が最も多く，全体の6割を占めるという。山岡政紀・牧原功・小野正樹（2010）では，「可能表現の否定を用いることによって，自分の意思とは無関係に状況が許さないことを含意し，相手との協調性がなるべく傷つかないように配慮している」と述べている。

古代語においても，依頼を断る際には可能表現がしばしば用いられる。これは現代語の「不可能ダ型」に相当するタイプである。

（4）「とく来」と言ひやりたるに，「今宵は<u>えまゐるまじ</u>」とて，返しおこせたるは，すさまじきのみならず，いとにくくわりなし。〔「早く帰って来るように」と言い送ったのに対して，「今夜は<u>帰参できそうにありません</u>」ということで，そうした返事をこちらによこしているのは，興ざめなだけでなく，とてもにくらしくてどうしようもない。〕　　　（枕草子・59）

乳飲み子の乳母に「早く帰って来るように」と言い送ったのに対して，「今夜は帰参できない」という返事が来る。（4）では，「え～まじ」による可能表現が用いられている。

（5）それに語らひつきて，「我に盗ませよ」といふに，「<u>思ひかけず，えせじ</u>」といひければ，〔その少女をうまく手なづけて，「私にその姫を盗ませてくれ」と言うと，「<u>とんでもない，無理です</u>」と言う。〕　　　（宇治拾遺物語・3・119）

（5）は，多気の大夫が召し使いの少女に「姫君を盗ませてほしい」と頼みこむ場面。この例では，「え～じ」で不可能を表している。これまでの可能表現の歴史的研究では，「なぜ可能表現が必要とされたか」という動機づけについては解明されていない。運用面の記述を積み重ねることによって，動機づけの解明に近づくことができるかもしれない。

4.2 反語表現

反語表現は広義疑問表現のなかに位置付けられ，文法史研究においてはこれまで正面切って記述分析がなされてこなかったといえる。実際に

は，反語表現が断り表現として用いられる例が目立つ。たとえば，以下のような例である。

(6) 「ただ読めかし」と言ふ。「いかでか。片目もあきつかうまつらでは」(「とにかく読みなさい」と言う。「どうして読みましょう。片目だってあいてはおりませんのです」)

(枕草子・449)

(7) (義経)「とく／＼仕れ」と宣ひければ，(水手梶取)「此風はおひ手にて候へども，普通に過ぎたる風で候。奥はさぞ吹いて候らん。争でか仕り候べき」〔「さっさと船を出せ」と言われたので，船頭・水夫が申すには，「この風は追い風ですけれど，普通以上の疾風です。沖はさぞかし吹いておりましょう。どうして船を出せましょう」〕 (平家物語・11・2-341)

(6)は，女房が和歌を書いた短冊を男に投げ与え，「歌を詠んでみなさい」と言ったのに対して，男が「いかでか」と反語で答えている。(7)は，義経が暴風雨のなかを出航させようとしたのに対して，水夫が断る場面である。

ここでの反語表現は，ただ「断る」だけではなく，理由説明を伴っている。古典文法の記述では反語表現は強調表現の一種として位置付けられ，レトリカルなイメージが強い。しかし実際は，「～だから…できない」という因果関係を随伴するのであり，論理的表現の一端を担うものである。

4.3 前置き表現

前置き表現とは，「依頼や断りなどの表現の際，対人配慮を表すために前置き的に置かれる節形式の表現」を指す。現代語の前置き表現には，以下のようなものがある。

(8) すみませんが，鉛筆を貸して下さい。【依頼】
(9) 悪いんですけど，その仕事はお断り致します。【断り】
(10) よろしかったら，一緒に映画を観に行きませんか。【誘い】

奈良時代・平安時代には，現代の定型的な前置き表現にあたるものは

確認することができない。鎌倉時代になると，その萌芽が見られるようになる。

  (11) (俊寛)「……ただ理をまげて乗せ給へ。せめては九国の地まで」とくどかれけれども，都の御使,「いかにもかなひ候まじ」とて,〔「ただ道理をまげて，乗せてください。せめて九州の地まで」と繰り返し懇願なさったが，都からの御使いが,「どうしてもそれはできません」といって,〕

              (平家物語・3・1-194)

 (11)は，島に流された俊寛僧都が「舟に乗せて欲しい」と懇願する場面である。この会話の前に，都からの使いは俊寛の申し出を断っている。俊寛は再度の訴えとして，強い表現をとることになる。「理をまげて」は，まだ定型的な前置き表現とはなりえていないが，そのニュアンスは現代語「無理を言いますが，……」につながる面が感じられる。「規範・社会常識からの逸脱」という面で共通性が見られるのである。

  (12) (知時)「……しかるべう候はば，御ゆるされを蒙りて，ちかづき参り候ひて，今一度見参にいり，昔物語をも申してなぐさめ参らせばやと存じ候。……」〔「できることでしたら，お許しをいただいて，お側近く参りまして，今一度お目にかかり，昔話を申してお慰め申し上げたいと存じます。……」〕

              (平家物語・10・2-265)

 (12)は，護送中の平重衡に面会することを申し出る場面である。知時とは，重衡が長年使っていた侍である木工右馬允知時を指している。ここで使用される「しかるべう候はば」は，現代語の「よろしかったら，…」「できましたら，…」に近いニュアンスを感じさせるものである。

 江戸時代にはまだ定型化には至っていないが，現代語の前置き表現にかなり近づいてくる。この点について詳しくは，「室町・江戸時代の配慮表現」(米田達郎)で述べられている。

 高山善行(2012)では，前置き表現の発達を文構造の観点から論じている。古代語の文構造を,「事態＋モダリティ」と捉えるとき，文末領域は補助動詞，助動詞，終助詞によって占有され，新しい表現形式が入り

込む余地がなかった。そこで，文頭領域に表現を付加することになるが，それが前置き表現の発達，定型化につながったと考えられる。この点についての詳細は同論文を参照されたい。

4.4 理由説明

現代語において依頼を断るときには理由説明を伴う場合が多い。理由説明を加えるのも対人配慮の現れであろう。とりわけ，上位者からの依頼を断る際には，理由説明は欠かすことができない。「嫌です」「出来ません」等の表現だけでは失礼にあたるからである。実は，この点は古代語においても同様であったと思われる。たとえば，『平家物語』を調べてみると，理由説明なしに断ることができるのは，平清盛など権力者に限られている。平安・鎌倉時代においても現代語と同様に，理由説明が求められている。理由説明の例を挙げておこう。

(13) 「今日はいみじき事の行事にはべり。あが君ゆるさせたまへ」と，大納言殿にも申して立ちぬ。(理由＋断り)〔「今日は大切な事の世話役でございます。我が君様，どうぞお許しくださいませ」と，大納言様にも申しあげて，座を立ってしまう〕

(枕草子・260・397)

(14) 「二人ながら，いざ」と仰せらるれど，「いま顔などつくろひたててこそ」とてまゐらず。〔「二人とも，さあ」とお供をお命じあそばすが，「ただいま，顔など整えましてから」といって参上しない〕

(枕草子・47・107)

(13)では，宮中からの使い(＝式部丞)を酔わそうとするが，断られる。ここでは「一緒に飲みましょう」のような誘いかけの部分は表現されず，「断り」だけが表現されている。大切な事の世話役であることが理由説明になる。(14)は女房二人に対してお供を命じるが，「化粧をしているから」という理由をつけて断っている。

文末にコプラ形式「なり」を用いて理由説明する例も目立つ。現代語「〜のだ」と通じる用法と見られる。

(15) 「御円座」など聞こえたまへど，「陣に着きはべるなり」と

て，いそぎ立ちたまひぬ。〔「御円座を」などと殿がおすすめ申しあげなさるけれど，「陣の座にまいりますので」と言って，大納言様は急いで座を立っておしまいになった〕

(枕草子・100・204)

(16) 「など，かう音もせぬ。物言へ。さうざうしきに」と仰せらるれば，「ただ秋の月の心を見はべるなり」と申せば，〔「どうして，こんなに声もたてないのか。何か物を言いなさい。物足りない気がするから」と仰せあそばすので，「ひたすら秋の月の心を眺めているのでございます」と申しあげると，〕

(枕草子・96・194)

　現代語では「お断りします」のような断りの定型表現があるが，そうした表現が未発達であった古代語においては，理由説明だけで断る場合が多い。古代語の理由説明は現代語のそれよりも比重が重いといえる。

4.5　モダリティ表現

　断り表現では，使用されるモダリティ形式に偏りが見られる。具体的には，「む」「べし」「まじ」の使用が目立つ。この点は，先に述べた可能表現とも関係する。それらのモダリティ形式は，断り表現以外でも「可能」の意味を表しうるものである。断り表現は話し手(被依頼者)の意志表明であるが，それらの諸形式は「意志」を表すこともできる。

(17) (今井)「君はあの松原へいらせ給へ。兼平は此敵ふせぎ候はん」と申しければ，……(義仲)「所々でうたれんよりも，一所でこそ打死をもせめ」〔「殿はあの松原にお入りください。兼平はこの敵をふせぎましょう」と申したので，……「別々の所で討たれるよりも同じ所で討死にもしよう」〕

(平家物語・9・2-179)

(18) (義仲)「猫殿のまれ／＼わいたる物よそへ」とぞ宣ひける。中納言是を聞いて，(光隆)「ただいまあるべうもなし」と宣へば，〔「猫殿が珍しく来られたのだから食事を用意せよ」と言われた。中納言はこれを聞いて，「今食事などとんでもな

い」と言われると,〕　　　　　　　　（平家物語・8・2-126）
(19)　（再掲11）（俊寛）「……ただ理をまげて乗せ給へ。せめては九国の地まで」とくどかれけれども，都の御使,「いかにもかなひ候まじ」とて,〔「ただ道理をまげて，乗せてください。せめて九州の地まで」と繰り返し懇願なさったが,都からの御使いが,「どうしてもそれはできません」といって,〕

（平家物語・3・1-194）

　上記(17)～(19)で示すように,「む」「べし」「まじ」が表す「可能」「意志」の意味は,断り表現と親和性が高い。
　このような場面で用いられることによって,表現形式の意味が焼き付けられていった可能性も考えられる。モダリティ形式の記述的研究としては,高山善行(2002)などがあるが,個々の形式の意味記述を運用面から捉え直していくという方向性は,今後のモダリティ研究の重要な視点となりうる。ここで見た三形式は,いずれも多義性をもつという点で共通する形式であるが,「なぜ多義性が必要とされたか」という問題に運用面から迫っていけば,形式基盤型研究の捉え直しにつながってくるであろう。
　以上のように,断り表現の対人配慮には文法現象が関係している。今後は語彙,音声(発話態度を含む)の観点からの研究も必要となろう。

5. 社会構造の観点から

　本節では,配慮表現の歴史的変化を社会構造の観点から考えてみたい。

5.1 阪倉氏の仮説

　阪倉篤義(1975)は,日本語の表現スタイルの変化の原因を,「「閉じられた社会」から「開かれた社会」へ」という社会構造の変化に求めている。

　……心情的な連帯感によってむすばれていた,閉じられた社会から,さらに開かれた社会へと,コミュニケーションの場が拡大するなかで,事実の正確な伝達を行うと同時に,また,意志的・行動的

な時代の能動的思惟をも表現するためには，こうした形式が，もっとも適合するものになって来たのである。(中略)「開いた表現」から「閉じた表現」へという推移を，「閉じられた社会」から，より「開かれた社会」へという時代の推移が要求したのである。

(阪倉篤義 1975)

ここでいう「開いた表現」とは，典型的には平安時代の物語や日記における仮名散文に見られる文の表現スタイルである。文の切れ目が曖昧で，「切れるがごとくつづくがごとくである」という特徴をもつ。一方，「閉じた表現」は，漢文訓読文体に見られる文の表現スタイルであり，「表現内容を，纏まった一体の事がらとして明確に提示する」という特徴をもつ。

文法変化の説明に社会構造の変化という視点を導入したことは画期的である。阪倉氏は，表現スタイルの変化のもとに，言語共同体のもつ思考法，発想法の変化を想定している。その観点を継承して，小林隆・澤村美幸(2009)では，言語的発想法の地域差と文法史との関係について述べており興味深い。今後，方言研究との連携によって，明らかになる部分が多いと期待されるが，同論文は，その出発点となるものである。

また，渋谷勝己(2009)では，言語共同体と伝播のありかたとの関係について見取り図を明解に示している。同論文では 2 つの共同体のタイプを想定する。「大勢の成員がたがいにゆるい関係をもって構成し，共有する知識をあまりもたず，外部社会との接触が多い開いた共同体」と「少数の成員がたがいに緊密な関係をもって構成し，多くの知識を共有する，外部社会との接触が比較的少ない閉じた共同体」である。そして，「日本の場合，前者は都市社会に顕著に見られ，後者の閉じた共同体は伝統的な村落社会がその典型である」という。前者で比較的単純な言語システムであるコイネ(koine)が発達することが多いという指摘がなされている。

5.2 社会構造の変化

5.2では，5.1で述べた先行研究を踏まえて，社会構造の変化と配慮表

現との関係について素描してみたい。古代社会では，身分・階層が固定化されており，人々の地域間の移動もあまりなかったであろう。貨幣経済が未発達であり，生産型のコミュニティを形成していたと思われる。小規模な言語共同体でのコミュニケーションが行われていたと考えられるのである。たとえば，平安時代の貴族社会はその代表である。序列化された階層(ヒエラルキー)における個人の位置は決まっていた。その環境にあっては，敬語によって対人配慮を表すので十分であっただろう。

中世以降になると，「下剋上」に象徴されるように，身分・階層の固定化した社会システムが崩れていった。また，地域間の人の移動も古代よりは活発になった。閉じられた言語共同体内ではなく，開かれた言語共同体において，不特定の人々とのコミュニケーションを行う機会が増えた。

それに伴って，話者の心的態度の表明の明確化も要請されたと思われる。閉じられた社会では，相手のことはよくわかっているが，開かれた社会でのコミュニケーションでは，相手がどういう人かよくわかっていない場合がしばしばある。そのため，対人的な気配り(「敵を作らないための配慮」など)の度合いが相対的に高まってくる。

とりわけ，都市部の庶民階層においては，相手が自分にとって，将来的にどのような利害関係をもたらすかわからない場合が多いだろう。都市の発達は江戸時代において顕著とされるが，まさにその時期に前置き表現，受益の補助動詞，丁寧語といった対人的モダリティの表現形式が発達してくる。宮地裕(1981)が述べるように，コミュニケーションの場で，より慎重な配慮が求められることになるのである。近代的な対人コミュニケーションの場で話者の心的態度の明確化が求められるということは，対人関係において，いろいろ気をつかう社会になったということである。

配慮表現の発達について社会構造の観点から述べてきた。粗い素描に過ぎないが，今後の研究によって実証を目指していきたいと思う。

6. まとめ

この論文の内容をまとめると次のようになる。

(20) 現代語研究の成果を応用し，日本語史に配慮表現の観点を導入することによって，新たな研究領域の開拓が期待できる。

(21) それは，表現形式を基盤とした従来型の研究を見直し，新しい事実の発見をもたらすものである。

(22) 配慮表現の歴史的変化は社会構造と連動していることが想定される。この点については，社会言語学との連携が必要である。

最後に，今後の課題・展望について述べておこう。当面は，感謝，謝罪，依頼，受諾，断りなど，言語行動の記述とそれに伴う配慮表現の記述を各時代において蓄積していくことになる。そこで得られた歴史的研究のデータを提示することにより，他分野との連携を図りたい。以下，見通しを述べておく。

社会構造の変化として現れた「閉じられた社会」と「開かれた社会」という対立を，「農村部－都市部」などの地域差として捉えることが可能なら，社会言語学との連携が可能である。配慮表現の基底にある規範意識・道徳観は仏教・儒教といった思想的背景が想定される。歴史研究，思想史研究と連携し，文化論の観点から捉えられるのではないか。他言語における配慮表現の変化と比較・対照することによって日本語における変化を相対化する。

このように，配慮表現の歴史的研究は射程の広さをもつものである。研究の開拓期にあるため，この段階では多様なアプローチを試み，今後の方向性を見定めていくのが肝要であろう。

この論文は高山善行(2012)を基盤としているため，同論文と重複する部分があることをおことわりしておく。

調査資料

『宇治拾遺物語』(新編日本古典文学全集50)，小林保治・増古和子(校注・訳)，小学館，1996.

『平家物語』(新編日本古典文学全集45-46), 市古貞次(校注・訳), 小学館, 1994.
『枕草子』(新編日本古典文学全集18), 松尾聰・永井和子(校注・訳), 小学館, 1997.
挙例にあたり, 本文の表記を改めた部分がある。

引用文献

尾崎喜光(2006)「依頼・勧めに対する断りにおける配慮の表現」国立国語研究所『言語行動における「配慮」の諸相』pp.89-114, くろしお出版.
小林隆・澤村美幸(2009)「言語的発想法の地域差と歴史」『国語学研究』49, pp.73-86.
阪倉篤義(1975)「「開いた表現」から「閉じた表現」へ―国語史のありかた試論」『国語と国文学』47-10, pp.22-35.[阪倉篤義『文章と表現』(角川書店, 1975)所収]
渋谷勝己(2009)「ことばとことばの出会うところ」金水敏・乾善彦・渋谷勝己『シリーズ日本語史4 日本語史のインタフェース』pp.139-175, 岩波書店.
高山善行(2002)『日本語モダリティの史的研究』ひつじ書房.
高山善行(2009)「『平家物語』の対人配慮表現―「断り」表現を中心に―」『国語国文学』48, pp.70-63, 福井大学言語文化学会.
高山善行(2010)「中古語の〈断り表現〉について―『枕草子』の場合―」『語文』92・93, pp.56-64, 大阪大学国語国文学会.
高山善行(2012)「日本語の配慮言語行動の歴史的研究」三宅和子・野田尚史・生越直樹(編)『「配慮」はどのように示されるか』ひつじ書房.
辻村敏樹(編)(1971)『講座国語史5 敬語史』大修館書店.
西田直敏(1998)『日本人の敬語生活史』翰林書房.
藤原浩史(1993)「平安和文の謝罪表現」『日本語学』12-12, pp.48-57, 明治書院.
藤原浩史(1994)「平安和文の感謝表現」『日本語学』13-8, pp.38-46, 明治書院.
藤原浩史(1995)「平安和文の依頼表現」『日本語学』14-11, pp.33-41, 明治書院.
宮地裕(1981)「敬語史論」, 宮地裕他(編)『講座日本語学9 敬語史』pp.1-25, 明治書院.
山岡政紀・牧原功・小野正樹(2010)『コミュニケーションと配慮表現』明治書院.

配慮表現の地理的・社会的変異

小林　隆

1. この論文の主張

　配慮表現を地理的・社会的な視点から見るとどうなるだろうか。この論文は，そうした問いに答えようとするものである。特に，配慮表現の全国的な地域差は，まだほとんどわかっていない。日本の東西を視野に入れた場合，分析の観点として何が有効なのか。また，実際にいかなる地域差が浮かび上がるのか。そうした問題に対して一つの試みを提示し，今後の研究の指針を示すことがこの論文の目的である。

　さらに，配慮表現の地域差は，地域ごとの社会構造の性質から影響を受けて成立していると思われる。そこで，配慮表現の地域差を社会的視点からどう説明できるか，最後にその見通しも述べることにする。

　この論文で述べたいことは次の3点である。

　　（1）何に注目するか：配慮の表し方を明らかにするためには，各場面の中核をなす表現に注目することが有効である。また，その場面で使用される表現全体を視野に入れ，選択される要素やそれらの組み合わせからなる構造にどのような特徴があるかを観察することも必要である。

　　（2）具体的な着目点は何か：例えば，お金を借りるという依頼場面においては，まず「貸してくれ」「貸してもらえないか」等の要求表現に地域差が現れる。また，それに付随する状況説明や恐縮表明，保障提示などといった要素の選択と，それ

らの組み合わせ方にも地理的傾向が認められる。
（3）どんな地域差が見えるか：配慮の表し方の地域差は明瞭なものではないが，緩やかな傾向を把握することは可能である。依頼場面における配慮性は，近畿を中心とした西日本で強く，逆に東日本と九州，とりわけ東北北部で弱い。こうした地域差の背景には，社会構造の性質に基づくコミュニケーションのあり方の違いが影響していると考えられる。

2. 資料と観点

　配慮表現の全国的な地域差を中心テーマに据えた調査はこれまでなかった。そこで，新たに実施したアンケート調査の結果をもとに考えてみることにする。この調査では，なるべく実際の会話に近い表現を得るべく，場面設定・自由記述型の調査方式を採用した。対象は高年層である。
　ここでは，ひとつの事例として依頼場面について取り上げる。調査文を示そう。具体的にはお金を借りるという状況を設定した。
（4）隣町の商店で，お見舞い用の果物かごを買ったとします。代金を払おうと思ったところ，手持ちのお金が足りないことに気がつきました。そこで，一緒にいた近所の知り合いに，お金を借りようと思います。このとき，あなたなら，その知り合いにどんなふうに頼みますか。

　次に，分析の観点について説明する。配慮に関わる表現を見ていくには，敬語形式だけでなく，さまざまな言語要素に注目する必要がある。特に，方言を対象とする場合には，共通語の常識では測れない要素が配慮の表出に利用されている可能性がある。談話論的な視点を含め，ここでは次のような注目点を設けた。
（5）依頼場面の中核をなす表現を対象とする。すなわち，「貸してくれ」「貸してもらえないか」等の要求表現に注目する。
（6）依頼場面を構成する表現全体を視野に入れる。
　　・表現の要素：「お金が足りない」「財布を確認して来なかった」等の状況説明や，「申し訳ない」「すまない」等の恐縮

表明，あるいは，「すぐ返すから」「あとで家に届けるから」等の保障提示など，どのような要素が選択されるか。
・表現の構造：それらの要素がどのように組み合わされ，配列されて全体の表現をかたち作るか。

なお，以下では原則として実際に得られた方言形式は示さず，それと対応する共通語形式を挙げる。

3. 要求表現における配慮
3.1 受益性，文タイプ，そして構文上の主体

まず，依頼場面の主要な要素である要求表現に注目してみよう。

調査で得られた主要な形式は，「貸せ」「貸してくれ」「貸してくれるか」「貸してもらえるか」の4つである。実際には，待遇形式のバリエーションや，後で取り上げる肯定・否定の違い（貸してくれるか／貸してくれないか）などの方言差はあるが，今，それらの違いを捨象し，大きく上の4つのタイプにまとめて分布を描くと図1のようになる。

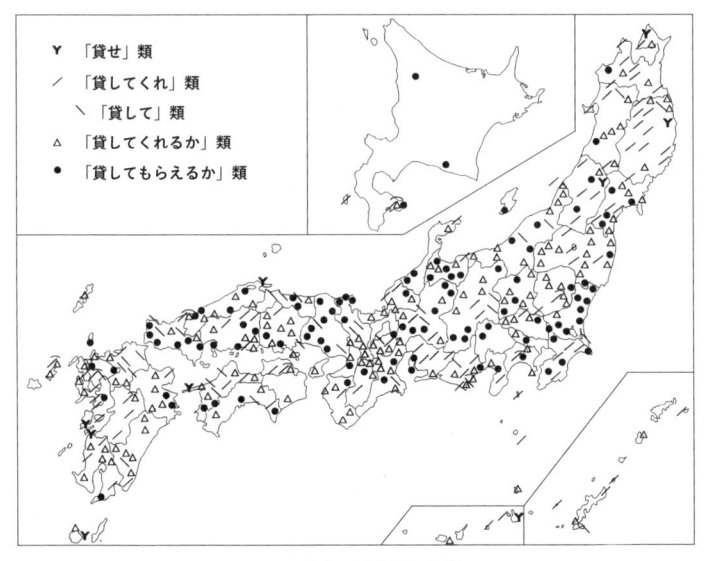

図1　要求表現（主要形式）

これを見ると，やや混在した状況ではあるものの，一定の地域差が現れている。まず，「貸せ」類はそもそも数が少ないが，東西の日本の周辺部に点在している。「貸してくれ」類は各地に見られるが，主要な使用地域は東北と九州西部・琉球である。「貸してくれ」の後部省略形と推定される「貸して」類が西日本に比較的多く認められる。「貸してくれるか」類は全国に広がるが，東北と九州西部・琉球に弱い。「貸してもらえるか」類は関東から中国にかけて多く見られる。以上をまとめれば，大局的に見て次のような分布が読み取れる（「貸してくれるか」類が近畿中心部で優勢に見える点は今は置いておく）。

（7） 要求表現（主要形式）の地理的分布

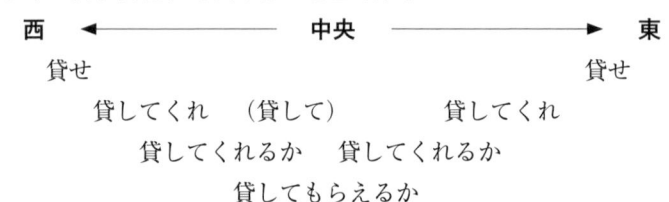

```
  西 ◄─────────── 中央 ───────────► 東
  貸せ                                        貸せ
        貸してくれ    （貸して）    貸してくれ
              貸してくれるか  貸してくれるか
                    貸してもらえるか
```

このうち，「貸して」類は上に述べたとおり，「貸してくれ」類から各地で生じたものと考えられる。これを除くと，各類の分布は近畿中央部を核にして，東西が対応する周圏分布として把握できる。すなわち，これらの分布は中央からの伝播によって形成されたものと考えられ，中央におけるこれらの形式の歴史的展開は次のように推定される。

（8） 貸せ→ 貸してくれ→ 貸してくれるか→ 貸してもらえるか

この変遷において，補助動詞としての授受動詞の使用に着目すると，まず，授受動詞を用いない段階（「貸せ」類）から用いる段階（「貸してくれ」類ほか）へと移行したことがわかる。また，授受動詞を用いる段階では，「〜てくれる」から「〜てもらう」への交替があったことも知られる。そして，以上の点は文献上の歴史とも対応する。すなわち，授受動詞の補助動詞用法の発達について整理した宮地裕(1981, p.18)によれば，まず，授受動詞を用いない時代があり，そこから「〜てくれる」が15世紀頃に，「〜てもらう」が17世紀頃に成立したという。この変遷は，方言分布に基づく（8）の推定に合致したものと言える。

ただし，上で保留とした近畿中心部における「貸してくれるか」類の分布は，一見，「貸してもらえるか」類からの逆戻りのように見え，文献上の変遷との対応や回帰の原因などについて，さらに考える必要がある。また，「貸してくれ」類から「貸してくれるか」類への変遷も文献でとらえることができるものか，検討しなければならない。

ところで，上の4つの形式を，「受益性」（授受動詞で明示するか否か），「文タイプ」（要求形式か質問形式か），「構文上の主体」（相手＝「くれる」か，自分＝「もらう」か），という3つの観点から整理すると次のようになる。

（9）受益性，文タイプ，視点の位置から見た要求表現

		受益性	文タイプ	主体
	a．「貸せ」類	非明示	要求	相手
展開 ↓	b．「貸してくれ」類	明示	要求	相手
	c．「貸してくれるか」類	明示	質問	相手
	d．「貸してもらえるか」類	明示	質問	自分

上で述べたように，通時的にはaからdの方向へ移行したと考えられる。この表に沿ってそれらの展開を説明すれば，次のようになる。

（10）要求表現の通時的展開の方向性

　　a→bの展開：相手の行為が自分の利益になることを明示する方
　　　　　　　　向への変化。
　　b→cの展開：相手の行為そのものを要求することを避け，その
　　　　　　　　行為についての意向を尋ねる方向への変化。
　　c→dの展開：相手の行為に言及するのを避け，自分に起こる事
　　　　　　　　態の可能性として表現する方向への変化。

すなわち，受益性の非明示から明示へ，行為要求から意向確認へ，そして，相手の行為から自分に起こる事態の可能性へと，表現のあり方が順次更新されたことがわかる。日本語の要求表現は，このようにして配慮の表出を強化していったのであり，それが方言分布の上にも反映されていると考えられる。

3.2 質問文の種類

前の**3.1**では，文タイプとして要求形式を用いるか，それとも質問形式を用いるかという点に注目した。このうち質問形式のみを抜き出してみると，次のようなバラエティが認められる。

(11) 質問形式の種類
    a．肯定疑問文か否定疑問文か
        肯定：「貸してくれるか」「貸してもらえるか」など
        否定：「貸してくれないか」「貸してもらえないか」など
    b．推量形式を使用するか否か
        無し：「貸してくれるか」「貸してもらえないか」など
        有り：「貸してくれるだろうか」「貸してもらえないだろうか」など

これらの点に着目して地図を描いたのが図2である。まず，肯定疑問文か否定疑問文かという点については，全国的に見て後者が優勢で前者が劣勢であることがわかる。そして，肯定疑問文はあちこちに散在する

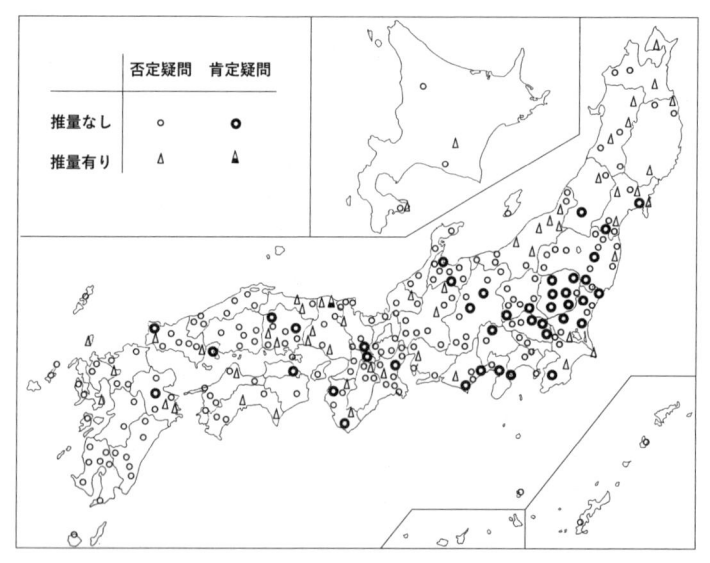

図2　質問文の種類

ものの，特に，北関東を中心に使用地域が広がっている様子が目に入る。菊地康人(1994: pp.64-65)や岡本真一郎(2000: p.87)が指摘するように，一般に否定疑問文の方が肯定疑問文より丁寧度が高いと言われる。この点において，肯定疑問文が優勢な北関東は，他の地域より配慮性が弱い表現を使っていることになる。

次に，推量形式は全国的にはそれほど多く使用されているわけではないが，東北には比較的目立っている。また，新潟や兵庫などにもある程度まとまった分布が見られる。推量形式を使用した表現は，そうでない表現より配慮性が強いと思われるが，もしそうならば，特に東北では前節で見たような要求表現の配慮性の弱さを推量形式(具体的には「べ」)によって補っているとみることができる。なお，推量形式は，ほとんどが否定疑問と組み合わされて使用されている点にも注意したい。

4. 依頼表現の要素から見た配慮
4.1 表現の要素

前の3.では，「貸してくれ」や「貸してもらえないか」といった要求表現に注目して検討を行った。これらの表現は，依頼の中身を語るものであり，依頼場面の言語表現においては中核となる部分と言える。しかし，相手に何かを頼む際には，実際にはそれ以外の表現の要素も加わるのが普通である。例えば，(12)(13)のような頼み方が思い浮かぶ。

　　(12)　すまないが，お金が足りないので，貸してくれ。あとで返すから。
　　(13)　今，見舞いの品を買おうと思ったらお金が足りないんだ。悪いけど，貸してもらえないか。頼むよ。

下線部が先に見た要求表現であるが，それ以外の要素も加わって依頼場面全体の表現を構成している。そうしたさまざまな要素の使用には地域差は見られないのだろうか。

そこで，本章においては，お金を借りるという依頼場面において，どのような表現の要素が使用されているか見てみたい。まず，熊谷智子・篠崎晃一(2006: p.23)で「機能的要素」と名付けられたものを参考に，

```
A．要求提示
   要　求：「お金を貸してくれ」「少し貸してもらえないか」
   前置き：「お願いしたいんだが」「頼みたいことがあるんだが」
   念押し：「お願い！」「頼むよ！」
B．状況確認：「お金を余分に持っていたら」「もし良かったら」
C．状況説明：「お金が足りないので」「見舞を買ったら足りなくなったの
            で」「財布を確認して来なかったので」
D．恐縮表明
   謝　罪：「申し訳ないが」「すまないが」「悪いけど」
   羞　恥：「恥ずかしいが」「あつかましいのだが」
E．保障提示：「すぐ返すから」「あとで家に届けるから」
F．心情表明
   感　嘆：「あらー！」「いやー！」「しまった！」
   困　惑：「困ったな」「まいったな」「どうしよう」
```

表1　依頼場面(「お金を借りる」)における表現要素

表1のような表現要素を抽出した。

これらの分類に従えば，例えば先の(12)の例文は，次のような要素から構成されていることになる。

　　(14)　恐縮表明(謝罪)＋状況説明＋要求提示(要求)＋保障提示

4.2　要素の出現状況

まず，全国的に見てこれらの要素がどのくらい回答されたか，出現状況を確認してみよう。表2は各要素が回答された地点数の割合である(分母は有効回答のあった435地点)。これを見ると，「要求提示(要求)」が最も多く回答されている。上でも述べたように，この要素は依頼の場面においては中核的な存在であり，ほぼ必須の要素とみなすことができる。したがって，その出現が多数にのぼるのは当然とも言える。

そして，次に多いのは「状況説明」の要素であり，さらに「恐縮表明(謝罪)」が続いている。これら，「要求提示(要求)」「状況説明」「恐縮表明(謝罪)」は依頼場面における3大要素と呼んでもよいだろう。すな

A．要求提示		(%)
	（要　求）	96.6
	（前置き）	0.5
	（念押し）	1.8
B．状況確認		6.9
C．状況説明		87.4
D．恐縮表明		
	（謝　罪）	72.4
	（羞　恥）	3.7
E．保障提示		40.0
F．心情表明		
	（感　嘆）	11.5
	（困　惑）	3.2

表2　各要素の出現状況

わち，事情を説明しつつ，詫びを述べながら，要求を提示する，という表現が，こうした依頼の場面においては基本的なパターンであることがわかる。さらに，表を見ると，「保障提示」を採用する回答もかなりの割合で現れていることからすれば，4番目の要素として「保障提示」が重視されていることもわかる。

なお，以上の結果は，荷物預けの依頼場面を扱った熊谷智子・篠崎晃一（2006, p.31）の結果と同様の傾向にある。その調査は，仙台・東京・京都・熊本の4地点を選んで行われたものであるが，今回はその傾向を全国的な視野から裏付けることができたと言える。

4.3　状況説明

　次に，表現の要素ごとに，地域差を見てみよう。
　まず，お金を借りなければいけない経緯や理由を述べる「状況説明」は，ほとんどの地点で回答されており，使用の有無に関しては特に地域差が認められないようである。また，どのような事情を述べるかという点でも，「買い物をしたところお金が足りない」といった説明が主流となっている。ただし，もう少し踏み込んで説明の内容を観察すると，次のような2つの特徴が見えてくる。
　ひとつは，お金が足りないという状況を生み出した自らの落ち度に言及するものである。これには，次のようなパターンがある。

　　（15）　自分の落ち度に言及する表現
　　　　a．確認の怠り：お金を確認して来なかった，財布の中身を確かめないで来た，など
　　　　b．思い違い：財布にお金があると思った，足りると思った，思

いのほか値段が高かった，など
　c．軽率な行動：うっかりした，慌てた，買いすぎた，など
　d．軽率な性格：慌てん坊だ，おっちょこちょいだ，など
　このうち，a・bは事実を述べるものであるが，c・dとなると評価的な要素が入り込んでいる。特にdは，自分の性格の欠点をお金が足りなくなった理由として持ち出すものである。
　今，これらの表現が回答された地点を地図上に示すと図3のようになる。東北南部から西日本にかけて回答が見られ，特に，関東・中部・近畿に集中していることがわかる。一方，東北北部や九州には分布が見当たらない。内容的には，a・bの事実系の表現が外寄りに，c・dの評価系の表現が内寄りに位置するように見える。
　これらの表現は，いわば自分の落ち度を認め，卑下してみせることで，逆に，お金を貸してくれる相手を持ち上げようとする機能をもつと考えられる。特に，c・dの評価系の表現にはそうした面が強いと思われる。このような，自分の側を低めることで相手の側への配慮を示す方

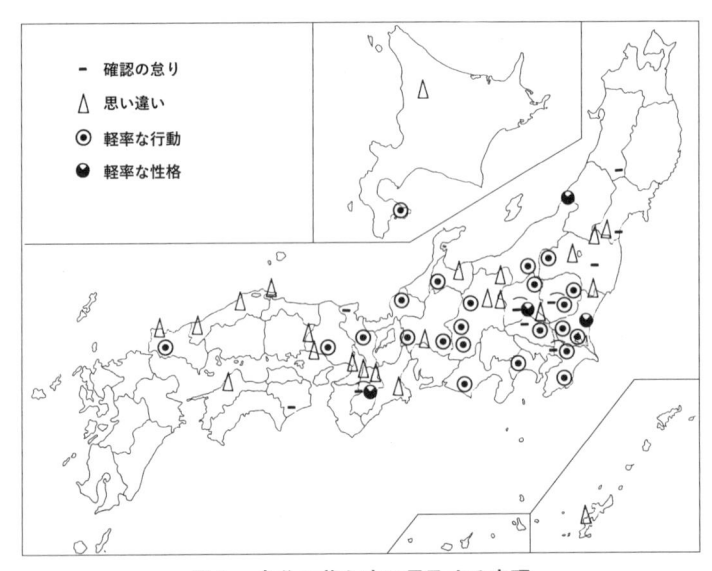

図3　自分の落ち度に言及する表現

法が日本の周辺部ではあまり行われず，中央部に多く見られるという点は，配慮表現のひとつの地域差として注目に値しよう。また，「c．軽率な行動」の主流は「うっかりした」という表現であり，これが定型的な言い回しとして関東・中部を中心に用いられている点も興味深い。

　もうひとつ，「状況説明」の表現で取り上げたいのは，財布への言及である。すなわち，お金が足りない状況を説明する際に，何らかのかたちで財布に触れる表現が回答された。具体的には前節で例示したような表現であるが，中には「財布を開けてみたらお金が足りなかった」のように，その場で財布の中を確認したと述べる表現が目に付いた。これらの財布に触れる表現は各地に見られるが，日本の周辺部にはやや弱いようである。そして，現場での財布確認を状況説明の中に入れ込む地点は，近畿から中国にかけての地域に固まって現れる。

　そもそも，財布への言及は何のために行われるのか。それはおそらく，お金が足りないという状況をより具体的に語り，話の真実味を増すためであろう。とりわけ，「その場で財布を開いてみた」と述べることは，現実にお金が足りないことを相手に納得してもらうことに効果がある。いわば，本当らしさの演出として，現場での財布確認を説明の中に織り込んでいると解釈できる。そして，立場を替えてお金を貸す側に立つと，そうした真実味のある表現で語られたならば，この人はうそをついていないと納得して依頼に応じることができる。お金を貸すことに対する躊躇，ためらいの感情を緩和する効果があるとすれば，それも相手の心的負担を軽減するものとして，広義の配慮表現の一種とみなすことができるかもしれない。そうした演出的な表現方法が近畿・中国で活発なことは，ひとつの地域的特徴として注目してよい。

　なお，以上のような「本当らしさの演出」という点について補足すれば，「心情表明」の要素もそうした機能に関わるものである。「心情表明（感嘆）」に分類した感動詞の類は東北地方に多く現れるが，発話の冒頭まず驚いてみせることがこの地域の依頼表現を特徴づけている。ただ，それらの感動詞には定型性が弱く，どこまで意識的に使用されているかはよくわからない。それに比べると，「恐縮表明」とセットになる中国

の「ナントスマンケド」や,「心情表明(困惑)」に分類した近畿の「ドナイショ」などといった西日本の表現は定型性が強く,演出的な効果をねらって使用されているのではないかと考えられる。

4.4 恐縮表明

依頼の場面においては,相手に対して自分が恐縮していることを表明する表現が用いられることがある。例えば,「すまないが,貸してもらえないか」のような表現である。この場合,共通語的には「すまない」のように,謝罪の意味を担う形式が使用されることが多いが,それは方言的に見ても同様である。

この「恐縮表明(謝罪)」は表2で見たとおり,回答地点が非常に多く,全国から得られている。それらを整理すると,「申し訳ない」類,「すまない」類,「ごめん」類,「悪い」類の4種類に分けられる。

これらが地理的にどのような分布をなすかを図4に示した。大まかに見て,東の「申し訳ない」・「悪い」,西の「すまない」という東西対立

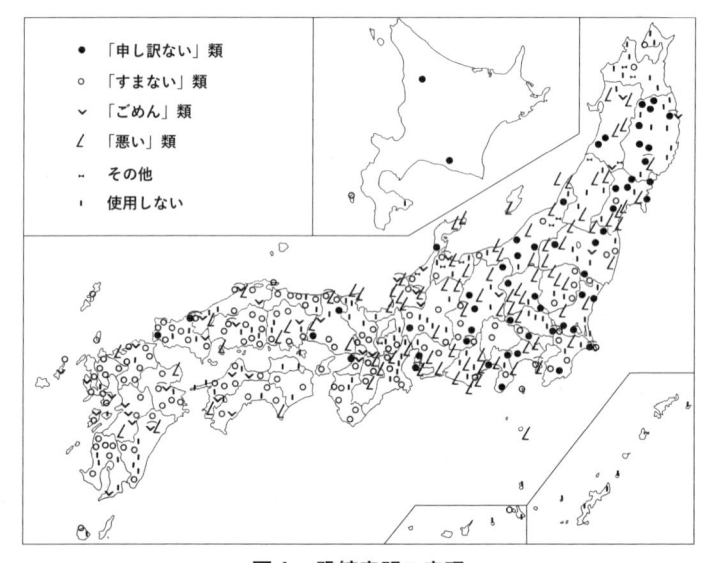

図4　恐縮表明の表現

が目に入る。また、「ごめん」は西日本に多いようである。

　以上は、恐縮表明の語彙的な地域差である。それでは、そもそもこうした恐縮表明を行うか否かという観点から見るとどうであろうか。あらためて図4を見ると、全国的に恐縮表明を行う地域が多い中で、この要素が回答されなかった地点も認められる。まず、東北にはそうした地点が目立つことがわかる。特に、青森・岩手にその傾向が強い。また、北関東や中部・近畿の境界部、中国、九州南部・琉球などにも不使用の地点が固まっている。これら分布の解釈は慎重に行うべきだが、やはり偶然の結果ではなく、一定の地域的傾向を反映したものとみるべきであろう。恐縮表明は依頼場面においては配慮性を担う主要な要素と考えられるが、そうした表現を使用しない地域のあることは興味深い。

4.5　保障提示

　「すぐ返すから」「あとで家に届けるから」などのように、借りたお金を必ず返すことを保障する表現が「保障提示」である。この要素も、相手への配慮を意図して使用されていると考えられる。表2で見たように、使用度の高い表現の一つである。

　それでは地域的な特徴はどうであろうか。全国からまんべんなく回答が得られているので、一般的な地図の描き方では地域的な傾向をつかむことが難しい。そこで、図5には、都道府県ごとに、「保障提示」の要素を回答した地点の割合を示してみた。しかも、5割以上の使用が見られる都道府県に網掛けを施した。もちろん5割という数字に特別な根拠はない。しかし、このようにすると、「保障提示」を比較的よく使用する地域と、そうでもない地域との違いが見えてくる。

　図5によれば、使用度が5割を超える地域は北陸から近畿・中国・四国といった西日本に多く見られる。西日本は東日本より、「保障提示」の要素によって相手への配慮を示しやすいと言える。ただし、東日本の中にも青森・秋田(青森西部から秋田北部にかけての日本海側)や東京周辺のように5割を超える地域が認められる。また、西日本でも九州は概して使用度が低く、東日本と類似の傾向を示すことがわかる。

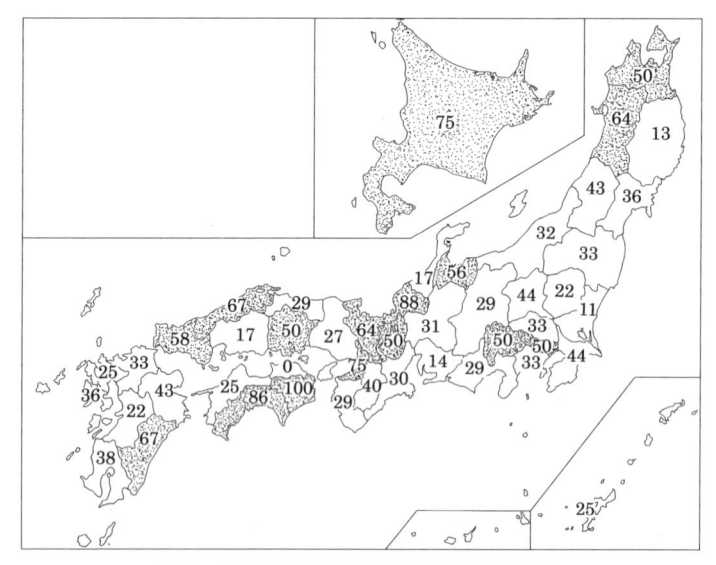

図5　保障提示の都道府県別使用割合(%)

5. 表現の構造から見た配慮

　ここまで，依頼場面を構成する要素の特徴について見てきた。ここでは，それらの要素が作り出す表現の構造について扱うことにしよう。すなわち，いかなる要素が，どのように組み合わされるか，といった観点から，表現のパターンを検討してみたい。
　まず，選択される要素は4.2で述べたように，「要求提示(要求)」「状況説明」「恐縮表明(謝罪)」が多い。そして，これらの要素が次のような順序で組み合わされるパターンが目立つ。

　　　(16)　　恐縮表明(謝罪)＋状況説明＋要求提示(要求)
　　　　　　　　例：すまないが，お金が足りないので，貸してくれ。

　また，これに「保障提示」(「すぐ返すから」の類)が末尾に加わり，次のような構成をとるパターンもよく見られる。

　　　(17)　　恐縮表明(謝罪)＋状況説明＋要求提示(要求)＋保障提示

　さらに，(16)のパターンの要素のうち「恐縮表明(謝罪)」と「状況説明」の位置が入れ替わり，次のようになるものも多い。

(18)　状況説明＋恐縮表明(謝罪)＋要求提示(要求)

　以上の(16)(17)(18)のパターンに共通するのは，配慮に関わる要素である「恐縮表明(謝罪)」と「状況説明」を先行させ，その後に依頼内容に当たる「要求提示(要求)」を位置づけていることである。いわば低姿勢で話しかけたあとに本題を伝えるという流れが読み取れる。(17)のパターンでは，最後に「保障提示」が加わるが，これは本題を述べることで生じた相手の負担感を軽減する役割を担うものと思われる。

　これらのパターンの数量的な把握や地理的な分布の検討はこの論文では行わないが，ここでは配慮に関わる2つの点を指摘しておこう。

　まず，(16)から(18)の主要なパターンとは異なり，いきなり要求から始まる回答が見られた点である。この場合の要求とは前置き的なものとは異なり，「要求提示(要求)」として分類したもの，つまり，「お金を貸してくれ」の類である。したがって，この要素が発話の先頭に来ると，共通語的な感覚ではかなりぶっきらぼうで直接的な印象が否めない。全体で11地点からしか得られなかったパターンであるが，回答地点が全国に散在する中で，青森に2地点，岩手に3地点と，東北北部で固まって回答されている点は注目される。

　これらの回答は，「要求提示(要求)」のみで終わる場合もあり，何らかの要素が続いても，「恐縮表明(謝罪)」や「保障提示」の要素が1つ付く程度で，非常に簡単な構造となっている。そもそも，こうした簡素な表現で依頼の内容が相手に伝わるのか疑問も残るが，東北北部に回答地点が集中するのは，この地域のひとつの傾向であるのかもしれない。

　次に，もうひとつ指摘したいのは，配慮を示す要素として何が重視されるかという点で，地域差がありそうだということである。もっとも，この点についてすべての回答を対象にして検討したところ，うまく傾向がつかめなかった。そこで，2つの要素から成る回答のみを取り出して観察してみた。2要素のうちのひとつはほぼ間違いなく「要求提示」が選ばれている。それでは，その「要求提示」と組み合わされるもうひとつの要素は何か，その選択に地域差が現れるかどうかを見たのである。

　この，もうひとつの要素としては，「恐縮表明」「状況説明」「保障提

示」の3つが得られた。その分布状況を確認すると，西日本では「状況説明」が選ばれやすいが，その両側の東日本と九州北部では「恐縮表明」が選択される傾向が読み取れる。ただし，琉球では「状況説明」が多い。また，「保障提示」は比較的近畿周辺部に現れている。

お金を借りる場面において，「お金を貸してほしい」という要求表現は必須の要素である。それに加えて，「すまない」と恐縮するか，「お金が足りない」と事情を説明するか，それとも，「すぐ返すから」と相手を安心させるか，そうした要素の選択に地域差が現れるのは興味深い。

6. 社会的な地域差との関連

ここまでの考察によれば，依頼表現から見た配慮的傾向は，大局的には日本の中央部，特に近畿を中心とした西日本で強く，逆に関東以北と九州以南，とりわけ東北北部で弱いと言える。この結論は，小林隆・澤村美幸(2010a・2010b)で示した言語的発想法としての「配慮化」の地理的傾向とほぼ一致する。こうした地域差には，同論文で述べたような社会構造の地域差が影響していると思われる。

すなわち，農村型社会から都市型社会への移行に伴いコミュニケーションの活性化や複雑化がもたらされ，それが配慮性の強化を引き起こしたが，そうした変化の進行は東北などでは遅く，逆に近畿や西日本では速く進んだと考えられる。このような社会構造の変化に伴う配慮表現の発達は，高山善行(2012: pp.123-126)で指摘されているように，中央語，すなわち近畿中央部の言語において文献上確認されるものであるが，同様の変化は地理的にも展開し，それが上記のような地域差となって反映していると考えられるのである。

ところで，以上のようなとらえ方は，都市型社会と農村型社会という社会構造の違いを日本列島の広がりの中で認めようとするものである。近畿は都市型社会の性格が顕著で，東北は農村型社会の性格が著しい。そうした違いが配慮表現の全国レベルでの地域差の背景にあると考える。この点に関して，西尾純二(2012: pp.85-86)では，各地における配慮表現の調査結果を総合的に検討し，「都市部の回答者」対「非都市部

の回答者」の傾向が,「東京・京都・大阪の回答者」対「福岡・徳島・全東北の回答者」の傾向に対応する結果が得られたと述べている。このことは,地理的な地域差の背景に都市性に基づく社会的な地域差が潜んでいる可能性を示唆して興味深い。

なお,東京,あるいは関東が,時として近畿的な傾向を見せるのは,小林・澤村(2010b: pp.84-85)で述べたように,両者が極度に発達した都市型社会という点で共通する性格を有するからである。

7. まとめ

この論文では日本語の配慮表現の多様性の一つである地域差の問題を中心に取り上げ,その社会的背景についても触れた。以上の要点を示せば,次のようになる。

(19) 研究の観点と見通し:配慮表現の地域差の分析には,各場面の中核をなす表現に注目すると同時に,その場面で使用される表現全体を視野に入れ,選択される要素やそれらが作る構造にどのような特徴があるかを観察することが必要である。

(20) 要求表現における配慮:依頼場面の中核をなす要求表現は周圏的な分布を示すが,これは中央語において配慮の表出を強化する方向への変化が起こり,それが地理的分布に反映されたものと解釈される。

(21) 依頼表現の要素から見た配慮:全国的に見た場合,「要求提示(要求)」「状況説明」「恐縮表明(謝罪)」「保障提示」の4つが主要な要素である。また,「状況説明」や「恐縮表明(謝罪)」「保障提示」の表現に地域差が認められる。

(22) 依頼表現の構造から見た配慮:全国的に見ると,配慮的な要素を前方に置く構造が主流であるが,いきなり要求から始まるという配慮性の弱い構造を示す地域も観察される。

(23) 社会的な地域差との関連:配慮表現の地域差は,地域ごとの社会構造の性質がコミュニケーションのあり方を規定し,その影響を受けるかたちで成立していると考えられる。

この論文では，(23)に示したような視点から，配慮表現の社会的側面を問題にした。しかし，地域差，すなわち「地理的変異」というテーマから離れ，「社会的変異」のみに注目するならば，そこでは，世代差や男女差などといった属性論的な社会的視点も重要になってくる。これについては，国立国語研究所(2006)が主要な対象として扱っており，全体として，若年層より高年層の方が，また，男性より女性の方が配慮性の強い表現を使うという傾向が報告されている。こうした社会的変異と地理的変異との関係はこれからの研究課題である。

引用文献

岡本真一郎(2000)『言語表現の状況的使い分けに関する社会心理学的研究』風間書房.

菊地康人(1994)『敬語』角川書店. 〔再刊：『敬語』(講談社学術文庫), 講談社, 1997.〕

熊谷智子・篠崎晃一(2006)「依頼場面での働きかけ方における世代差・地域差」, 国立国語研究所『言語行動における「配慮」の諸相』pp.19-54, くろしお出版.

国立国語研究所(2006)『言語行動における「配慮」の諸相』くろしお出版.

小林隆・澤村美幸(2010a)「言語的発想法の地域差と社会的背景」『東北大学文学研究科研究年報』59, pp.127-162, 東北大学大学院文学研究科.

小林隆・澤村美幸(2010b)「言語的発想法の地域差と歴史」『国語学研究』49, pp.73-86, 東北大学大学院文学研究科国語学研究室「国語学研究」刊行会.

高山善行(2012)「日本語の配慮言語行動の歴史的研究―これからの発展に向けて―」三宅和子・野田尚史・生越直樹(編)『「配慮」はどのように示されるのか』(シリーズ社会言語科学1), pp.113-129, ひつじ書房.

西尾純二(2012)「日本語の配慮言語行動の社会的多様性」三宅和子・野田尚史・生越直樹(編)『「配慮」はどのように示されるのか』(シリーズ社会言語科学1), pp.71-90, ひつじ書房.

宮地裕(1981)「敬語史論」森岡健二・宮地裕・寺村秀夫・川端善明(編)『敬語史』(講座日本語学9), pp.1-25, 明治書院.

第2部　古代語の配慮表現

» 奈良時代の配慮表現　　　　　　　　　　　　　　　　小柳智一
» 平安・鎌倉時代の依頼・禁止に見られる配慮表現　　　藤原浩史
» 平安・鎌倉時代の受諾・拒否に見られる配慮表現　　　森野　崇
» 平安・鎌倉時代の感謝・謝罪に見られる配慮表現　　　森山由紀子

奈良時代の配慮表現

小柳智一

1. この論文の主張

　この論文では，奈良時代の対人配慮の表現を現代と比較し，その特徴を指摘する。具体的には，互いに心的負担を抱きやすい「要求・禁止」「受諾・拒否」「感謝・謝罪」の3つの場面を取り上げ，そこで使われている表現を観察しようと思う。

　以下，まず2.で奈良時代を対象とする研究方法について述べる。3.では要求・禁止の場面で使われる表現について次のことを指摘する。

　　（1）　要求・禁止の場面では，奈良時代も現代と同じように，相手の心的負担を減らす間接的な表現を選ぶことがある。また，依頼という配慮の仕方はまだ確立してない。

4.では受諾・拒否の場面に関して，次のことを指摘する。

　　（2）　受諾・拒否の場面では，現代のような応答や謝罪のための定型表現は見られず，恐縮の表現を頻用する。

5.では感謝・謝罪の場面について次のことを指摘する。

　　（3）　感謝・謝罪の場面では，現代のような感謝・謝罪のための定型表現や，感謝・謝罪の遂行を意図する文は見られない。その代わりに恐縮の表現が重要な要素になる。

　最後の6.でこの論文のまとめを行い，奈良時代の配慮表現の特徴として，恐縮（畏慎）の定型表現が汎用されていることを指摘する。

2. 奈良時代の資料と研究方法

最初に，奈良時代の資料から配慮表現を取り出すに当たって，注意を要する点を述べる。奈良時代の資料はすべて漢字で書かれている。今，文字表記の様式を「表記体」，書かれている文章の様式を「文体」と呼び，どのような表記体でどのような文体が書かれているかを，代表的な資料名と合わせて整理すると，次表のようになる。

表1　奈良時代の表記体と文体

表記体	文体	主な資料名
正格漢文	漢文訓読文・中国語文	『日本書紀』
変体漢文	漢文訓読文	『古事記』
万葉仮名文	和歌	『万葉集』

『日本書紀』『古事記』『万葉集』から具体例を挙げる。

（4）　譬猶浮膏而漂蕩。　　　　　　　　（日本書紀・1・1-21）
（5）　湯津々間櫛男柱一箇取闕而，　　　　（古事記・上・44）
（6）　安礼奈之等奈和備和我勢故　　　　（万葉集・17・3997）

まず，言語面から見た問題を指摘する。正格漢文の（4）は「譬へば浮べる膏の猶くにして漂蕩へり。」のように日本語で訓読することもできるし，そのまま中国語で読むこともできる。両様に読めるように書かれた表記体なので，書かれている日本語は中国語の影響を受けている可能性があり，また，その日本語は漢文訓読文で，口頭語から大きく隔たっている。変体漢文の（5）は「湯津々間櫛の男柱を一箇取り闕きて，」のように訓読し，正格漢文よりは自然な日本語を反映すると考えられるが，基調はやはり漢文訓読文である（山口佳紀（1995：第1章））。（6）の万葉仮名文は「我なしとな侘び我が背子」と読め，漢文よりも口頭語に近い文体を書きうるが，残っているのは和歌がほとんどで，口頭語との距離はやはり近くない。要するに，どの時代にも多かれ少なかれ当てはまるが，奈良時代は特に，口頭語を抽出するのが難しいのである。

次に，内容面から見ると，文字資料として残っているのは，記録する

価値のある公的な内容のものがほとんどで、ごく日常的な言語行動を写す資料は皆無と言ってよい。そのため、配慮表現を考えるのに適当な場面が見つけにくいという問題がある。

このような制約下で研究を進めるには、どのような方法に拠ればよいだろうか。次の3つくらいが考えられると思う。

(7) a. 種類の異なる複数の資料を横断的に調査し、共通する要素を取り出す：文体に左右されない、奈良時代語全般の基盤となる表現としてよいのではないか。
b. 変体漢文の資料を正格漢文の資料と比較し、変体漢文の資料にしか現れない要素を取り出す：中国語の影響が少ない、日本語的な表現としてよいのではないか。
c. 後の時代の資料にも見られる表現を取り出す：一貫して使われた表現としてよいのではないか。

以下では、この方法で取り出した配慮表現を対象に考察する。

3. 奈良時代の要求・禁止に見られる配慮表現

まず、要求・禁止の表現について見る。現代では、「しろ」「しなさい」という命令の表現と、「してください」(「して」「してちょうだい」などの類似表現も含める)という依頼の表現を区別するが、3.1で述べるように、奈良時代はこの区別がない。本論文では、ある行為をするよう相手に求めることを「要求」、ある行為をしないよう、またはやめるよう相手に求めることを「禁止」と規定する。禁止は広義には要求の一種であり、現代の命令と依頼はともに要求に含まれる。

3.1 要求の場面

要求の場面では、まず、直接的な要求表現が使われている。現代では対等の者同士であっても、非敬語動詞の命令形を使って直接的に要求するのは一般的でないが、奈良時代にはしばしば見られる。次例の「せよ」は非敬語動詞「す」(「する」意)の命令形だが、現代語訳すれば依頼で訳すのが自然ではないかと思う。

（8）［姉が妹に］外に居て　恋ふれば苦し　我妹子を　継ぎて相見む　事計りせよ（事計為与）〔遠く離れて恋い慕うのは苦しいものです。あなたにずっと続けて逢えるような手だてを考えてください］　　　　　　　　　　　　　（万葉集・4・756）

　表2のように，現代では動詞の中立形と授与形（日高水穂（2007）の「求心性授与動詞」の補助動詞用法）が別の形に分化しているが，奈良時代にはこの区別がない。

表2　現代と奈良時代の中立形・授与形

	現代		奈良時代	
	非敬語	敬語	非敬語	敬語
中立形	する	しなさる	す	したまふ
授与形	してくれる	してくださる		

　相手にある程度の配慮を示しつつ要求する場合，現代では敬語の授与形「してください」を使う（森山卓郎（2008））。自分が利益を受けることを表し，それを頼む言語行為，つまり依頼である。これに対して，中立形の「しなさい」は直接的な命令であり，現代語ではこの2つが形の上で明確に区別されている。ところが，奈良時代には「したまへ」しかなく，命令と依頼が分化していない。表3を参照。

表3　現代の命令・依頼と奈良時代の要求

	現代	奈良時代	
命令	しなさい	したまへ	要求
依頼	してください		

　しかし，「したまへ」の実例を見ると，（9）のように依頼で現代語訳するのがふさわしい例ばかりが目に付く。ただし，平安時代には（10）のように命令で現代語訳するのが適当な例もある。

（9）［主人が客に］あきづ羽の　袖振る妹を　玉くしげ　奥に思

ふを　見たまへ(見賜)我が君〔トンボの羽のような袖を振っているあの女を，私が大事に思っているあの女を見てください，あなた〕　　　　　　　　　　　　　（万葉集・3・376）
(10) 〔光源氏が息子の夕霧に〕「人柄心苦しうなどあらむ人をば，それを片かどに寄せても見たまへ。……」〔「人柄がいじらしく思われるような女性なら，それ一つをとりえとして連れ添ってごらんなさい。……」〕　（源氏物語・梅枝・3-425）

　資料が少ないので偶然かもしれないが，奈良時代の「したまへ」にはこのような偏りが見られる。現代なら依頼という配慮の仕方をする場合に，依頼が確立していない奈良時代は，敬語動詞の命令形を使って直接的な要求表現を行っていたと考えられる。
　次に，疑問表現，希望表現，当為表現を使って間接的に要求する例がある。(11)では，「〜むや」という相手の意向を尋ねる疑問表現を使っている。原文に「む」に当たる文字がないが，平安時代の(12)に照らして「む」を補うべきだろう。また，(11)は変体漢文だが，中国語にない補助動詞「〜奉」があるので，日本語的な表現と見なされる。
(11) 〔神倭伊波礼毘古命〕「従ひて仕へ奉らむや(仕奉乎)」ととひしに，〔国つ神〕答へて白ししく，「仕へ奉らむ」と申しき。〔「私に従ってお仕えするか」と問うたところ，答えて，「お仕えします」と申し上げた。〕　　　　（古事記・中・143）
(12) 〔翁がかぐや姫に〕「翁の申さむこと，聞きたまひてむや」〔「このじじいの申し上げますことを，聞いてくださいませんか」〕　　　　　　　　　　　　　　　　　（竹取物語・21）

　次は，希望の終助詞「な」「ね」を使い，自分の希望を表す表現を相手に示すことで間接的に要求する例である。
(13) 〔天皇が少女に〕この岡に　菜摘ます兒　家告らせ　名告らさね(告紗根)〔この岡で菜を摘まれる少女よ，身分を教えて下さい。名前を教えてほしい〕　　　　　　　　（万葉集・1・1）
(14) 〔太上天皇が天皇に〕忘れず失はずあるべき表として，一二人を治め賜はな(賜波奈)〔(この舞の趣旨を)忘れず失わず

伝えるための徴として，1人2人に位階を賜ってほしい〕
(続日本紀宣命・10・2-421)

最後に，相手の行為に関する当為表現「〜べし」を投げかけることによって，「するのが当然である(ゆえにしなければならない，しなさい)」と，間接的に要求する例がある。当為の根拠となる事柄が示されることが多く，次例の破線部がそれに当たる。

(15) ［伊耶那岐命が伊耶那美命に］「愛しき我がなに妹の命，吾と汝と作れる国，未だ作り竟らず。故，還るべし(可還)」〔「愛しいわが妻よ，私とお前が作った国は，まだ作りおわっていない。だから，お前は帰って来なければならない」〕
(古事記・上・45)

3.2 禁止の場面

禁止の場面では，直接的な禁止表現が使われている。奈良時代の禁止表現には，既実現の行為の「制止」と未実現の行為の禁止(「狭義の禁止」)を表す「な〜そ」と，狭義の禁止しか表さない「〜な」がある(小柳智一(1996))。(16)は制止，(17)は狭義の禁止の例である。

(16) ［恋人に］我が故に いたくなわびそ(勿和備曽) 後つひに逢はじと言ひし こともあらなくに〔私のことで，そんなにがっかりしないでください。今後もう逢わないと言ったこともありませんのに〕
(万葉集・12・3116)

(17) ［軽大郎女が軽太子に］夏草の 阿比泥の浜の 掻き貝に足踏ますな(布麻須奈) 明して通れ〔阿比泥の浜の貝殻で，足を踏んでおけがをなさいますな。夜を明かしてからお行きなさいませ〕
(古事記歌謡86・325)

また，一般に「な〜そ」は「〜な」より禁止の度合が弱いとされ(大野晋(1959))，狭義の禁止について見ると，自分の利益に関わる場合は「な〜そ」を使う傾向がある。平安時代でも同じで，(18)はわかりやすい例である。自分に関わることには「な知らしめそ」と言い，相手のことには「忘れたまふな」と言って，使い分けている。

(18) 〔明石入道が娘の明石上に〕命終はらむ月日もさらにな知ろしめしそ。……，老法師のためには功徳をつくりたまへ。この世のたのしみに添へても，後の世を忘れたまふな。〔私の命の尽きる月日をけっして知ろうとなさらないで下さい。……，この老法師のためには功徳をつくってください。この世の楽しみにつけても，後の世のことをお忘れになりますな。〕
(源氏物語・若菜上・4-115)

なお，奈良時代には「べし」と肯否で対立する「まじじ」があるが，「まじじ」を使った間接的な禁止の例は見当たらない。

3.3 要求・禁止のまとめ

奈良時代も現代と同じく，直接的な要求表現で相手に大きな心的負担を与える場合，それを減らすために，様々な間接的な表現を選んだようである。しかし，奈良時代には依頼の専用形式がなく，依頼という配慮の仕方が確立していなかった点が，現代と異なる。

ここで，奈良時代の要求・禁止の展開の型を，現代と比較してみよう。熊谷智子・篠崎晃一(2006)によれば，現代の依頼の型には次のような機能的要素が含まれる(具体的な文言は私に示す)。

(19)　(イ)注目喚起　青木さん，
　　　(ロ)恐縮表明　すいませんけど，
　　　(ハ)状況説明　財布忘れてきちゃったので，
　　　(ニ)行動要求　お金貸してもらえませんか。
　　　(ホ)効果補強　明日返しますから。

奈良時代の要求・禁止の型にも，同様の要素を見出すことができる。(ニ)行動要求が中心となり，それに他の要素が付随して一連の型が展開する点も，現代と共通している。(20)は要求，(21)は禁止。

(20)　(イ)注目喚起　愛しき我がなに妹の命，〔愛しいわが妻よ，〕
　　　(ハ)状況説明　吾と汝と作る国，未だ作り竟らず。故，〔私とお前が作った国は，まだ作りおわっていない。だから，〕

　　　　　(ニ)行動要求　還(かへ)るべし〔お前は帰って来なければならない〕
　　　　　　　　　　　　　　　　　　　　　　　　　　((15)の再掲)
　(21)　(ロ)恐縮表明　恐(かしこ)し。〔おそれ多いことです。〕
　　　　　(ニ)行動要求　我(あれ)を殺(ころ)すこと莫(なか)れ。〔私を殺さないでください。〕
　　　　　(ホ)効果補強　此(ここ)地を除(お)きては，他(あた)し処(ところ)に行(ゆ)かじ。〔この場所以外，他の所には行きません。〕
　　　　　　　　　　　　　　　　　　　　　　　　(古事記・上・110)

　以下に述べることに関連して言うと，(21)で(ロ)恐縮表明に「かしこし」が使われているのは注目される。

4.　奈良時代の受諾・拒否に見られる配慮表現

　次に，受諾・拒否の表現について見る。ここでは，応答の表現，評価・心情の表現，意思の表現を取り上げる。

4.1　応答の表現

　奈良時代の受諾・肯定の応答語には「を」，拒否・否定の応答語には「いな」があることが指摘されているが(森田良行(1973))，用例が少なく適当な実例が見当たらない。(22)は1人の発話中の使用例，(23)は対話の例だが正格漢文の例で，「唯々」と音読みする可能性もある。
　(22)　何(なに)すと　違(たが)ひは居(を)らむ　否(いな)も諾(を)も(否藻諾藻)　友(とも)の並(な)み並(な)み我(われ)も寄(よ)りなむ〔なんだって反対しましょうか。いいえもはいも皆さんと同じです。私もあの方になびき寄りましょう〕
　　　　　　　　　　　　　　　　　　　　　　　　(万葉集・16・3798)
　(23)　「唯々(を を)(唯々)，敬(つつし)みて芳命(はうめい)を奉(うけたま)はらむ」〔「はいはい，謹んで仰せに従いましょう」〕　　(万葉集・5・853序)
　平安時代以降も詳細はわからない。(24)は応答しているが，応答する近江の君はいささか変わった女性として描かれているので，この社会における言語行動として標準的と言ってよいか躊躇される。
　(24)　[内大臣]「いづら，この近江(あふみ)の君(きみ)，こなたに」と召(め)せば，

「を」と，いとけざやかに聞こえて出で来たり。〔「どこですか，これ近江の君，こちらにおいでなさい」とお呼びになると，「はい」と，じつにはっきりとお返事申し上げて出て来た。〕　　　　　　　　　　　　　　（源氏物語・行幸・3-322）

応答語を使用しないはずはないと思うが，あまりに当然なのでわざわざ書かないのか，奈良時代の資料にその様子は残っていない。

4.2　評価・心情の表現

受諾する際に，評価・心情を表す形容詞を使った例が見られる。(25)は対等の相手に対して，相手の提案を受諾することを示すのに「よし」を使っている。

(25)　[伊耶那岐命]「国土を生み成さむと以為ふ。生むは，奈何に」とのりたまひしに，伊耶那美命の答へて曰ひしく「然，善し(然善)」といひき。〔「国を生もうと思う。生むことは，どうか」とおっしゃったところ，伊耶那美命は答えて，「それは，いいですね」と言った。〕　　　　　（古事記・上・33）

相手が上位者である場合には「よし」ではなく「かしこし」を使っており，相手への配慮を示すものだと考えられる。(26)はアシナヅチ・テナヅチがスサノヲに娘を献上する場面の例である。

(26)　[速須佐之男命]「吾は，天照大御神のいろせぞ。故，今天より降り坐しぬ」とのりたまひき。爾くして，足名椎・手名椎の神の白ししく，「然坐さば，恐し(恐)。立て奉らむ」とまをしき。〔「私は天照大御神の弟だ。そして，今天からお降りになった」とおっしゃった。すると，足名椎・手名椎の神は，「さようでいらっしゃるなら，おそれ多いことです。娘を献上しましょう」と申し上げた。〕　　（古事記・上・71）

興味深いことに，受諾の場合だけでなく，諾否を保留する場合や，拒否する場合にも等しく「かしこし」を使っている。(27)は(26)の直前の場面で，相手の正体がわからないので答えを保留する例である。(28)は神々が下した派遣の命令を結果的に拒否する例である。

(27) ［速須佐之男命］「是の，汝が女は吾に奉らむや」とのりたまひき。［足名椎神］答へて白ししく，「恐し(恐)。亦，御名を覚らず」とまをしき。〔「この，お前の娘は私に献上するか」とおっしゃった。答えて，「おそれ多いことです。しかしながらまた，あなたのお名前を存じません」と申し上げた。〕

(古事記・上・71)

(28) ［伊都之尾羽張神が神々に］答へて白さく，「恐し(恐之)。仕へ奉らむ。然れども，此の道には僕が子，建御雷神を遣すべし」とまをして，〔答えて，「おそれ多いことです。お仕えします。しかし，この任務には，わが子，建御雷神を遣わすのがよろしいでしょう」と申し上げて，〕 (古事記・上・107)

(25)の「よし」は，現代の「いいよ」「いいですよ」と言って受諾を示すのと同趣であり，(26)-(28)の「かしこし」は，現代の「かしこまりました」に通じる。ただし，現代の「かしこまりました」は受諾の場合にしか使わないが，奈良時代はそうではない。

4.3 意思の表現

相手に要求された行為について，その行為を行う意思を示すことで，受諾の意を伝える例がある。

(29) ［天宇受売命］「汝は，天つ神御子に仕へ奉らむや」といふ時に，諸の魚皆，「仕へ奉らむ(仕奉)」と白す中に，海鼠，白さず。爾くして，天宇受売命，海鼠に謂ひて云はく，「此の口や，答へぬ口」といひて，〔「お前たちは，天つ神である御子にお仕えするか」と言うと，すべての魚は皆，「お仕えします」と申し上げる中で，ナマコはご返事申し上げなかった。そこで，天宇受売命は，ナマコに，「この口はまあ，返事をしない口だこと」と言って，〕 (古事記・上・119)

これに対して，要求されたことが自分には困難であることを言うことによって，拒否の意を伝える例がある。

(30) ［太政大臣の役を固辞する恵美押勝］「敢ふましじ(敢末之時)」

と為て辞び申し、復、「受け賜はるべき物なりせば祖父仕へ奉りてまし、然有る物を、知れることも無く、怯く劣き押勝がえ仕へ奉るべき官には在らず、恐し」と申す。〔「その任に堪えません」として固辞申し上げ、また、「もし承知するべきものであったら祖父がお仕えしましたでしょう、それなのに、何も知らず、未熟な私がお仕えできる官職ではありません、おそれ多いことです」と申し上げる。〕

(続日本紀宣命・26・3-341)

ところで、(29)で、アメノウズメの要請を拒否したナマコは、言葉を発せず、黙している。同じ拒否をするにしても、拒否することを明言せず黙するのは一種の配慮かもしれない。

4.4 受諾・拒否のまとめ

受諾・拒否の展開の型を現代と奈良時代で比べてみる。まず、現代の受諾の型には、次のような要素が含まれると思われる。(ハ)謙遜表明は、若年層では使用が少ないが、高壮年層ではそれなりに使うとされるので(尾崎喜光(2006a))、含めておく。

(31) (イ)肯定応答　はい、
　　　(ロ)受諾明示　わかりました。
　　　(ハ)謙遜表明　私でよろしければ、
　　　(ニ)意思表明　その役をさせていただきます。

奈良時代は、配慮を示す際に(イ)肯定応答が行われたかどうか不明である。前掲(29)は「仕へ奉らむや」と要請されて「仕へ奉らむ」と応じているが、「を、仕へ奉らむ」のように応じた例はない。(32)のように、諾否質問に肯定的に応答する場面でも「を」を使った例がない。

(32) ［神倭伊波礼毘古命］問ひしく、「汝は、海道を知れりや」ととひしに、［国つ神］答へて曰ひしく、「能く知れり(能知)」といひき。〔「お前は、海の道を知っているか」と問うたところ、答えて、「よく知っています」と言った。〕

(古事記・中・143)

実際には「を，仕へ奉らむ」「を，能く知れり」と言うのを，省いた可能性もあるが，わからない。さらに，(ロ)受諾明示や(ハ)謙遜表明も見られず，奈良時代の受諾の典型は次のようなものだと思われる。

(33) (ホ)恐縮表明　然坐さば，恐し。〔さようでいらっしゃるなら，おそれ多いことです。〕
　　 (ニ)意思表明　立て奉らむ〔娘を献上しましょう〕

((26)の再掲)

次に，現代の拒否の型は，尾崎喜光(2006b)を参考にすると，次のような要素を含むと考えられる。

(34) (イ)謝罪言明　すいません，
　　 (ロ)理由説明　ちょっとのどが痛いので，
　　 (ハ)拒否明示　今日はスピーチができません。
　　 (ニ)効果補強　日高さんに代わってもらいましょう。

5.で述べるが，奈良時代には謝罪の定型表現がないので，(イ)謝罪言明はない。その代わり(ホ)恐縮表明がある。それ以外は現代と同じである。なお，(35)((28)の再掲)は結局のところ拒否するのだが，1度は受諾の意思表明をする。これは相手への配慮が働いたためだろう。

(35) (ホ)恐縮表明　恐し。〔おそれ多いことです。〕
　　 (ヘ)意思表明　仕へ奉らむ。〔お仕えします。〕
　　 (ニ)効果補強　然れども，此の道には僕が子，建御雷神を遣すべし〔しかし，この任務には，わが子，建御雷神を遣わすのがよろしいでしょう〕

((28)の再掲)

(36) (ハ)拒否明示　敢ふましじ。〔その任に堪えません。〕
　　 (ロ)理由説明　受け賜はるべき物なりせば祖父仕へ奉りてまし，然有る物を，知れることも無く，怯く劣き押勝がえ仕へ奉るべき官には在らず，〔もし承知するべきものであったら祖父がお仕えしましたでしょう，それなのに，何も知らず，未熟な私がお仕えできる官職では

ありません，〕
　(ホ)恐縮表明　恐し〔おそれ多いことです〕　((30)の再掲)
　以上のように，奈良時代の受諾・謝罪には不明な点も多いが，特徴的なのは恐縮表明を頻用することである。

5. 奈良時代の感謝・謝罪に見られる配慮表現

　最後に，感謝・謝罪の表現について見る。まず注目されるのは，奈良時代には，現代の「ありがとうございます」「すみません」「申し訳ありません」に当たる，感謝・謝罪のための定型表現がないことである。代わりにどのような表現が使われているか見てみよう。

5.1 感謝の表現

　藤原浩史(1994)によると，平安時代の感謝の表現には，次に挙げるような段階があり，AからDへ順に感謝の度合が高くなる。

(37)　A　相手に対する配慮が不要な場合には，相手の行為の評価が行われる。
　　　B　相手との感情的なつながりがある場合には，自分自身の心情を表明する。
　　　C　相手に対する配慮が必要な場合には，相手に対する感情を表明する。
　　　D　相手の社会的な立場を強く意識する場合には，相手に対する畏敬の念を表明する。

各段階の代表的な形容詞を挙げて図示すると，次のようになる。

(低) A よし ― B うれし ― C かたじけなし ― D かしこし (高)

図1　感謝表現に使われる形容詞の段階

　奈良時代の資料には，感謝する適当な場面が見つけにくいのだが，図1を参考に探すと，(38)のような「かたじけなし」の例がある。(38)は正格漢文だが，(39)のような「かたじけなみ」(「かたじけなし」の派生

形)を使った例もあるので，Cに相当すると見てよいだろう。

(38) ［海神が彦火火出見尊に］「天神の孫，吾が処に辱くも臨せり(辱臨吾処)。中心の欣慶，何の日にか忘れむ」〔「天神の御孫が，私のところにおそれ多くもおいで下さいました。この喜びは永久に忘れません」〕　　　　　　　（日本書紀・2・1-171)

(39) ［天皇が吉備真備のことを思って］夜昼退らずして護り助け奉侍るを見ればかたじけなみ(可多自気奈弥)なも念す。〔一日中退出せず私を助けて仕えているのを見ると，ありがたくお思いになる。〕　　　　　　　　（続日本紀宣命・41・4-139)

感謝の場面で，他の段階の形容詞が使われた例は管見に入らないが，A段階の「よし」とD段階の「かしこし」は，4.2の受諾の場面で使われていた(「かしこし」は保留・拒否の場面でも使われていた)。感謝と受諾の間には共通性があると考えられる。

5.2　謝罪の表現

次に，謝罪の場面もやはり見つけにくいが，次のような例がある。ここでも「かしこし」が使われている。

(40) ［天皇］「其の名を告れ。爾くして，各名を告りて矢を弾たむ」といひき。是に，[神]答へて曰ひしく，「吾，先づ問はえつ。故，吾，先づ名告を為む。吾は，悪しき事なりとも一言，善き事なりとも一言，言ひ離つ神，葛城之一言主之大神ぞ」といひき。天皇，是に，惶り畏みて白さく，「恐し(恐)，我が大神。うつしおみに有れば，覚らず」と，〔「そちらの名を名乗れ。そうして，互いに名を名乗ってから矢を放とう」と言った。これに対し，答えて，「私が先に問われた。だから，私から，まず名乗ろう。私は，悪い事でも一言，善い事でも一言のもとに，きっぱり言い放つ神，葛城之一言主之大神だ」と言った。天皇は，それで，恐れかしこまって，「おそれ多いことです，我が大神よ。私は人間なので，あなたが神であることに気づきませんでした」と，〕

(古事記・下・349)

5.3 感謝・謝罪のまとめ

感謝・謝罪についても，現代の型と比べてみる。まず，現代の感謝の型は，次のような機能的要素を含むと考えられる。

(41) (イ)感謝内容　この度は大変お世話になりました。
　　 (ロ)感謝言明　ありがとうございます。
　　 (ハ)感謝遂行　心からお礼申し上げます。
　　 (ニ)効果補強　ご親切は忘れません。

(ロ)感謝言明は，感謝の意を直接表す機能で，定型的な表現を使う。(ハ)感謝遂行は，それを発話すること自体が感謝行為となる文，いわゆる行為遂行文を使う。一方，奈良時代には，前述のように(ロ)感謝言明の定型表現がないのに加え，(ハ)感謝行為の遂行文もない。前掲(38)は次のように分析される。「辱(かたじけな)く」を(ホ)恐縮表明と見ると，ここでもやはり恐縮表明が含まれている。

(42) (ホ)恐縮表明　辱(かたじけな)くも（おそれ多くも）
　　 (イ)感謝内容　天神(あまつかみ)の孫(みま)，吾(わ)が処(もと)に臨(いでま)せり。〔天神の御孫が私のところにおいで下さいました。〕
　　 (ニ)効果補強　中心(こころ)の欣慶(よろこび)，何の日にか忘(わす)れむ〔この喜びは永久に忘れません〕　　((38)の再掲)

次に，現代の謝罪の型は次のような要素を含むと考えられる。(43)の(ロ)謝罪言明と(ハ)謝罪遂行は，感謝の型(41)の(ロ)感謝言明と(ハ)感謝遂行に対応するものである。

(43) (イ)謝罪内容　資料の提出が遅れ，
　　 (ロ)謝罪言明　申し訳ありません。
　　 (ハ)謝罪遂行　おわびいたします。
　　 (ニ)過失弁明　締切日をまちがえておりました。
　　 (ホ)効果補強　以後気をつけます。

奈良時代には(ロ)謝罪言明の定型表現がなく，また，(ハ)謝罪行為の遂行文も確認できない。「わぶ」「あやまる」という動詞はあるが，古く

は現代と違って遂行文を作らない(藤原浩史(1993))。前掲(40)を分析すると，次のようになる。やはり(ヘ)恐縮表明を含む。

 (44) (ヘ)恐縮表明 恐し，我が大神。〔おそれ多いことです，我が大神よ。〕
   (ニ)過失弁明 うつしおみに有れば，〔私は人間なので，〕
   (イ)謝罪内容 覚らず。〔あなたが神であることに気づきませんでした。〕 ((40)の再掲)

以上のように，奈良時代には感謝言明・感謝遂行，謝罪言明・謝罪遂行の表現は見られないが，受諾・拒否の場合と同様，恐縮表明がきわめて重要な要素となっている。

6. まとめ

奈良時代の配慮表現は，現代と大きく異なるものではないが，興味深い相違点もある。1つは，奈良時代には依頼という配慮の仕方が確立していなかったことである。他人に行為を要求する言語行動の歴史において，依頼の確立は1つの事件と言えるだろう。

もう1つは，現代では様々な配慮の機能に合わせて，種々の定型表現を使い分けるが，奈良時代では恐縮表明の定型表現を広く使っていることである。抜粋して対照させると，次のようになる。

表4　現代と奈良時代の定型表現

	現代	奈良時代
要求	恐縮表明(すいませんけど)　(19)	恐縮表明(恐し)　(21)
受諾	肯定応答(はい)　(31)	恐縮表明(恐し)　(33)
拒否	謝罪言明(すいません)　(34)	恐縮表明(恐し)　(35)
感謝	感謝言明(ありがとうございます)　(41)	恐縮表明(辱く)　(42)
謝罪	謝罪言明(申し訳ありません)　(43)	恐縮表明(恐し)　(44)

奈良時代では，一貫して恐縮表明の定型表現「かしこし」(時に「かた

じけなし」)を使っている。「かしこし」は，上で取りあげた場面以外にも広く使われており，(45)は儀式的で荘重な性質の強い宣命の冒頭部，(46)は珍しい日常的な文書の一節である。

(45)　挂(か)けまくも畏(かしこ)き(畏)朕(わ)が天(あめ)の先帝(さきのみかど)の御命(おほみこと)を以(も)て〔口にするのもおそれ多い我が先代の天皇の御言葉によって，〕

(続日本紀宣命・29・4-43)

(46)　聞けば畏(きかしこ)し(加之古之)。〔聞けばおそれ多い。〕

(正倉院万葉仮名文書・甲・24)

　このような「かしこし」の語義を考えると，畏(かしこ)まり慎む意が強そうで(「畏まる」は「かしこし」から派生した動詞)，大久保一男(1995：第5章)の用語を借りて「畏慎」と言うのが適当かもしれない。奈良時代の対人配慮の基本は，このような恐縮(畏慎)であり，本論文で見てきた諸場面はすべて恐縮(畏慎)の場面としてまとめられる。現代の恐縮表明は，「すみません」のような謝罪言明の定型表現を用いるが，奈良時代は直接的に恐縮(畏慎)の語「かしこし」を使う点が特徴的である。広く汎用的な恐縮(畏慎)の定型表現から，要求，受諾・拒否，感謝・謝罪などの諸機能に合わせた定型表現へ分化したこと，これも配慮表現の歴史における1つの事件である。

調査資料
『源氏物語』(新編日本古典文学全集20-25)，阿部秋生・秋山虔・今井源衛・鈴木日出男(校注・訳)，小学館，1994-1998.
『古事記』(新編日本古典文学全集1)，山口佳紀・神野志隆光(校注・訳)，小学館，1997.
「正倉院万葉仮名文書」，山口佳紀『古代日本文体史論考』有精堂出版，1993.
『続日本紀』(新日本古典文学大系12-16)，青木和夫・稲岡耕二・笹山晴生・白藤禮幸(校注)，岩波書店，1989-1998.
「竹取物語」，片桐洋一・福井貞助・高橋正治・清水好子(校注・訳)『竹取物語／伊勢物語／大和物語／平中物語』(新編日本古典文学全集12)，小学館，1994.

『日本書紀』(新編日本古典文学全集2-4)，小島憲之・直木孝次郎・西宮一民・蔵中進・毛利正守(校注・訳)，小学館，1994-1998.
『萬葉集』(新編日本古典文学全集6-9)，小島憲之・木下正俊・東野治之(校注・訳)，小学館，1994-1996.

引用文献

大久保一男(1995)『源氏物語の敬語法』おうふう．

大野晋(1959)「源氏物語のための文法」『国文学　解釈と鑑賞』24-12, pp.200-211, 至文堂．

尾崎喜光(2006a)「依頼・勧めに対する受諾における配慮の表現」，国立国語研究所『言語行動における「配慮」の諸相』pp.55-88, くろしお出版．

尾崎喜光(2006b)「依頼・勧めに対する断りにおける配慮の表現」，国立国語研究所『言語行動における「配慮」の諸相』pp.89-114, くろしお出版．

熊谷智子・篠崎晃一(2006)「依頼場面での働きかけ方における世代差・地域差」，国立国語研究所『言語行動における「配慮」の諸相』pp.19-54, くろしお出版．

小柳智一(1996)「禁止と制止―上代の禁止表現について―」『国語学』184, pp.1-13, 国語学会．

日高水穂(2007)『授与動詞の対照方言学的研究』ひつじ書房．

藤原浩史(1993)「平安和文の謝罪表現」『日本語学』12-12, pp.48-57, 明治書院．

藤原浩史(1994)「平安和文の感謝表現」『日本語学』13-8, pp.38-46, 明治書院．

森田良行(1973)「感動詞の変遷」，『品詞別日本文法講座6』pp.178-208, 明治書院．

森山卓郎(2008)「命令表現をめぐる敬語の体系―『敬語の指針』と文法」『日本語学』27-7, pp.18-26, 明治書院．

山口佳紀(1995)『古事記の表記と訓読』有精堂出版．

平安・鎌倉時代の依頼・禁止に見られる配慮表現

藤原浩史

1. この論文の主張

　平安時代中期，高度に組織化された貴族(官僚)社会が成立した。これは階級社会であり，上下関係・主従関係を結びつつ，共存する関係にある。そこでは，人間関係を維持してゆくために，言語的に大きな労力がはらわれていたであろう。対人的な配慮の表出の一つである敬語体系は，この時期にほぼ完成している。

　依頼・禁止といった言語行動は，話し手の意志によって，相手の行動を指定する性質をもつ。構文としては，文末述語を命令形にする命令文，「～な」型・「な～そ」型などの禁止文が用意されている。しかし，二人称主語・未来時制で行為を指定する文は，必ずしもそれだけではない。「～む」型・「～べきなり」型で行動を促す表現，「～べからず」型で行動を抑制する表現があり，今日の依頼・禁止とは習慣が異なる。

　行為指定は相手の社会的な独立性というものを侵害する言語行動であるから，その負荷を補償する配慮が必要である。平安時代においては，これは文型の選択，そして，敬語の選択など，主として文末形式によって実現されている。今日あるような前置き要素は未だ萌芽的である。

　しかし，漢文書簡に見られるような非常に簡素な運用から，『源氏物語』のような複雑な運用にいたるまで多様な様相が観察できることを述べる。

2. 配慮の前置き要素と文末要素

　現代語では依頼・禁止に先立つ前置き要素が豊富である。しかし，平安・鎌倉時代にはこれはあまり目立たない。謝罪（「すいませんが」など）や負担の軽減（「よかったら」など）を図るような言語表現はほとんど見られない。次のように話し手がそのように頼む事情説明（破線部）が行われる程度である。

　　（1）［源氏→夕霧］「この世にはむなしき心地するを，仏の御しるし，今はかの冥き道のとぶらひにだに頼み申すべきを。頭おろすべきよし，ものしたまへ。」〔今生のためにはなんの役にも立たないと思うが，仏のご利益を，せめてあの冥土の案内としてでもおすがり申さねばなるまいから，御髪をおろすようにとお言い付けくだされ〕　　（源氏物語・御法・4-507）

　また，漢文書簡では次のように依頼の態度に関わるメタ言語表現（破線部）が見られる。

　　（2）［播磨守→主計頭］件ノ破子(クダン)(ワリゴ)朱雀院へ給ハ被可(ルベ)キ状，申シ請フ所也，伏シテ乞フ，鑒察(ケンサツ)ヲ垂レヨ，〔例の破子は朱雀院へいただくことになっているとの文書を申請します。伏してお願いいたします，監督なさってください〕

　　　　　　　　　　　　　　　　　　（雲州往来・中34・往状）

　このように，自分が依頼するその理由説明と，自分の態度の叙述に限定的で，後世のように多様ではない。その一方で，文末表現は「ものしたまへ」「鑒察ヲ垂レヨ」のように，文末述語の敬語的な表現が豊富であり，配慮表現の多様性は前置き表現よりも文末表現に目立つ。

　なお，現代では，目上に対する依頼・禁止においては，主体尊敬表現を付加するだけでは不十分である。例えば「先生，教室にいらっしゃい」は不適切で，少なくとも「てください」などの恩恵表現が必要となる。ところが，平安・鎌倉時代の日本語では，目上にも主体尊敬表現（「～たまへ」「～おはしませ」など）を付加するだけで十分である。今日とは敬語表現の有する価値が異なるのである。

　また，現代では，恩恵授受表現とともに，「～してくれませんか？」

のように否定疑問文型で相手の意向を確認するタイプの表現が多く用いられるが，平安・鎌倉時代には，このようなタイプはない。文型選択を体系的に見た場合，今日とは文型のもつ価値が異なっている。たとえば，命令形終止型「したまへ」を用いた依頼は，今日の「しなさい」とはまったく価値が異なる。「しなさい」は主体尊敬表現であるが，目下に用いるのが普通である。しかし，「したまへ」は目上にも用いられるものであり，現代の「していただけませんか？」くらいの丁寧さを内包していると目される。

依頼も禁止も二人称主語の文であるが，文末述語が命令形，禁止形（「～な」，「な～そ」）だけでなく，「む」「べし」をともなう終止形終止の文がある。

　　（3）［大内記→匂宮］「まだ人は起きてはべるべし。ただこれよりおはしまさむ」としるべして，入れたてまつる。〔「まだ女房たちが起きているようでございます。かまわずにここからお入りください」と案内して，お入れ申しあげる。〕

　　　　　　　　　　　　　　　　　　　（源氏物語・浮舟・6-119）

　　（4）［源氏→紫上］「今宵ばかりはことわりとゆるしたまひてんな。これより後のとだえあらんこそ，身ながらも心づきなかるべれ。また，さりとて，かの院に，聞こしめさんことよ」〔今夜だけは，無理からぬこととお許しくださいね。もしこれから後，おそばを離れるようなことがあれば我ながら愛想も尽きることでしょう。でもそうかといって，あの院がどうお聞きあそばすことやら〕　　（源氏物語・若菜上・4-64）

現代語では「～します！」，「～してはいけません」のように終止形述語で行為を指定するのは，親子や師弟に限定的に現れるが，平安・鎌倉時代のことば，とくに文書・書簡ではごく普通に現れる。(3)(4)ともに，相手は身分ある方である。この述語の形式の選択は，伝える内容は同じであるから，話者の心的態度の違いが表出されたものであろう。今日とは文法の体系が異なるので，命令形・禁止形述語の文も，異なる表現価値を有する。このように，文末の敬語選択と文型の選択が平安・鎌

倉時代の依頼・禁止に関わる配慮の中心課題となる。

3. 依頼表現の敬語運用
3.1 主体尊敬表現の付加

依頼表現において，動作の主体は聞き手である。話し手が，動作主体に対する敬語表現を付加することによって，それが聞き手への配慮として機能する。「〜せよ」という場合には，聞き手に対する敬意はなく，「(〜し)たまへ」「(〜せ)させたまへ」とすると，聞き手を敬っていることが表示される。

たとえば，藤原浩史(1995)によって，『源氏物語』における光源氏の発話する依頼表現の敬語の運用を整理すると図1となる。逆に，光源氏に対する依頼表現における敬語運用を整理すると図2となる。

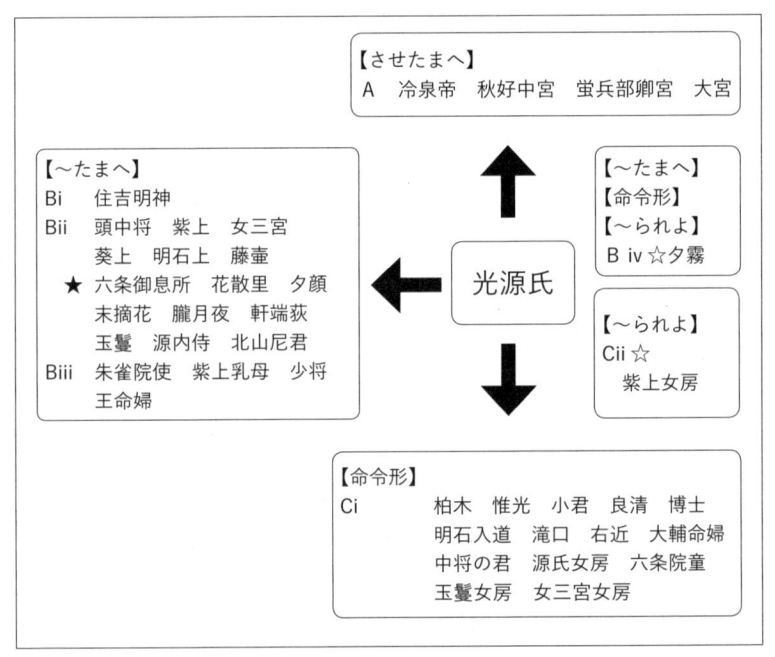

```
                    【させたまへ】
                     A  冷泉帝  秋好中宮  蛍兵部卿宮  大宮

【〜たまへ】                              【〜たまへ】
Bi  住吉明神                              【命令形】
Bii 頭中将 紫上 女三宮                    【〜られよ】
    葵上 明石上 藤壺          ↑          B iv ☆夕霧
  ★ 六条御息所 花散里 夕顔   ← 光源氏 →
    末摘花 朧月夜 軒端荻                  【〜られよ】
    玉鬘 源内侍 北山尼君                  Cii ☆
Biii 朱雀院使 紫上乳母 少将      ↓          紫上女房
    王命婦
                    【命令形】
                    Ci  柏木 惟光 小君 良清 博士
                        明石入道 滝口 右近 大輔命婦
                        中将の君 源氏女房 六条院童
                        玉鬘女房 女三宮女房
```

図1　光源氏の依頼表現(話し手＝光源氏)

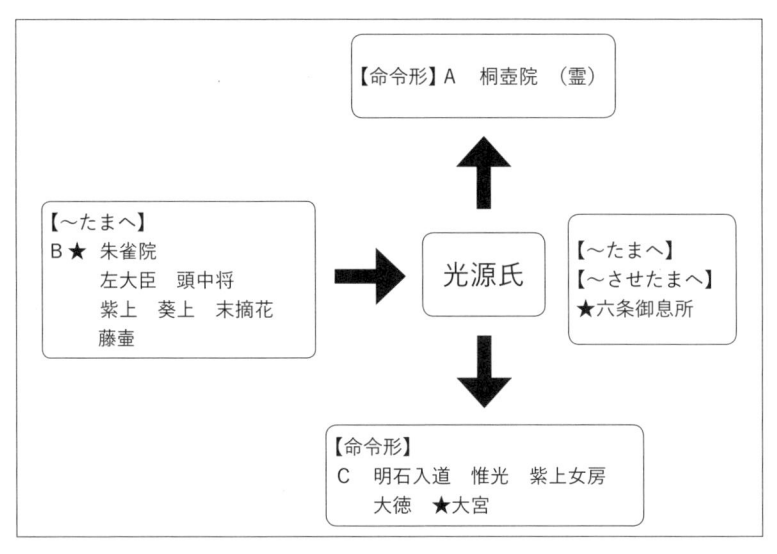

```
          【命令形】A 桐壺院（霊）
                  ↑
【～たまへ】              【～たまへ】
B ★ 朱雀院      →  光源氏   【～させたまへ】
   左大臣 頭中将              ★六条御息所
   紫上 葵上 末摘花
   藤壷              ↓
          【命令形】
          C 明石入道 惟光 紫上女房
             大徳　★大宮
```

図 2　光源氏の依頼表現（聞き手＝光源氏）

二つの図から読みとれることをまとめると次のようになる。まず，第一に，動詞命令形による依頼表現は，主従の関係，その支配者から従属者に向かう場合においてのみ見られる（図１C，図２A）。つまり，命令することにまったく配慮を必要としない場合である。

そして，従属者から支配者に向けられる依頼表現においては（図１A，図２C），「～させたまへ」が付加されている。従属者の指示に支配者が従う義務はないので，これは行為を指定すること自体がはばかられる心的状況が投影されている。

また，このような主従関係をもたない貴族同士（図１B，図２B）は，互いに「～たまへ」と待遇しあう関係にあることがわかる。これが標準的表現と認められるので，光源氏を中心とした『源氏物語』に登場する貴族間においては，敬語的配慮は，次の(5)のような関係にあることが読みとれる。

　　（5）　［対支配者］……「～させたまへ」型
　　　　　［標　　準］……「～たまへ」型
　　　　　［対従属者］……　命令形　型

これは当時の身分制度に従って，整然と使い分けられているようにも見える。ところが，図1と図2を比較してみると，一部これに該当しない関係がある。★をつけた事例は対称性からはずれる。そのうち，「光源氏─大宮」は互いに「させたまへ」と待遇しあう。どちらも高貴ではあるが，婿と姑の関係にあったものである。

（6）［大宮→源氏］「昔にならひはべりにける御装ひも，月ごろはいとど涙に霧りふたがりて，色あひなく御覧ぜられはべらんと思ひたまふれど，今日ばかりは，なほ，やつれさせたまへ」〔昨年までの例にならってお調えしておきました御装束も，このところひとしお涙に目がかすみふさがっておりますので，色合いの見立てもよくないとごらんあそばすかと存ぜられますけれども，今日ばかりはこの映えぬお召物にお替えくださいませ〕 　　　　　　　　（源氏物語・葵・2-78）

（7）［源氏→大宮］「やがてかかることなんとあらはし申すべきやうを思ひめぐらして消息申ししを，……。さやうに，伝へものせさせたまへ」〔早速しかじかのしだいでとお打ち明け申すべきよすがを考えめぐらしてお便りをさしあげたのですが，……そのようにお伝えくださいまし〕

（源氏物語・行幸・3-302）

大宮と源氏は，葵上の死去によって，婿・姑の関係が断絶することとなった。だから，（6）のように妻の家の行う装束の用意は不要となる。また，（7）では源氏の側から見て，息子夕霧の養育者であり，対立する内大臣の母でもあるから，仲介を気楽に頼める相手でもない。このように，対等といっても疎遠な関係において依頼をする場合，より敬意度の高い表現が選択される。図2★朱雀院はむすめ女三宮を源氏に託す場面，六条御息所はすでに別れている源氏に娘（秋好中宮）の庇護を依頼する場面であり，通常の関係よりも敬意の段階が上がる。

従属者が支配者に対して依頼する場合，その遠慮に見合う敬意表現が充当されている。これらを総合すると，依頼が成立する可能性が低いと見積もられる場合，尊敬表現の敬意度は高くなり，成立の可能性が高い

と見積もられる場合，尊敬表現の敬意度は低くなる。

3.2　敬語表現の配慮的価値

　話し手の依頼にともなう敬語表現に関して，その心的態度を推論すると，次のようになる。

　　（8）　命令形型　　　：指定した行為を，聞き手が当然なすべきことと認識している。

　　　　　～させたまへ型：指定した行為を，聞き手がなす義務がないことと認識している。

　この結果として，命令形型を選択することは支配的態度の表明であり，「させたまへ」型の選択は従属的態度の表明となる。標準的な「たまへ」型はその中間にあたるであろう。

　ただし，補助動詞「たまふ」は，『源氏物語』地の文では三位相当以上の人物にのみ用いられており，たいへん敬意度の高い表現である。今日の「～なさる」「お～になる」のようなものではない。それはどのような敬意か，確認しておきたい。

　同様の三段階構造をなす表現に感謝を表すことばがある。依頼・禁止と感謝はなにかをしてもらう，前と後の関係にある。藤原浩史(1994)では平安時代の感謝表現を図3のように模式化した。

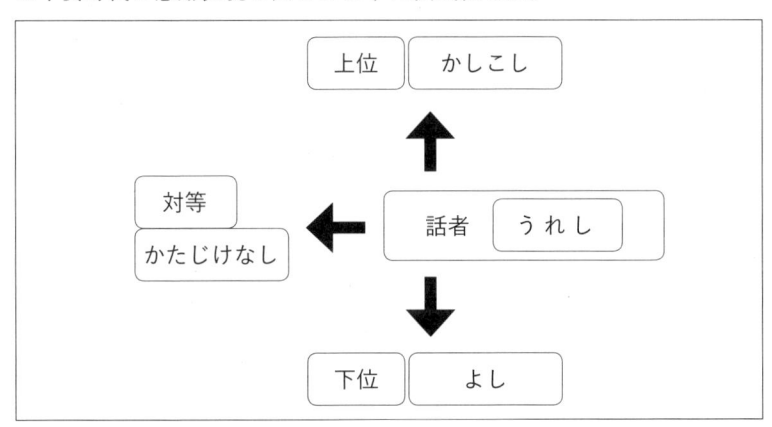

図3　感謝表現の3階層

話者の感情を述べる「うれし」以外の対人評価「かしこし」「かたじけなし」「よし」と共通する配慮が，依頼・禁止の述語の敬語表現に内在するものと考えられる。すなわち，「させたまへ」という場合には，畏怖の心理「かしこし」と共通する心的状態があり，「たまへ」という場合には恐縮の念「かたじけなし」と共通する心理が投影される。何もない場合には，心理的な圧力がかからない。現代語で「恐れいりますが～していただけませんか？」あるいは「すいませんが～してください」といった前置き要素で実現している配慮が，文末形式によって表現されているのである。

3.3 配慮表現と敬意表現

このように，敬語の選択は，その発話がなされたときの人間関係のありように左右されるが，図1を見ると，光源氏とむすこ夕霧の間では，複数の依頼の形式が現れていることに気づく。（1）に示したように「～たまへ」型がある。『源氏』における上級貴族の間では，このように親子でも主体尊敬があらわれる。しかし，夕霧の女性関係については，（9）のように彼の自由意志にまかせない口調が現れる。

（9）　［源氏→夕霧］「朝臣や。さやうのおち葉をだに拾へ。人わろき名の，後の世に残らむよりは，同じかざしにて慰むに，なでふことかあらむ」と弄じたまふやうなり。〔「朝臣よ。せめてそのような落葉でも拾うがいい。人聞きの悪い評判を後々まで立てられるより，同じ血筋の姉妹で満足するのだったらなんの差支えもあるまいに」と，おからかいになる口ぶりであるのだった〕　　　　　　　　　　（源氏物語・常夏・3-226）

さらに，敬意表現としては，「たまふ」ではなく（10）「らる」も現れる。場面によって相手に対する心的態度が異なるためである。

（10）　［源氏→夕霧］「かのわたりのこと思ひ絶えにたらば，右大臣，中務宮などの気色ばみ言はせたまふめるを，いづくにも思ひ定められよ」〔「あちらの姫君のことをあきらめてしまったというのなら右大臣や中務宮などが，婿にとの意向を持ち

込ませておられるようだから、そのどちらになりとお決めなされ」〕 　　　　　　　　　　　　（源氏物語・梅枝・3-424）

図1で見ると、「る・らる」は主体尊敬と言いつつも、目上につかわれることがない。敬語でありながら依頼に関わる配慮には関わらない。現代語における「〜なさい」と同様に、丁寧ではあるが遠慮のない表現である。しかし、漢文書簡ではこれがごく標準的に用いられている。

(11)　［左兵衛権佐→蔵人弁］七日加叙セ被ル可キ由、若事ノ次(モシ)(ツイデ)有ラハ洩(ラ)シ達セ被レヨ、〔七日に加除なされるよう、もし事のついでがあれば、内密に上申してください〕
　　　　　　　　　　　　　　　　　　（雲州往来・中12・往状）

和文の「たまへ」「させたまへ」に類する表現としては、「しめたまへ（令給）」が現れるがごく少ない。

(12)　［少納言源→右衛門権佐］今ノ夏ノ炎気、例年於(マサ)リモ倍レリ、下官カ住処白屋太タ窄(スボ)ウシテ赤日避リ難シ、此ノ七八日蒸スカ如ク、焚(タ)クカ如シ、爲方ヲ知ラ不、然ルベキ所ニ華(センカタ)(ズ)(クワヱン)轅ヲ促サ令メ給ヘ〔今年の夏は例年よりまさっている。私の粗末な家はとても狭く炎天を避けられない。この七八日は蒸すよう焚くようである。どうしようもない。適当なところに車でお誘いください〕 　　　（雲州往来・上末25・往状）

(12)のように、相手の好意を期待する場合、あつかましいお願いに相当する場合に限定される。おそらく、相手への敬意としては通常「る・らる」で十分であり、「しめたまへ」とする場合には、特別なのである。漢文書簡においては、丁寧なことばづかいは心がけられているが、配慮表現は顕在化しない。逆に、『源氏』の「標準」は、源氏と夕霧との間でかわされる会話にあるように、その場その場の関係性・心理状況を敬語表現を利用して表出しているのである。

平安貴族の日常的な用法としては次のような事例が観察できる。体調の悪い落窪の姫君に、継母北の方は大量の裁縫仕事を申しつける。

(13)　北の方……少納言とて、かたへなる人の清げなる、「行きてもろともに縫へ」とておこせたれば、来て「いづこをか縫ひ

はべらむ。……」と言へば,「……その縫ひさしたるは襲前縫ひたまへ^{ひだまへ}」と言へば,取り寄せて縫ひて「なほよろしうは,起きさせたまへ。ここの襲おぼえはべらず」と言へば,「今,しばし。教へて縫はせむ」〔北の方は……少納言といって北の方付きの女房で,こぎれいな者に「姫君の部屋に行って,一緒に縫いなさい」と言って,縫わせによこしたので,少納言がやってきて「どこを縫いましょうか。……」と言うと「……その縫いかけの表の袴の前の襲を縫いなさい」と言うと,少納言は取り寄せて縫って「やはりご気分がよろしいならお起きあそばせ。ここの襲の縫い方はわかりませんわ」と言うと,「もう少しお待ちください。縫い方を教えましょう」〕

(落窪物語・1・87)

　北の方は女房である少納言に「縫へ」と無敬語で申しつける。一方,姫君は少納言に「縫ひたまへ」と頼む。相手に対する配慮のない人物と,配慮のある人物が書き分けられる。そして,少納言は,姫君に対し「起きさせたまへ」と表現するが,主人筋にある方であることと,体調が悪いことを配慮しつつ依頼する。貴族社会においては,このように運用されていたものと推定される。

　なお,禁止表現における敬語表現は,依頼で見られる状況と同様である。下記のように,同じ会話文中に現れる依頼(破線部)と禁止(実線部)は,同じランクの敬語形式でそろう。

(14)　[桐壺帝→藤壺]「な疎みたまひそ。あやしくよそへきこえつべき心地なむする。なめしと思さで,らうたくしたまへ。」〔「この君をよそよそしくなさいますな。なぜか不思議なほど,あなたをこの君の母にお見立て申してもよさそうな気がします。無礼なとお思いにならず,かわいがってください」〕

(源氏物語・桐壺・1-44)

(15)　[源氏→男・随身]「ここに,いとあやしう,物に襲はれたる人のなやましげなるを,ただ今惟光朝臣の宿る所にまかりて,急ぎ参るべきよし言へと仰せよ。なにがし阿闍梨そこに

ものするほどならば，ここに来べきよし忍びて<u>言へ</u>。かの尼君などの聞かむに，おどろおどろしく<u>言ふな</u>。かかる歩きゆるさぬ人なり」〔「ここに，まったく不思議な話だが，物の怪に襲われた人が苦しそうにしているので，今すぐ惟光朝臣の泊っている所へ行って，急いでまいるように言えと，随身に申しつけよ。何々の阿闍梨がちょうど居合わせているようだったら，ここに来るようにこっそり言え。あの尼君などの耳に入るかもしれないから，大げさに言うな。こんな忍び歩きにはやかましい人だからな」〕（源氏物語・夕顔・1-168）

(14)は対等の関係，(15)は従属者へのことばである。依頼・禁止に際しては，相手の意志に対する尊重の度合いが，敬語の選択によって表現される。

4. 依頼・禁止の文型による配慮
4.1 通達的な依頼・禁止

和文資料においては，豊富な敬語表現と命令形・禁止形述語による配慮が観察できるが，漢文書簡では敬語表現が簡素である。それだけでなく，ほとんどの依頼・禁止は終止形述語によって実現されている。仁科伸康(2010)の調査によると，平安時代後期の書簡文例集『雲州往来』では，次のようになっている。

　　述語が命令形の文　　：43例(20%)
　　述語が命令形でない文：172例(80%)

願い事をする漢文書簡では，命令形でない方がむしろ標準的であると言える。もっとも代表的な表現形式は「べきなり(可也)」型である。

(16) ［左大弁→蔵人弁］結願ノ時，衣冠ヲ正シクシテ<u>参ゼ被ル可キ也</u>。〔法華八講に無断欠席なさいましたが，結願の時は衣冠を正しくして参りなさい〕　　（雲州往来・中38・往状）

これはいわゆる当為表現であるが，適切性を述べる段階のものではなく，「必ず〜すること」という蔵人弁に対する業務命令である。次の(17)のように「ぜひお越し下さい」という場合にも用いられる。

(17) ［左近少将→頭中将］明日ノ見物，何ノ處ヲ點ゼ被ルル哉，馬出ノ［之］邊ニ一ノ蝸舎有リ，若他所無クハ，光臨セ被ル可也，蘆橘少々具セ令メ給ヘ［耳］。〔明日の競馬の見物はどこに場所を予定なさっていますか。馬出のあたりに一件の家があります。もし他にご予定がないなら，いらっしゃるべきです。ついでに蜜柑を少々おもちください〕

(雲州往来・中36・往状)

　共通するのは，相手の諾否をまたない点である。依頼・禁止に際しては行為の実行／不実行は，聞き手に委ねられるが，「べきなり（可也）」型を選択する場合，相手が断ることを想定しない。(17)では，競馬見物に誘うことは「光臨セ被ル可也」とし，蜜柑の持参の方は「具セ令メ給ヘ」とするが，これは相手に行為の恩恵がある場合と，自分に行為の恩恵がある場合の差違と言える。後者は，誘っておきながら肴を依頼するわけであるから，相手の好意を期待するものである。恐縮を表明する必要があって，和文体の「させたまへ」に相当する「しめたまへ（令給）」があてられる。

　また，上位者から下位者には次のような行為指定表現が見られる。

(18) ［右大臣→但馬権守］　右大臣ノ御消息ニ云ク，「今年五節ノ舞姫ヲ献ス可シ，童女ノ装束，調シ送ラ被ナン乎」者リ，〔右大臣の消息に「今年，五節の舞姫を献上することになる。その童女の装束を調えて送りなさい」とのことです〕

(雲州往来・上35・往状　但馬権守→丹後守)

　このような「〜む」型は，「〜なむや」「〜てむや」の形で和文資料にも見られるものである。

(19) ［博士たち］「鳴り高し。鳴りやまむ。はなはだ非常なり。座を退きて，立ちたうびなん」など，おどし言ふも，いとをかし。〔「騒々しい。静粛になされ。はなはだ不作法である。退席していただこう」などと居丈高に言うのもまったくおもしろい〕

(源氏物語・少女・3-24)

(20) ［惟光→源氏］「夜は，明け方になりはべりぬらん。はや，帰

らせたまひなん」と，聞こゆれば，かへりみのみせられて，胸もつとふたがりて出でたまふ。〔惟光が「夜も明けてまゐるようでございます。早くお帰りあそばすよう」と申しあげるので，何度も後ろを振り返らずにはいられず，胸をしめつけられるようにしてお立ちいでになる〕

(源氏物語・夕顔・1-180)

(19)は夕霧の学問始めの儀式における博士たちのことばであり，先生口調である。座には貴顕が居並んでいるのであるが，まったく意に介さずしかり飛ばす様が戯画的に描かれる。先生が指示する場合，学生がそれを拒否することは考慮されていない。また，(20)は，夕顔が急死したところで，源氏が立ち去りがたくしているところに従者・惟光がたしなめる場面である。「せたまふ」が付加され，源氏に対して畏敬の念が払われつつも，源氏がこのまま夕顔とともにいる自由はない。

依頼表現は，相手に行為を促すわけで，その実行は相手の意志に委ねられるのであるが，「〜む」型による依頼表現においては，相手が拒むことを想定していないと目される。

(21) 〔源氏→紀伊守〕「かの，ありし中納言の子は，<u>得させてむや</u>。らうたげに見えしを。……」と，のたまへば，「<u>いとかしこき仰せ言</u>にはべるなり。<u>姉なる人に，のたまひてむ</u>」〔「あのいつぞやの中納言の子は，わたしに任せてもらえまいか。かわいらしく見えたから……」とおっしゃるので，「まことに畏れ多い仰せ言でございます。姉にあたります人にご意向をお伝えください」〕(源氏物語・帚木・1-105 末尾，新全集「のたまひみむ」を旧大系により「のたまひてむ」に改める)

(21)で，源氏は空蝉の弟・小君を自分のものにすべく紀伊守に申しつける。紀伊守は「いとかしこき仰言」すなわち「恐れ多いご命令」と理解している。ただし，血のつながりのない自分がそれに応ずることはできない。「源氏が直接，小君の姉である人に言ってください」という趣旨を返答する。身分の格差は了解しているため，「のたまふ」を用いる

が，命令形ではなく「む」型を採用する。紀伊守としては，そうしてもらうしかないのである。
　この「む」型の行為指定の表現価値については，諸説あるところである。川上徳明（2005）は命令・勧誘表現に四段体系があるとする。
　　（22）①型　命令形による直接的な命令表現
　　　　　②型　推量形式による婉曲な命令・勧誘表現
　　　　　③型　推量—疑問（問い）による一層婉曲な命令・勧誘表現
　　　　　④型　反語…否定の形式による最も婉曲・間接的な命令・勧誘表現
　上記の②型・③型に相当する表現がこれにあたる。しかし，（3）や（4），（19）から（21）のような二人称主語・未来時制の「〜む」型の文は，明確な命令であり，相手は従わざるをえない内容と解釈できる。よって，これを「推量」と理解するのは無理がある。(19)を除き敬語と共存するので，丁寧な表現にもなりうるが，それは婉曲であることを意味しない。
　また，③型にある「疑問（問い）」は，（18）と（21）に見られる終助詞「や」を指すが，「や」は命令形の文末にも接続し，行為のうながしとして用いられることが多々ある。さらに，反語表現は問いかけの形をとりながら，相手に「そうではない」という解答を予定するものであるから，相手の自由な解答を許容しない。この①→④の順で婉曲・間接の度が強まると述べられているが，行為に関わる相手の意志の自由度からすると，むしろ，逆順であると考える。
　依頼の文は文型が変わっても内容としては同じであって，伝達態度の差違をもって対立する。それはすなわち気持ちの問題であるから，その文脈をいかに読み解き，会話の場をどのように理解しているか，それによって，解釈が分かれる。そこで，依頼と対となる禁止表現との関連性から文法体系の問題として考えてみよう。
　禁止表現においても禁止形（〜な，な〜そ）をとらない形がある。「む」「べし」の打消しに相当する「じ」「まじ」による。
　　（23）末の世までたぢろぎ候ふまじく候ふ。またとかう妨げ煩ひな

ど候ふまじく候ふ。 大本坊の聖の御房よくよくはからひ<u>仰せられをかせ給(ふ)べし</u>。〔末代まで寄進した土地からたじろぐことがあってはなりません。またあれこれ妨害などあってはなりません。大本坊の御房がよくよくお計らいの上，予めご処置をなさってください〕

(平安遺文・3797　春日某消息　安元3年6月22日)

　この消息は寺院に土地を寄進するにあたっての贈主の意志表示であり，受け取る側は原則的にその意志を尊重すべき性質のものである。依頼と同様に，聞き手が否とする可能性がない場合，禁止表現も通達的な文として実現される。従って，本稿では依頼・禁止に際して，通達型の文型を選択することによって，相手の拒絶を想定しない話者の心的態度が表示されていると考える。

4.2　文型による配慮の選択

　現代語における命令形・禁止形による依頼・禁止は，いかに敬語を付加しようとも，相手に対する配慮に欠ける。相手の意志を尊重する態度を表明するならば，恩恵授受を付加するか，「～ませんか？」と相手の諾否の確認をとることが必要となる。

　これに対し，平安・鎌倉時代の運用では，相手の意志を考慮しない場合には，上記の通達型の依頼・禁止が行われている。自分にとって支配者たる人物に対しても，拒絶することができないことがらについては，この文型が採用されるのである。ただし，それは敬語運用とは独立的であり，(20)(21)のように丁重な敬語を付加して実現される。依頼することがらに関する話者の判断が文型選択には働き，相手に行為の実行／不実行を決定する権利があることを認識しているならば，この文型は採用されない。

　このような体系的な差違を考えると，現代における「～ませんか？」がもつ表現価値は，命令形・禁止形の述語を用いた表現が担うことになる。「～たまへ・～させたまへ」型の文がもつ価値は，単なる行為指定ではなく，相手の意志を尊重した態度の表明であると推定できる。それ

ゆえに，独立・対等な人物や上位者と認めた人物には，この形式が採用されることが多く，逆に，事務的な連絡が卓越する漢文書簡では，必要とすることを簡潔に表現するので，相手の意志確認は省略され，通達型が採用される度合いが高くなる。この結果，資料によって代表的な表現が異なることになる。

5. 依頼・禁止表現の回避

いかに丁寧にしようとも，依頼や禁止の表現は，それが成り立つ人間関係がなければならない。抑制が期待されるところで，依頼行為が現れるのが(24)である。光源氏が紫上の邸に到来したところである。

(24) ［源氏→紫上女房］「御格子まゐりね。物恐ろしき夜のさまなめるを。宿直人にてはべらむ。人々近うさぶらはれよかし」とて，いと馴れ顔に，御帳の内に入りたまへば，「……」と，あきれて，誰も誰もゐたり。〔「御格子を下ろしなさい。なんとなく無気味な今夜の様子ですし，わたしが宿直人をお勤めいたしましょう。みな近くにまいられるがよい」と言って，いかにも物慣れた様子で御帳の中にお入りになるので，……びっくりして，皆そこに控えている〕

(源氏物語・若紫・1-244)

格子をしめるよう指示し，姫のところに人々が集まるよう指示する。他家の人々であるから敬意は払われるものの，まったく遠慮がない態度である。紫上に従属する女房たちは，源氏に従属する義務はないし，知らない男性が幼い姫に近づくことなど，あってはならない。よって，これを見る人々は，「あきれて」つまり想定外の事態に唖然とするのである。普通は，かような行為は容認されないわけである。

従って，依頼が成り立つ関係が形成されない場合には，依頼表現は回避される。宇治の姫君を訪ねる薫は，姫君との面会を期待するものの，手引きをしてくれる人はいない。そこにいた宿直に対して(25)のように語りかける。

(25) ［薫→宿直人］「かく濡れ濡れ参りて，いたづらに帰らむ愁へ

を，姫君の御方に聞こえて，あはれと，のたまはせばなん慰さむべき」とのたまへば……「申させはべらん」とて立つを〔「こうして露に濡れ濡れわざわざ参上したのに，むなしく帰るつらさを姫君のお方に申しあげて，それは気の毒なとおっしゃっていただければそれで満足というものだろう」とおっしゃると……「そう申させることにいたしましょう」と言って立つのを〕
(源氏物語・橋姫・5-137)

「自分のことばが姫君に伝われば，それで気が済むのだ」と宿直を懐柔する。「だから，会わせろ」と言いたいのであるが，それに応ずることはありえないので言わない。宿直は姫君に従属はするであろうが，薫には従属しない。身分差があろうとも，そのような場合には，依頼表現は現れず，それに先立つ事情説明にとどまる。そして，ことばを交わすことによって関係が親密になってくると，薫は宿直人に(26)のように直接的な表現を行う。

(26) ［薫→宿直人］「なほ，しるべせよ。我はすきずきしき心などなき人ぞ」……「あなかしこ」〔「よいから案内しておくれ。わたしは好色がましい了見などとは無縁な人間だ」……「恐れ入ります」〕
(源氏物語・橋姫・5-138)

依頼に先立って，それが受諾され実現できるかどうか，その見積もりがあり，見込みが薄い場合には直接的な表現は回避されることが普通である。また，ある程度の人間関係があったとしても，依頼よりも禁止は行いにくく，静粛を指示する「あなかま」，待機を指示するには「しばし」など，禁止表現・断り表現となる文の述語部分を表明しないことが普通に見られるが，婉曲の多様性については今後の課題となる。

6. まとめと課題

以上をまとめると，次のようになる。

(27) A 依頼・禁止行為は，一定の人間関係の形成を要する。
B 依頼・禁止する命題に対して，諾否の可能性によって文型が選択される。諾否の可能性によって，通達型，命令

　　　　型，婉曲型が選択される。命令型は今日の「命令」とは
　　　　異なり，相手の意志確認機能を有する。
　　C　依頼・禁止する相手との上下・親疎の距離に応じて文末
　　　　の敬語形式が選択される。「る・らる」は単純な敬意付
　　　　加であるが，「させたまふ」「たまふ」は相手に対する畏
　　　　敬，恐縮の念の表示である。
　　D　文の前置き要素は，事情説明と依頼・禁止の態度説明に
　　　　限定的である。
　Bの文型選択については文法的な検討が今後必要であり，Cの敬語形式にともなう話者の心的態度についても，そのしくみについて配慮表現からの再検討が必要である。

調査資料

『雲州往来　享禄本　本文』三保忠夫・三保さと子(編)，和泉書院，1997.

「落窪物語」，三谷栄一・三谷邦明・稲賀敬二(校注・訳)『落窪物語　堤中納言物語』(新編日本古典文学全集17)，小学館，2000.

『源氏物語』(新編日本古典文学全集20-25)，阿部秋生・秋山虔・今井源衛・鈴木日出男(校注・訳)，小学館，1994-1998.

『平安遺文 CD-ROM』竹内理三(編)，東京堂出版，1998.

引用文献

川上徳明(2005)『命令勧誘表現の体系的研究』おうふう．

仁科伸康(2010)「『雲州往来』における行為指定表現の研究」『白門国文』27, pp.左1-21, 中央大学国文学会．

藤原浩史(1994)「平安和文の感謝表現」『日本語学』13-8, pp.38-46, 明治書院．

藤原浩史(1995)「平安和文の依頼表現」『日本語学』14-10, pp.33-41, 明治書院．

藤原浩史(2009)「『源氏物語』の敬語表現」，紫式部学会(編)『古代文学論叢』18, pp.137-162, 武蔵野書院．

平安・鎌倉時代の受諾・拒否に見られる配慮表現

森野　崇

1. この論文の主張

　本稿では，平安時代および鎌倉時代の文献に見られる，依頼や勧誘を受諾する際の配慮表現，およびこれを拒否する際の配慮表現をとりあげる。用例の調査には，平安時代語の資料として『源氏物語』を，鎌倉時代語の資料として『宇治拾遺物語』と『平家物語』を，主に用いる。
　平安・鎌倉時代ともに，依頼や勧誘の受諾・拒否にあたっては，評価や心情を表す語を用いて受諾の意志を示したり，断るときに不可能表現を用いることで依頼者との関係悪化を回避したり等，現代語にも通じる種々の配慮の表現が見出せる。その一方で，依頼先として自分が選ばれたことにひとまず謝意を示す例，依頼を受け入れないことを謝るといった配慮の例は見られないなど，現代語と異なる面も認められる。

2. 平安時代の受諾に見られる配慮表現
2.1 平安時代の受諾の発話

　『源氏物語』や『枕草子』では，依頼の発話に続いて当該行為の実行が地の文で叙述されるパターンがめだち，次例のように受諾の意志を直接的に述べた例は多くない。

　　　（1）「さらばうけたまはりぬ。……」〔「では承知いたしました。
　　　　　……」〕　　　　　　　　　　　　（源氏物語・東屋・6-87）

だが，恐縮や謙遜の気持ちの表明や，応答を穏やかにする工夫など，

依頼者に対する受諾の際の配慮を伴う発話ならば，それが依頼者との関係や被依頼者の人物像を明確にする効果もあってか，総数は多くないものの，多様な例を拾うことができる。以下では，これらの配慮表現をいくつかに分けてとりあげていく。

2.2 恐縮・謙遜の表現

相手の依頼や勧誘に応じる際に恐縮したり謙遜したりすることが，現代語ではしばしばあるが，平安時代にもこの種の発言は見られる。

（2）「中納言の朝臣，まめやかなる方は，いとよく仕うまつりぬべくはべるを，何ごともまだ浅くて，たどり少なくこそはべらめ。かたじけなくとも，深き心にて後見きこえさせはべらんに，おはします御蔭にかはりては思されじを，……」〔「中納言の朝臣は，実直という点では，まことによくお仕え申すにちがいありませんが，万事まだ未熟でして，思慮も行き届かぬことが多うございましょう。もったいのうございますが，この私が親身になってお世話申しあげましたならば，現在あなた様がお守りになるのと変わってしまったとはおぼしめされぬでしょうが，……」〕（源氏物語・若菜上・4-49）

（2）は，出家を望む朱雀院が，娘の女三の宮を託す相手に悩んだ末に源氏に後見を頼む場面での，源氏の発話である。朱雀院の丁重な依頼に対して，源氏はまず，候補者の一人だった息子夕霧の不安な部分をあげ，自分にはそのような不安点がないことを述べるが，その件に「かたじけなくとも」とある。女三の宮の相手として自分は本来相応でないと恐縮しているわけで，頼まれたからといって尊大にふるまったりせず，依頼者を配慮し，あくまでも謙虚に接する姿勢を示したものと言える。

次の(3)は，宇治の八の宮による娘たちの後見の依頼に対する薫の応答である。自身の力量不足をあげ，依頼される者として適当でないと謙遜しながら，それでもできるかぎりのことをすると誠意を見せる。

（3）「一言にてもうけたまはりおきてしかば，さらに思ひたまへ怠るまじくなん。世の中に心をとどめじとはぶきはべる身に

て，何ごとも頼もしげなき生ひ先の少なさになむはべれど，さる方にてもめぐらひはべらむ限りは，変らぬ心ざしを御覧じ知らせんとなむ思ひたまふる」〔「以前にもお一言ながら承っておりますから，けっしておろそかに存じあげるようなことはいたしませぬ。俗世のことには執着すまいと，あれこれ切り捨てております身でございまして，何につけても頼りない，前途の望みの少なさでございますが，それはそれなりに，この世に長らえております限りは，変らぬ志をよくおわかりいただきたいと存じております」〕

(源氏物語・椎本・5-179)

上位の依頼者と下位の受諾者という関係で，地位等の隔たりが大きいケースでは，恐縮の姿勢を強く打ち出したり，謙遜の気持ちを明確に述べたりすることも，より多かったのではないだろうか。

（4）このごろは，なほもとのごとく参りさぶらはるべきよし大臣もすすめのたまへば，「今は夜居などいとたへがたうおぼえはべれど，仰せ言のかしこきにより，古き心ざしを添へて」とてさぶらふに，……〔この頃は，やはり前々どおりに参内して近侍されるようにと，源氏の大臣もお勧めになるので，「今では夜居のお勤めなども，とても堪えがとう存ぜられますが，仰せ言も畏れ多うございますので，昔からのご愛顧にお報いする志をも添えて」とお答えして伺候していたのだが，……〕 (源氏物語・薄雲・2-449)

（4）は，冷泉帝に召し出され，源氏からも参内を勧められた僧都の受諾の弁だが，単純に了承した旨を伝えるのでなく，「仰せ言のかしこきにより」と，依頼者である帝の威光を認識し，畏れ慎む気持ちを添えている。僧都は自身の健康状態の悪さにもふれており，現代語ならば，相手の無理強いに渋々応じるかのような印象を与えかねないが，帝の「かしこき」要請だからこそ応じるのだと述べることで，依頼者である帝にも僧都の忠誠心が明確に伝わるのであろう。

次の(5)は身分差がさらに開いた例で，姫君たちの琴の演奏をもっと

近くでこっそり聞けないかと薫に頼まれた宿直が，困惑しながらも応じるものである。この発言には別解もあるものの，「恐れ入ります」と訳す新編日本古典文学全集の解釈に従えば，身分も高く様子も立派で，こちらが畏れ多く感じる人物から，熱心に依頼されて恐縮し，「あなかしこ」と口走ったことになる。

(5) 「あなかしこ。心なきやうに後の聞こえやはべらむ」〔「恐れ入ります。お断りしては物のわきまえのない者と後々お叱りをお受けすることになりましょう」〕

(源氏物語・橋姫・5-138〜139)

(4)や(5)になると，依頼者に恩着せがましい等の不快感を与えまいとか，相手に負担をかけたという依頼者の意識を軽減しようといった配慮ゆえの，謙遜・恐縮の表明といった側面以上に，上位者を前にしてのストレートな畏怖・畏敬の念が作用していると思われる。

なお，現代語の受諾や拒否では，依頼先として自分が選択されたことに関してまず謝意を述べるといった，謙遜や恐縮の気持ちの表明に通じる対人配慮もあるが，この期にはそのような例は見出しがたい。

2.3 評価や心情を表す語を用いた受諾の表現

プラスの評価を意味する「よし」や，容易であることを示す「やすし」，あるいは快い心情を表す「うれし」といった形容詞類を用いて受諾の意志を表明するケースも，珍しくない。これらは，上位者でない人物からの依頼や，被依頼者側が丁重な対応が必要だと認識していない人物からの依頼等，配慮を伴った表現を用いる対応が必ずしも予想されない関係において，使用されやすいようである。

(6) 「……。さは，題出ださむ。歌よみたまへ」と言ふ。「いとよき事」と言へば，……〔「……。それなら，題を出しましょう。歌をお詠みください」と言う。「それはたいへん結構なことだ」と言うので，……〕　　　　　　　　　　(枕草子・99・198)

(7) ……，「『必ず参りたまへ。……』と聞こえたまへ」と言へば，「いとやすきこと」とて，……〔……「(三郎君に)『きっ

とこの邸にお越しください。……』とお伝えくださいませ」
と(衛門が)言うと，(越前の守は)「たいへんたやすいこと」
とおっしゃって，……〕　　　　　　(落窪物語・3・233-234)

（7）は，現代語で「おやすいご用です」などと言って依頼内容が自分にとって負担にならないことを示すのと，同趣の表現であろう。

（8）では，夕顔の女房だった右近が，夕顔の娘の世話をしたいという源氏の提案を好意的に受けとめたことを，「うれし」で伝えている。

（8）「さらばいとうれしくなんはべるべき。……」〔「そうなりますならば，ほんとにうれしいことでございましょう。……」〕
(源氏物語・夕顔・1-187)

2.4　係助詞「なむ」の使用

森野崇(1987)で報告したが，平安時代の係助詞「なむ」は，話し手が確かだと認識したことを，聞き手に対して丁寧に穏やかにもちかけるはたらきを有しており，したがって，聞き手に対する配慮が求められる状況で，この助詞は大いに役立ったはずである。

木下書子(2001)が指摘するとおり，「なむ」の機能は相手の依頼を断る際に特に有効に作用したと思われるが，依頼者に対して謙遜や恐縮の意を示しながら，受諾の意志を伝える場合にも，大いに活用されたであろう。次例でも，繰り返し用いられる「なむ」により，依頼者八の宮に対して薫が一貫して丁重に応じている様子が，よく示されている。

（9）「一言にてもうけたまはりおきてしかば，さらに思ひたまへ怠るまじくなん。世の中に心をとどめじとはぶきはべる身にて，何ごとも頼もしげなき生ひ先の少なさになむはべれど，さる方にてもめぐらひはべらむ限りは，変らぬ心ざしを御覧じ知らせんとなむ思ひたまふる」
(源氏物語・椎本・5-179)(＝(3),原文のみ再掲)

3. 平安時代の拒否に見られる配慮表現
3.1 謝罪の欠如

　依頼を断る場合，受諾とは異なり，依頼者との間の関係を悪化させる可能性が少なからず生じる。それゆえ，発言に十分配慮しながら，断りの意志を相手に正確に伝えることが肝要となる。尾崎喜光(2006)は，「詫び」「理由説明」「断りの述部」という三点に注目しながら，現代語の拒否に見られる配慮表現を分析している。確かに，現代語では依頼や勧誘に応じられない場合，「申し訳ありませんが，来週は出張中なのでお引き受けできません」などと，詫びを言い，拒否の理由を説明し，拒否の意志を伝えるのが，一つのパターンかと思われる。

　平安時代でも，拒否の意志表示は，受諾に比べて依頼者への配慮がより重要だったと考えられるが，この期の断りの発話は，尾崎喜光(2006)のあげる三点のうち，受諾しないことの謝罪表明を欠く。『源氏物語』には，桐壺更衣の死後，帝と更衣の間に生まれた皇子とともに宮中への参内を帝から求められた更衣の母が，帝の使者に断りを入れる発話や，木下書子(2004)が詳細に分析する，使者を通じて女三の宮の降嫁を朱雀院からもちかけられた源氏が，それを拒もうとする発話等，依頼者へのさまざまな配慮の表現が駆使された拒否の例が見られるが，そのように細心の注意を払った事例にも，謝罪の表明はない。

　平安時代の謝罪表現については，藤原浩史(1993)が考察を行っている。それによると，当時は固定的・定型的な謝罪の表現がまだ用いられておらず，謝罪行為を示す動詞も現れていない。だとすれば，拒否の発話においても，謝罪の表明は当然行われまい。そのような状況では，拒否の意志を伝える場合，拒否理由の明示等それ以外の部分が，相手との関係を損ねないためにより重要だったと推測される。以下では，それら拒否の際の配慮の表現を，いくつかに分けてとりあげていく。

　なお，「2.2　恐縮・謙遜の表現」で言及した，自分を依頼先に指定したことに感謝するケースは，拒否の表明に際しても認められない。藤原浩史(1994)によれば，この期は感謝の定型的表現も欠如しており，この点も考慮して検討すべき事象であろう。

3.2 拒否理由の明示

依頼や勧誘を断る発話で目につくのが，拒否する理由を述べることである。次の(10)は，藤式部丞が以前交際していた博士の娘との体験を語る場面であるが，式部丞に対面しようとせず，物越しで応対するにあたり，娘はその理由を述べている。(11)は，衰弱した柏木への返信を拒む女三の宮の発話であるが，やはり拒絶の理由が明言されている。

(10) 「月ごろ風病重きにたへかねて，極熱の草薬を服して，いと臭きによりなむえ対面賜らぬ。……」〔「この幾月風病が重いのをがまんしかねて，極熱の草薬を服用し，ひどく悪臭がいたしますによって，お目にかかれませぬ。……」〕

(源氏物語・帚木・1-87)

(11) 「我も，今日か明日かの心地してもの心細ければ，おほかたのあはればかりは思ひ知らるれど，いと心憂きことと思ひ懲りにしかば，いみじうなむつつましき」〔「私の命も今日か明日かの心地がして，なんとなく心細いから，ひととおりの不憫さぐらいは身にしみて思われますけれども，あの方とはほんとに情けないことと懲り懲りしましたので，とてもその気になれません」〕

(源氏物語・柏木・4-292)

依頼や勧誘を断るとき，依頼者との関係を損なうおそれのあるあからさまな拒絶の表現は，できるだけ避けたい。受諾しがたい理由を述べれば，拒否の意志をストレートに表出せずに，その意向を相手に伝達できる。加えて，理由を明示することは，理由説明なしに断る場合に比べて，希望が叶わない依頼者の不満を和らげ，やむを得ないこととして理解させる効果も，多少なりとも期待できるであろう。

3.3 拒否の意向を伝える述部の工夫

拒否理由を述べた部分の前後には，尾崎喜光(2006)が「断りの述部」として整理したような，拒否の意向を依頼者に伝える言表が位置することが多い。ここに用いられる配慮の表現としては，不可能表現や推量表現，疑問・反語表現などをあげることができる。

不可能表現は，先に掲げた(10)の「え対面賜らぬ」や次の(12)など，「え〜否定」という構文によるものがめだつ。

　　(12)　「人の思ひはべらんことの恥づかしきになん，<u>え聞こえさすまじき</u>」〔「人が何と思いますことかと恥ずかしくて，とてもお便りはさしあげられません」〕(源氏物語・空蝉・1-126〜127)

不可能表現を選べば，当該の依頼を断りたくて断るわけではなく，何らかの支障があって「できない」ことになる。したがって，依頼内容が実現しないという結果は同じでも，依頼者の受ける印象は異なってこよう。なお，上の(12)でも，不可能表現を用いた述部の前に，やはり受諾できない理由が示されている。それが「なむ」でとりたてられている点にも，注意を払いたい。

　推量表現も，拒否の和らげを意図して用いられることがある。

　　(13)　……，「いざ，ただこのわたり近き所に，心やすくて明かさむ。かくてのみはいと苦しかりけり」とのたまへば，「<u>いかでか。にはかならん</u>」といとおいらかに言ひてゐたり。〔「さあ，ついこの辺の近い所で，ゆっくりと夜を明かすことにしましょう。ここにこうしてばかりいるのは，とてもやりきれない」とおっしゃると，「どうしてまた。あまりに急でしょう」と，いかにもおっとりと答えて座っている〕

(源氏物語・夕顔・1-157)

(13)は，源氏の誘いを断る夕顔の発話である。源氏の誘いかけが急なものであることは明らかで，「にはかなり」と返してもよいはずであるが，この返答は源氏の提案に同意しないことを意味するため，ぼかして柔らかく伝えようと，夕顔は「む」を添えたのであろう。

　同じ発言中の「いかでか」も，あからさまな拒絶表現の回避と解しうる。疑問・反語表現は，表面上は疑いや問いの表明で，拒絶の意志をストレートに示してはいないため，間接的に拒否の意志を伝達する際に活用できたのではないだろうか。反語とみなされる場合も，多く不可能表現として解釈でき，直接的な拒絶を避ける意図が汲みとれることが少なくない。ここの「いかでか」も，そのような理解が可能である。

このほか，断る際にも評価や心情を表す形容詞・形容動詞等が用いられることがある。評価の形容詞とは言いにくい「にはかなり」を用いた(13)の場合も，源氏の提案をこのように捉えることが，そのまま拒否理由の明示になっているとも解しうる。やはり，露骨な拒絶を避ける効果をもたらしていると言えよう。

3.4 代案・条件付与・先延ばし
　依頼を拒否する代わりに別の案を提示したり，条件を付けたり，あるいは先延ばしにしてはっきりと断らずに済ませたりすることは，現代語でも見られるが，平安時代にも同様の例が存する。
　　(14) 「いとかなしくしたてまつりたまふ皇女(みこ)なめれば，あながちにかく来し方行く先のたどりも深きなめりかしな。ただ内裏にこそ奉りたまはめ。……」〔「とてもおかわいがり申しなさる女宮のようだから，むやみにこう先例を調べ，将来の例になる点も深くお考えになるのであろうな。それなら，いっそのこと今上にさしあげなさるがよい。……」〕
　　　　　　　　　　　　　　　　　　(源氏物語・若菜上・4-40〜41)
　　(15) 「ともかくも，ただ今は聞こえむ方なし。もし御心ざしあらば，いま四五年を過ぐしてこそはともかうも」〔「どうともこうとも，ただ今はご返事の申しあげようもございません。もしお気持ちがおありでしたら，もう四，五年たってから，そのときこそいかようにも」〕　(源氏物語・若紫・1-222)
　(14)では，女三の宮の降嫁を打診された源氏が，強い勧誘表現を形成する「こそ〜め」を用いて代案を示す。(15)では，紫の上を望む源氏に対して，尼君が将来の受諾の可能性を伝え，完全に拒絶した形にせずに発話を閉じている。

3.5 拒否する際のその他の配慮表現
　このほか，既に掲出した例にも多く見られる，係助詞「なむ」による柔らかなもちかけや，次の(16)のような，依頼や勧誘を好意的に受けと

めたことを表明する前置き表現，同じ(16)の，断言せずに発話を閉じる言いさし，あるいは(17)のような，依頼が耳に入らないふりをすることによる拒否発話の回避等，断る際には依頼者との関係を悪化させないために，さまざまな工夫が凝らされている。

(16) 「いとうれしかるべき仰せ言なるを，まだむげにいはけなきほどにはべるめれば，戯れにても御覧じがたくや。……」〔「大変うれしいはずの仰せ言でございますが，まだいっこうにあどけない年頃でございますようで，ご冗談にもお相手としてお世話いただけそうにもないかと。……」〕

(源氏物語・若紫・1-214)

(17) ……，「それは隆円に給へ。おのがもとにめでたき琴はべり。それにかへさせたまへ」と申したまふを聞きも入れたまはで，ことごとをのたまふに，いらへさせてまつらむとあまたたび聞えたまふに，なほ物ものたまはねば，……〔……，「それは隆円にお与えくださいまし。私の手もとにすばらしい琴がございます。それとお取りかえください」と申しあげなさるのを，お耳にもおとめにならないで，ほかのことをおっしゃるので，返事をおさせ申しあげようと何度もそのことを申しあげなさるのに，やはり何もおっしゃらないので，……〕

(枕草子・89・176)

3.6 直接的な拒否の意志表示

最後に，依頼者への配慮を伴わない拒否の表現を見ておく。直接的な断りの発話は，さほど気を配らなくとも済みそうな，下位者からの依頼を上位者が拒絶するといった場面にめだつ。

(18) 「いな，持たらじ。雫むつかし」〔「いえ，持っていたくない。しずくがいやなの」〕　(源氏物語・蜻蛉・6-249)

(19) 「それはしも，あるまじきことになむ。……」〔「それはまったく，とんでもないことで。……」〕

(源氏物語・若菜下・4-208)

「いな」は，拒絶の意志をストレートに表明する語と言える。(18)は，暑さしのぎに紙に包んだ氷をさしだす女房に対して，それを拒む女一の宮の返答である。『源氏物語』ではほかにも，女房に対して夕霧が用いるなど，上位者から下位者に対しての発話，あるいは対等な者の間の発話に偏向する。

(19)に見られる「あるまじきこと」も，下位者の願いを上位者が拒絶するケースに多い。先にふれた，露骨な拒絶を避けるための評価や心情を表す語の使用と異なり，こちらは「当然あってはならない，とんでもない」といった強い否定的評価を示す。それゆえ，不許可・不承認の意向をストレートに伝えるものとなり，上位者の使用に傾くのであろう。上位者の願望を強い口調で制止するといった場合には，下位者でも「あるまじ」を用いている。次例は，出家の希望を口にする大君に対して，女房が「あるまじき御事なり」と返した発話である。

(20) ……，「心地のいよいよ頼もしげなくおぼゆるを，忌むことなん，いと験ありて命延ぶることと聞きしを，さやうに阿闍梨にのたまへ」と聞こえたまへば，みな泣き騒ぎて，「いとあるまじき御事なり。……」と，……〔……，「いよいよ治る見込みがないように思われまして，戒を受けて尼になるのが，大層功徳があって命も延びることと聞いておりますから，そのように阿闍梨におっしゃってください」とお頼みになるので，女房達はみな泣き騒いで，「まったくもってのほかでございます。……」と，……〕

(源氏物語・総角・5-324)

直接的な拒否の発話を対置してみると，これまで見てきた例が，依頼者を配慮した断りの表現であることが，より鮮明になってこよう。

4. 鎌倉時代の受諾に見られる配慮表現
4.1 鎌倉時代の受諾の発話

鎌倉時代に入っても，受諾の表現に大きな変化は見られないが，依頼されて恐縮したり，自身の力量等に関して謙遜したりした例は，前代に

比べて認めにくい。受諾の発話自体が多くないため，明確な傾向とも言えないが，上位者の要望を受ける場合も，確かに受諾した旨の言明やそれを実行する意志表示に焦点を当てた応答がめだつ。依頼や勧誘にひとまず感謝する発言も，やはり見出しがたい。

また，受諾にせよ拒否にせよ，発話全体を穏やかな調子に整える効果のあった係助詞「なむ」は，この期には既に衰退に向かい，姿を消す。

4.2 受諾の意志の直接的表現

前項でふれた，受諾の意志を直接的に伝えようとする例を見ておこう。これは，上位者の要望を受けた下位者が受諾した旨を明言するケースが中心で，謙譲語「うけたまはる」を用いたり，「のたまはんままに」と述べたりして，恭順の意を示したものが目につく。

(21) ……，「あの男，しばし候へ。御旅籠馬など参りたらんに，物など食ひてまかれ」といへば，「承りぬ」とて……〔……，「そこの男，しばらく控えておれ。御旅籠馬などがやってきたら，食事をしていけ」と言うと，男は「承知いたしました」と言って，……〕　　　　　　（宇治拾遺物語・7-5・239）

(22) ……，「夢は取るといふ事のあるなり。この君の御夢，我らに取らせ給へ。……」といへば，女，「のたまはんままに侍るべし。……」といへば，……〔……，「夢は取るということがあるそうだ。この君の御夢を自分に取らせてくだされ。……」と言うと，女は「おっしゃるとおりにいたしましょう。……」と言って，……〕

（宇治拾遺物語・13-5・405〜406）

次例のように相手の望む内容を述べて，そこに意志の「む」を付す応答も，自分に実行する気持ちがあることを表明することで，受諾の意志を明確に示したものと言える。

(23) 「……。文をやらばやと思ふは。尋ねて行きてんや」と宣へば，「御文を給はッて参り候はん」と申す。〔「……。手紙をやりたいと思うぞ。尋ねて行ってくれないだろうか」とおっ

しゃると,「お手紙を頂戴して参りましょう」と申しあげる〕
(平家物語・10・2-266)

4.3 評価や心情を表す語を用いた受諾の表現

相手の依頼や勧誘の内容に関して,評価を表す語や心情を表す語を使用して受諾の意向を示す例は,鎌倉時代にも見受けられる。

(24) ……,「今宵ばかり宿借り申すなり」といふ。「<u>よく侍りなん</u>。入りておはせ」といふ。〔……,「今晩だけ宿をお借りしたいのです」と言う。「ようございましょう。お入りなされ」と言う〕 (宇治拾遺物語・4-5・154)

(25) ……,この家主と覚ゆる女にいふやう,「かく宿させ給へるかはりに,麻やある,績みて奉らん。火とぼし給へ」といへば,「<u>うれしくのたまひたり</u>」とて火ともしつ。〔……,この家の主人と思われる女に,「こうして泊めてくださったかわりに,麻がありますか,よって進ぜましょう。火をおともしください」と言うと,「うれしいことをおっしゃる」と言って明かりをともした〕 (宇治拾遺物語・4-5・155)

(26) ……,ある人のもとに生女房のありけるが,人に紙乞ひて,そこなりける若き僧に,「仮名暦書きて給べ」といひければ,僧,「<u>やすき事</u>」といひて書きたりけり。〔……,ある人のもとに新参の若い女房がいたが,人に紙をもらって,その家にいた若い僧に,「仮名暦を書いてください」と言ったので,僧は「おやすいこと」と言って書いた〕 (宇治拾遺物語・5-7・182)

評価系の「よし」や,快の心情を表す「うれし」,依頼された行為の実現が容易であることを示す「やすし」等の形容詞が用いられている点も,平安時代と変わらない。

ほかに,受諾の意向を示す評価系表現として,「しかるべし」を用いた例が『平家物語』に存する。

(27) ……,「……。ただ理をまげて,本国へ返し遣はさるべうや

候らむ」と申されければ,大臣殿,「此儀尤もしかるべし」とて,暇をたぶ。〔……,「……。ただ無理にでも本国へ帰してやることがよいでしょう」と申されたので,大臣殿は,「この意見はもっともそのとおりだ」とおっしゃって,暇をお与えになる〕
(平家物語・7・2-73)

臣下の進言を受け入れるときなどに使用されており,上位者の受諾の言い方の一つと解してよいだろう。

5. 鎌倉時代の拒否に見られる配慮表現

5.1 拒否に見られる配慮表現の諸相と謝罪の欠如

拒否の発話に見られる配慮も,平安時代とさほど変わらない。現代語に通じる例も多いが,依頼者への謝罪はなく,謝罪の欠如が非難されることもなかったようである。依頼を受けたことに関して,自分の力量などを評価された結果と捉えて謝意を述べる例も,見出しがたい。

5.2 拒否理由の明示

断る理由を明示する例は,鎌倉時代にも多い。

(28) 宇治左大臣殿より召しありけるに,「今明日は堅き物忌を仕る事候ふ」と申したりければ,……。〔宇治の左大臣殿よりお召しがあった時に,「今日明日は重い物忌にこもっております」と申しあげたところ,……〕 (宇治拾遺物語・5-3・174)

(29) ……,「きこえ候名馬を,み候はばや」と宣ひつかはされたりければ,伊豆守の返事には,「さる馬はもって候ひつれども,此ほどあまりに,乗り損じて候ひつるあひだ,しばらくいたはらせ候はんとて,田舎へつかはして候」。〔……,「評判の名馬を見たいものです」と言ってやられたところ,伊豆守仲綱の返事には,「そういう馬はもっていましたが,近頃あんまり乗り過ぎていためてしまいましたので,しばらく休養させようということで,田舎へつかわしてあります」〕

(平家物語・4・1-293)

どちらも受諾できない理由のみを述べており，直接的な拒絶の意志表示がない例である。(29)では，被依頼者の仲綱は実際には馬を休養に出していない。現代語でも，依頼者との関係を悪化させないために，虚偽の理由をもちだして断ることがあるが，同様の判断であろう。

5.3 拒否の意向を伝える述部の工夫
　相手の依頼や勧誘を拒否することを明示する部分では，平安時代同様，不可能表現や推量表現，疑問・反語表現などが使用されている。
(30)　帝，篁に，「読め」と仰せられたりければ，「読みは読み候ひなん。されど恐れにて候へば，え申し候はじ」と奏しければ，……〔天皇が篁に，「読め」と仰せられたので，「読むことは読みましょう。しかし，畏れ多いことでございますので，申しあげられません」と奏上すると，……〕

(宇治拾遺物語・3-49・138)

　(30)は，「無悪善」とある札を読むことを命じる嵯峨天皇と小野篁のやりとりである。「さがなくてよからん」という，天皇を呪詛する内容であったため，篁は「恐れにて候へば」と断る理由をあげたうえで，応じる意志がないのではなくできないのだということを，不可能表現の「え〜じ」を用いて述べている。
　直接的な拒絶のことばでなく，マイナスの評価や心情を述べることで拒否の意向を伝える例も，引き続き認められる。
(31)　……，侍出で来て，「こなたへ参り給へ」といへば，「便なく候ふ」などいへば，……〔……，侍が出て行って，「こちらへおいでなさい」と言うと，「それは具合が悪うございます」などと言うので，……〕　(宇治拾遺物語・14-7・446)

5.4 代案・条件付与・先延ばし
　拒絶の表明で発言を閉じず，依頼者に対して代案を提示したり，結論を保留したりして，依頼者との関係を悪化させない配慮も，前代に続き認められる。(32)は代案の提示，(33)は先延ばしに分類できよう。

(32)「いかに宗高，あの扇のまんなか射て，平家に見物せさせよかし」。与一畏ッて申しけるは，「射おほせ候はむ事，不定に候。射損じ候ひなば，ながきみかたの御きずにて候べし。一定仕らんずる仁に仰せ付けらるべうや候らん」と申す。〔「どうだ宗高，あの扇のまん中を射て，平家に見物させてやれよ」。与一が畏まって申すには，「うまく射切ることができるかどうかわかりません。射損ないましたなら，長く味方の疵となりましょう。確実に射切れそうな方に仰せつけられるのがようございましょう」と申しあげる〕

(平家物語・11・2-358)

(33)……，「……。願はくは許し給へ。ここに社を作りて斎ひ給へ。さらばいかにもまぼり奉らん」といひけるを，「我が心一つにてはかなはじ。この由を院へ申してこそは」といひければ，……〔……，「……。願わくはお聞き届けくだされ。ここに社を作って祭ってくだされ。そうすれば，いかようにもお守り申そう」と言ったところ，男が，「わし一人の考えだけでは無理だ。このことを院へ申しあげて(何とかしよう)」と言ったので，……〕 (宇治拾遺物語・12-22・393)

5.5 拒否する際のその他の配慮表現

前代同様，拒否を明言した形で閉じずに言いさして済ますことがある。反語を用いた次例も，言いさして断っている。

(34)「この橋の切賜らん」と申す。僧正，「かばかりの希有の物はいかでか」とて，……〔「この橋の木切れをいただきたい」と言う。僧正が「これほどの珍しいものは，どうして(さしあげられよう)」と言うと，……〕

(宇治拾遺物語・3-10・121-122)

また，相手の提案をひとまず認めてから，それを受け入れないことを述べる(35)は，平安時代の例を扱った「**3.5 拒否する際のその他の配慮表現**」の(16)「いとうれしかるべき仰せ言なるを」に通じる配慮表現

で，先に相手の勧誘等を好意的に評価することによって，続く拒否の表明に対する反発を緩和する工夫と言えよう。

 (35) 「いさとよ。そこに申す事はさる事なれども，……」〔「いやなに。そなたが申すことはもっともだが，……」〕

             （平家物語・6・1-430）

5.6　直接的な拒否の意志表示

　最後に，より直接的に拒否の意志を伝える例を見ておこう。
　『平家物語』では，下位者の希望を上位者が受け入れない場合，「その儀あるまじ」という拒絶表現が使用されている。(36)は白拍子の仏御前の要望を拒む平清盛の発話だが，清盛はほかにも2例，仏御前に「その儀あるまじ」を用いている。

 (36) 仏御前，「……，今日は暇を給はらむ」とぞ申しける。入道，「なんでう，その儀あるまじ。……」とお使かさねて三度までこそたてられけれ。〔仏御前は，「……，今日はお暇をいただきましょう」と申した。入道は，「なんだと，そんなことはならぬ。……」と，お使いを重ねて三度までもお出しになった〕   （平家物語・1・1-38〜39）

　また，「いなや」による直接的な拒否の意志表示として，子どもの発話である次例があげられる。

 (37) ……，父の御浄衣の袖にひしととりついて，「いなやかへらじ」とこそ泣き給へ。〔父の白い御衣の袖にひしと取りすがって，「いやだ，帰らない」とお泣きになる〕

             （平家物語・11・2-411）

　『源氏物語』にも，「いな」や「あるまじ」を用いた直接的な拒絶の例が見出されたが，『平家物語』の場合も，あからさまに拒絶の意志を伝達する際には，同様の表現が選択されていたようである。

6.　まとめ

　平安・鎌倉時代の受諾・拒否に見られる配慮の表現について，概観し

てきた。個々の語の盛衰は当然あるものの，受諾における恐縮や謙遜の意志表示，評価や心情を表す語を用いた受諾の意向表明，あるいは拒否に際しての，拒否の意志を不可能形で述べたり代案を提示したり等の工夫は，平安・鎌倉時代ともに認められるもので，二つの時代を通して，受諾や拒否の場面で対人配慮が重んじられたことがうかがえる。しかし，謝罪や感謝の表現はなお確立しておらず，断りに伴う謝罪や依頼を受けての謝意が述べられるようになるのは，いずれも次代以降である。

調査資料

『宇治拾遺物語』(新編日本古典文学全集50)，小林保治・増古和子(校注・訳)，小学館，1996.

「落窪物語」，三谷栄一・三谷邦明・稲賀敬二(校注・訳)『落窪物語・堤中納言物語』(新編日本古典文学全集17)，小学館，2000.

『源氏物語』(新編日本古典文学全集20-25)，阿部秋生・秋山虔・今井源衛・鈴木日出男(校注・訳)，小学館，1994-1998.

『平家物語』(新編日本古典文学全集45-46)，市古貞次(校注・訳)，小学館，1994.

『枕草子』(新編日本古典文学全集18)，松尾聰・永井和子(校注・訳)，小学館，1997.

引用文献

尾崎喜光(2006)「依頼・勧めに対する断りにおける配慮の表現」国立国語研究所『言語行動における「配慮」の諸相』pp.89-114，くろしお出版.

木下書子(2001)「断りのストラテジーから見た係助詞「なむ」の用法」『尚絅大学研究紀要』24, pp.29-38.

木下書子(2004)「『源氏物語』の会話文における断りのストラテジー」『尚絅大学研究紀要』27, pp.27-35.

藤原浩史(1993)「平安時代の謝罪表現」『日本語学』12-12, pp.48-57, 明治書院.

藤原浩史(1994)「平安時代の感謝表現」『日本語学』13-8, pp.38-46, 明治書院.

森野崇(1987)「係助詞「なむ」の機能—そのとりたての性質と待遇性をめぐって—」『国語学研究と資料』11, pp.1-12, 国語学研究と資料の会.

平安・鎌倉時代の感謝・謝罪に見られる配慮表現

森山由紀子

1. この論文の主張

平安・鎌倉時代の感謝と謝罪の表現には,「かしこし」という語が共通して用いられる。ただし,「かしこし」は,感謝と謝罪以外の場面でも用いられる言葉であり,感謝も謝罪も,上位者に対する畏れという,より広い心情が適用される場面の中の一つであったといえる。

感謝の場面では,「かしこし」のほかに,受益者(話者)の喜びを表す表現と,授益者(聞き手)の行為や好意の貴重さ(貴さ)を評価する表現とが主に用いられた。そのうち,喜びを表す表現は,お礼の表現として常用され,本来の意味を脱しつつある例が認められる。後代に定型化する,「かたじけなし」「ありがたし」といった,行為の貴重さを表現するタイプには,ごく一部を除き,その兆候はまだ見られなかった。

謝罪の場面では,「かしこし」以外の特別な表現は見られないが,発言内容自体は,現代とほぼ同じものが見られる。それに加えて,事態の不都合や話者の責任を軽減する類の表現が多く見られる点で,配慮の在り方が現代と異なっていたといえる。

2. 平安・鎌倉時代の感謝に見られる配慮表現

2.1 感謝の場面とは

感謝の場面とは,XがYの言動等によって何らかの利益を受けたと感じた時にXからYに向けて生じる状況である。

藤原浩史(1994)が指摘するように，平安時代には，現代語の「ありがとう」に相当するような典型的な「感謝の言葉」というものは見られない。しかし，感謝の場面において，利益を与えてくれた人物を聞き手(あるいは読み手)として，直接相手に話しかける形で使われる語彙はいくつか見受けられる。以下，それらの語彙を分類し，平安・鎌倉時代の感謝の場面において，利益を受けた者が授益者である聞き手(読み手)に対してどのような表現を用いていたかを見ていくことにする。

2.2　畏れの心情―「かしこし」「かしこまる」―
　平安時代の感謝場面では，「かしこし」「かしこまる」という語がしばしば用いられる。「かしこし」という形容詞は，相手に対する畏れの気持ちを表す語である。「かしこき御手(上手な筆跡)」のように，能力の高さの形容に使われるのは平安時代に入ってからであり，本来は，客観的に形容する語というよりも，霊的・神聖・高貴な存在の前で自分が感じる，圧倒されて身動きできないような心情を表現することで結果的に対象の偉大さを形容する語である。従って，感謝場面で，相手に直接話しかける形で用いられる「かしこき仰せなり」という表現も，相手の言葉を客観的に評価しているのではなく，「仰せに対してかしこしという心情でいる」ということを表していると考えるべきであろう。藤原浩史(1994)では，公的な場面や，心理的に距離のある場合に用いられるとされる。次の例は紀伊守が家で世話している小君を，源氏が自分が引き受け，殿上させる世話もしようと申し出たのに対する紀伊守の返答である。
　　（1）　[紀伊守→源氏]「いとかしこき仰せ言にはべるなり。……」
　　　　　〔「まことに畏れ多い仰せ言でございます。……」〕
　　　　　　　　　　　　　　　　　　　　（源氏物語・箒木・1-105）
　このように，「かしこき仰せ」と，相手に話しかける表現は複数見られ，感謝場面で常套的に用いられていたフレーズであった可能性が高い。
　また，「あなかしこ」と，語幹のみを用いた感動詞的な用法もある。
　　（2）　(妻(女一宮)の出産の翌朝)おとど，宮たち，殿の君だち，並み立ちて拝したまふ。中納言の君はかくしたまへども，「あ

なかしこ」とも聞こえで，なほ稚児抱きて居たまへり。〔右大臣，宮たち，右大臣のご子息たちは，並び立って拝礼なさる。中納言の君は，これらの方がこうして礼を尽くされているというのに，「なんとも恐縮です」と御礼も申しあげないで，ずっといぬ宮を抱いてすわっていらっしゃった。〕

(うつほ物語・蔵開上・2-342)

これは，仲忠(中納言)が，右大臣や宮たちから出産祝いの拝礼を受けたのに，「あなかしこ」とも申し上げないほど娘に夢中であるという場面である。祝賀の拝礼に対してあるべき返答，すなわち感謝の言葉は，「あなかしこ」であったということがわかる。

次の例は，相手に話しかける場面で用いられた「かしこまる」である。

（3） （中宮から賜った法華八講へのお供えへの返事として）〔落窪夫→中宮〕「<u>いといとかしこまりて賜はりぬ</u>。今日のことは，ただこのおほせをなむ，みづから捧げて。<u>かしこまりて聞こえさせはべる</u>。……」〔「たいへん恐縮して頂戴しました。本日の仏事はひたすら，中宮様の仰せ言を拝し，結縁のお品を私自身で仏前に捧げたてまつります。謹んでありがたくお礼申しあげます。……」〕 (落窪物語・3・264)

手紙の冒頭の，「かしこまりて賜はりぬ」という表現と，一文をはさんだ，「かしこまりて聞こえさせはべる」という表現は，「供え物の受け取り」と，「ここで述べている言葉の言上」を，いずれも「かしこまって」行った(行う)と描写している。「かしこまる」というのは，相手を「かしこし」と思っていることを表現する態度(体の姿勢)であり，実際にそのような姿勢を取ったということではなく，そのような体勢をとる心情でという表現かもしれない。「かしこまりて聞こえさせはべる」というのは，その言上の仕方をそう形容することによって，結果的に，感謝の気持ちを述べていることになっている。

このように，「かしこし」「かしこまる」という心情，すなわち，相手に対して身動きのできないような「畏れ」を感じていることの表明が，平安時代の感謝場面における配慮の表現の1つであったことは確かであ

る。ただし、「かしこ」系の言葉は、後に述べるように、謝罪場面でも同様に用いられ、さらに、了承など、より広い場面でも用いられる言葉であり、感謝特有の言葉ではない。

　次の院政期にも、相手に直接話しかける「かしこし」の例が見られるが、平安時代とは異なり、聞き手側の人物の身分が低いことが注目される。

　　（4）（藤原利仁に、芋粥を飽きるほどご馳走しようと言われて）［五位の侍→利仁］「かしこく侍らん」〔「それはありがたいことです」〕　　　　　　　　　　　（宇治拾遺物語・1-18・56）
　　（5）（国守が、壱岐守宗行の郎党に、虎を射取ると約束されて）［国守→壱岐守宗行の郎党］「いといみじうかしこき事かな。さらば必ず構へて射よ。いみじき悦びせん」〔「それはまことにありがたい。それでは必ず用心して射止めよ。手厚い謝礼をしよう」〕　　　　　　（宇治拾遺物語・12-19・385）

（4）の藤原利仁は地方の豪族の婿であったとはいえ、都ではそれほど身分の高くない侍であり、（5）にいたっては、名もない郎党である上に、話し手である国守から見れば、はるかに下位の人物にあたる。相手への畏れを表現する「かしこし」の原義からはずれ、「感謝のための表現」となっていると言えるだろう。この時代は「謝罪」との共用も見られない。そして、鎌倉時代以降は、感謝の場面でも用いられなくなるのである。

2.3　喜びの心情と謝辞の表明―「うれし」「よろこび」―

　平安時代の感謝場面では、話し手の「喜び」の気持ちを表す語彙も用いられている。藤原浩史（1994）が指摘するように、「かしこ」系に比して、相手との距離が心理的に近い場合に用いられる。

　　（6）［上﨟女房→主人の物の怪を祈祷によって追い出した僧］「いとうれしく立ち寄らせたまへるしるしに、堪へがたう思ひたまへつるを、ただ今おこたりたるやうに侍れば、かへすがへすなむよろこび聞こえさする。明日も御いとまのひまにはも

のせさせたまへ」〕〔「たいへんうれしくもお立ちよりください
ましたおかげで，堪えがたく存じておりましたのにただいま
はよくなりましたようでございますので，かえすがえすお礼
を申し上げます。明日もお仕事のない合間にはお立ち寄り下
さいませ」〕　　　　　　　　　　　　（枕草子・補23段・462）
（7）（頭の弁が，清少納言の手紙を殿上人みんなに見せたと聞い
た清少納言の「素晴らしい事を人に伝える心配りであなたが
私の事を思っているのがわかった」という皮肉に対し，頭の
弁が，普通の女は非難するだろうのに，さすがあなたは違う
と感心したのに対して）〔清少納言→頭の弁〕「こはなどて。
<u>よろこびをこそ聞えめ</u>」〔「それはまあどうして。お礼をこそ
申し上げましょうのに」〕　　　　　　　（枕草子・130段・246）

　これらの「よろこぶ」は，単に一人で喜んでいるだけではない。「（を）
聞こえさする」が付されていることで，聞き手との関係が生まれている。
そして，この「よろこび」は，文脈上「聞き手から得た恩恵についての
「喜び」を含意しており，「相手から得た恩恵についての喜びを言う」と
は，すなわち「礼を言う」ことにほかならない。「よろこび（を）聞こゆ」
という言い回しは，それ全体で，「礼を言う」という言語行為として用い
られていたと考えるべきであろう。
　このように考えると，（6）のように，相手に直接話しかける言葉の中
で，「よろこび聞こえさする」と述べることは，現代の「お礼申し上げ
ます」「感謝します」のように，言語行為を宣言することによって，実
際にその行為を遂行する文であるといえる。
　ちなみに，次の例の「よろこび」は，もはや言語行為でもなく，「代
償」の意の「お礼」であると考えられる。
（8）〔帝→桐壷更衣母〕「故大納言の遺言あやまたず，宮仕の本意
深くものしたりし<u>よろこび</u>は，かひあるさまにとこそ思ひわ
たりつれ，言ふかひなしや」〔「故大納言の遺言をよく守っ
て，宮仕えをという当初の志をどこまでも持ち続けてくれた
お礼には，そのかいがあったようにしてあげようと心にかけ

てきたのだが，今はどうにも仕方のないことよ」〕

(源氏物語・桐壺・1-34)

なお，(6)で「よろこび」と共に用いられていた，得た利益を「うれし」と形容する表現も，感謝場面における常套的な方法であったようであり，歓待を受けて辞去する際の次のような表現も見られる。

(9) (落窪夫の家で歓待されて辞去する際に)[落窪父→落窪夫]「世に今まで侍りつるが，心憂かりつるに，うれしき契りに」〔「今までこの世に生き長らえていたのがつらかったのに，はからずもうれしい御縁です」〕 (落窪物語・3・248)

院政期以降は，「よろこび侍る」「よろこび入る」という表現がある。

(10) (折れた肘を祈り治そうと申し出られたのに対して)[余慶僧正→空也上人]「もとも悦び侍るべし。まことに貴く侍りなん。この加持し給へ」〔「この上なく嬉しく存じます。本当にありがたいことです。どうぞお祈り下さい」〕

(宇治拾遺物語・12-6・369)

(11) (護送中，輿に乗せ，帰りは馬を用意すると言われて)[勧修坊得業→護送する堀藤次(頼朝の家人)]「道の程の御情けこそ，悦び入りて候へ」〔「道中のお心遣い，嬉しく存じます」〕

(義経記・6・326)

2.4 行為の評価―「かたじけなし」「ありがたし」「たふとし」―

最後に，自分に利益を与えてくれた相手の行為や心持ちを「かたじけなし(自分の身には過分である)」「ありがたし(めったにないほど貴い)」と形容することで，その大きさ，貴重さを表現することが感謝場面に見られる。「かしこし」または「うれし」が，自分の心情を述べる表現であったのに対して，相手の行為を評価する表現であるといえる。

これらの語はいずれも，後には感謝場面で定型表現になる語だが，この時期はまだ，あくまでも相手の行為の貴重さ(貴さ)を描写するために用いられる段階である。たとえば，(12)の「かたじけなく立ち寄らせたまへる」という表現は，立ち寄ってもらったことが自分には過分である

と評価し，感謝の意を表している．ただし，それはあくまで前節の文脈であり，後節は「みづから聞こえさせぬこと」という，不手際の認定，すなわち「詫び」で結ばれている．つまり，前節の部分は相手に話しかける表現ではなく，「かたじけなし」は描写にすぎないのである．

(12) （思いがけなく見舞に訪れた源氏に対して）〔尼君→源氏〕「乱り心地はいつともなくのみはべるが，限りのさまになりはべりて，いと<u>かたじけなく</u>立ち寄らせたまへるに，みづから聞こえさせぬこと．……」〔「気分のすぐれませんのは，いつということもなく例のことでございますが，それがこうしていよいよという有様になりまして，ほんとに畏れ多くもお立ち寄りくださいましたのに直接ご挨拶申し上げられませぬことは．……」〕　　　　　　　　　　　（源氏物語・若紫・1-236）

もう1つの「ありがたし」という語は，そのような事態が普通にはないことだと表現することによって相手の行為の貴重さ（貴さ）を表す．この場合も，仏や僧に対してなど，本来の意味で用いられている場合も多く，基本的に「かたじけなし」と同様，「普通には考えられないこと」と描写する範囲にとどまる．しかし，次の例では，「ありがたき殿の御心おきて」という発言が，「喜び（かしこまり）きこゆ」すなわち「お礼申し上げた」(**2.3**参照)として描写されており，感謝の言葉として意識されていたことがわかる．

(13) （御息所の葬儀が夕霧の手配で盛大に執り行われたことについて）〔御息所の甥の大和守→夕霧〕「<u>ありがたき</u>殿の御心おきて」など<u>喜びかしこまりきこゆ</u>．〔「願ってもない殿のご配慮で」などと喜んでお礼申し上げている．〕
　　　　　　　　　　　　　　　　　　　　（源氏物語・夕霧・4-443）

また，「たふとし」という語も，利益を与えてくれた相手，あるいは相手の行為に対する評価であるが，次の例に見るように，使者を介してではあるが，帝に直接話しかける表現となっている．

(14) （悩んでいるのかという帝の言葉を使者から伝えられて）〔竹取翁→使者→帝〕「この十五日になむ，月の都より，かぐや

姫の迎へにまうで来なる。尊く問はせたまふ。……」〔「この十五日に，月の都から，かぐや姫を迎えるために参り来るとのことです。恐れ多くもお尋ね下さいました。……」〕

(竹取物語・67)

院政期の『宇治拾遺物語』には，この「たふとし」の語幹を感動詞的に用いて，さらに明確に相手に直接話しかける表現がいくつか見られる。

(15) 「召しつべくは，いくらも召せ」といへば，〔清徳聖→畑の主の男〕「あな貴」とて……〔「召しあがれるものならば，いくらでも召しあがれ」と言うと，「ああ，ありがたい」と言って……〕　　　　　　　　　　　(宇治拾遺物語・2-1・65)

同様に，相手の行為を「よきこと」と評価する例もある。

(16) (邪魔だと思いながらも置いてあった石を，持って行こうと申し出た兵衛佐に対して)〔女→兵衛佐〕「よき事に侍り」〔「ありがたいことです」〕　　(宇治拾遺物語・13-1・397)

なお，藤原浩史(1994)は，平安和文において相手の行為を「よきこと」と評する表現は，下位の者が満足いく行いをした時に上位の者が用いる表現であると述べている。院政期に入り，このように粗野な女の言葉として描かれているのは興味深い。

そして，鎌倉時代の『平家物語』には，「うれし」の前に「ありがたし」を用いて，相手に向けて直接言いかけた例が見られる。

(17) 〔重衡→自分を護送している武士〕「この程，事にふれてなさけふかう芳心おはしつるこそ，ありがたううれしけれ。同じくは最後に芳恩かうぶりたき事あり。……(以下，道中で妻に会わせてほしいという依頼)」〔「このほど何かにつけて情け深く親切にしてくださったのは，ほんとうにめったにないうれしいことだ。同じことなら最後にご恩をこうむりたいことがある。……」〕　　　　　(平家物語・11・2-428)

この例で感謝の対象となっている事柄は，敵方の武士たちが護送中に「情け深う芳心」を持って接してくれたということであり，何らかの特記すべきエピソードがあったわけではない。つまり，いくら深く感謝し

ているとはいえ，実質的にその親切が希少であると評価することがここでの発言の趣旨ではない。「ありがたううれし」というのは，護送の武士の芳心が「ありがたく」かつ（または，それ故に）「うれし」かったという解釈と，「ありがたいほどうれし」かったという解釈とが可能であるが，いずれにしても，この文の趣旨は，「うれし」という話手の心情に収斂すると考えられる。その「心情」を修飾するともとれる位置で用いられている「ありがたう」は，本来の，行為の貴重さ（貴さ）を描写する意味は脱して，聞き手に関する「感謝の念」の大きさを強調する言葉となりつつあるといえる。

2.5　感謝場面における発言内容

　以上，平安・鎌倉時代の感謝場面で比較的頻繁に用いられる語彙に注目して概観した結果，次のような表現が用いられていた。
　　A．話し手の「畏れ」の心情の表現：「かしこし」「かしこまる」
　　B．話し手の「喜び」の心情の表現：「よろこび」「うれし」
　　C．感謝の言葉を述べることの表明：「よろこびきこゆ」
　　D．授益者の行為の大きさ・貴重さ：「かたじけなし」「ありがたし」
　なお，平安時代には，両者の距離が遠い場合にはA（話し手の「畏れ」の心情表現）が，近い場合にはB（話し手の「喜び」の心情の表現）が用いられるという使い分けがあった。
　しかし感謝場面で語られる言葉には，こういった特定の語に集約されない様々な要素が見出されることも看過できない。そもそも上記に挙げた語のうち，本来の意味を失いつつあった「かしこし」や「よろこび聞こゆ」といった表現は別として，「うれし」「かたじけなし」「ありがたし」などは，未だ「感謝場面の発話」として特化されておらず，以下の内容を表すために用いられている個々の語と区別することは難しい。
　　E．受けた利益・聞き手の行為の認定
　　F．相手の行為がなかった場合の自分の不都合
　　G．関係の継続
　以下，具体的な感謝場面における談話の中で，上記の要素がどのよう

に用いられているかを見てみよう。

(18)　「いとうれしく立ち寄らせたまへるしるしに，＝【B心情表明（嬉しい）】【E聞き手の行為の認定】／堪へがたう思ひたまへつるを＝【F相手の行為がなかった場合の自分の不都合】／ただ今おこたりたるやうに侍れば＝【E受けた利益の認定】／かへすがへすなむよろこび聞えさする。＝【C謝辞を述べることの表明】／明日も御いとまのひまにはものせさせたまへ。＝【G関係の継続】」〔「たいへんうれしくもお立ちよりくださいましたおかげで／堪えがたく存じておりましたのに／ただいまはよくなりましたようでございますので／かえすがえすお礼を申し上げます。／明日もお仕事のない合間にはお立ち寄り下さいませ。」〕　　　（枕草子・補23段・462）

(19)　「いとうれしく＝【B心情表明（嬉しい）】／おのれが死の恥を隠させ給ひたる事は＝【E受けた利益・聞き手の行為の認定】／世々に忘れ申すまじ。＝【G関係の継続】／はかりごちて西より出させ給はざらましかば，多くの人に面をこそは見えて，死の恥にて候はましか＝【F相手の行為がなかった場合の自分の不都合】」〔「大変嬉しいことに／あなたが私の死をお隠し下さったことは／ずっと忘れません。／謀り事をして西から出して下さらなかったなら，大勢の人に顔を見られて，死に恥をさらすところでした」〕

（宇治拾遺物語・10-8・322）

　これらは一例に過ぎないが，自分が利益を受けた聞き手の行為を認定し（E），相手の行為がなかった場合の不都合（F）や，自分の心情（喜び）（B）を述べ，今後の良好な関係の継続について言及する（G）という，様々な要素が組み合わせて述べられていることがわかる。

　平安時代には，その中でも「かしこき仰せ」や「よろこび聞こゆ」といった心情の表明（AB）を含む表現が，実質的な意味を薄れさせ，それを述べること自体が言語行為となる性質を帯びて，いわば「感謝の標識」として用いられる傾向にあった。次いで鎌倉時代には，相手の行為

の貴重さ(D)の表現が，それに代わる兆しを見せ始める。このような，定型的な表現の基になる要素の交代が何に因るのかについては，今後の慎重な考察が望まれるところである。

3. 平安・鎌倉時代の謝罪に見られる配慮表現
3.1 謝罪の場面とは
　次に謝罪の表現について考察する。謝罪場面とは，Ｘの言動等によってＹが何らかの不利益を得た時に，ＸからＹに向けて生じる状況であるが，現代の「謝罪」では，それ以外に次の２要素も必要である。
　　ａ．Ｘは，Ｙが不利益を得たことを認める。
　　ｂ．その不利益がＸに起因することを認める。
　しかし，古典語の実態を見ていると，現代ならばａもｂも当然認めるであろうという場面において，必ずしもそうではない状況がしばしば見出される。ａとｂが満たされないならば，「謝罪場面」にはあてはまらないという考え方もできる。しかし考え方によっては，その違いこそが逆に興味深い視点を提供するともいえる。
　そこで，以下の考察では，古典語の文脈上，話し手が相手の不利益や，その不利益が自分に起因することを認めない場合であっても，現代語の「謝罪表現」に該当する状況を広く取り上げることとする。
　また，その発話の目的が，次のどちらであるかも考慮する必要がある。
　　ｃ．罪の許しを乞う（罪の免除を願い出る）
　　ｄ．相手との関係修復をはかる。
　たとえば，Ｘが与えた不利益が「罪」に該当する場合，そこには，「許す（罪を免除する）」権力を持つものが想定されており，Ｘの発話の目的は，「許しを乞う（罪を免除，あるいは減免してもらう）」ことになる。一方，同じ「謝罪」でも，「相手との関係修復をはかる」ことが目的となる場合がある。それは，当該の「不利益」が，私的な人間関係において生じた場合であり，「謝罪」というよりも「詫び」と言うべきものである。
　前者の「罪の許しを乞う」謝罪の在り方は社会の制度によって大きく

異なってくる。たとえば，現代の日本の法律ならば，自ら罪を認めて名乗り出る行為(自首)は罪が軽減されることにつながるが，社会によっては，罪を認めた時点で罰せられることもあるかもしれない。しかし，どんなに社会的制度が異なっていても，後者の「関係修復をはかる」謝罪は，日常生活において必ず存在する。配慮表現として考える「謝罪」は，できるだけ後者に近いもの，すなわち，関係修復をはかる意図を持つ「詫び」であるべきだろう。以下，できる限り日常的な「詫び」に相当する場面での配慮表現を拾い上げる。

3.2 畏れの心情―「かしこし」「かしこまる」―

「かしこし」は，前節でみた感謝の場面でも用いられたが，詫びに相当する場面にも用いられる。

(20) (養女との求婚を依頼して無理に御簾に入ろうとしても道綱母が応じず，返答にも困って黙り込んでしまった時)〔遠度→道綱母〕「あなかしこ，御気色も悪しうはべめり。さらばいまは仰せ言なからむには，聞こえさせじ。いとかしこし」
〔「恐縮です。御機嫌もすぐれぬ御様子。では，もう仰せ事がないかぎりは何も申し上げますまい。まことに恐縮です」〕

(蜻蛉日記・下・336)

(20)の例は，兼家と道綱母の養女への求婚に対して，兼家の許可が下りない藤原遠度(馬の頭。身分的には道綱母が上位)が，道綱母に強く詰めより，気まずい沈黙が流れた後の場面である。実際には，遠度はこのあと怒って帰っていくのであるが，立場上，言葉の上では怒りではなく，むしろ丁寧な表現がなされており，そこで，「あなかしこ」「いとかしこし」と，二度の「かしこし」が用いられている。

1つめの「あなかしこ」は，相手の不快状況への反応であると考えられる。2つ目の「いとかしこし」は，相手を「邪魔」したことによって生じた悪い関係を(表面上ではあるが)修復しようとする，現代語の「失礼しました」にあたるような場面であるといえる。

さらに，辞去や訪問時の挨拶時に用いられた例も出現する。これらは，

相手の領域に出入りする際の謝罪が定型化した形であると考えられる。

 (21)　［源侍従→女房たち］「うち出で過ぐすこともこそはべれ。<u>あ</u><u>なかしこ</u>」とて立つほどに，〔「つい言い過ぎがあってはいけません。では失礼しまして。」と言って座を立つと，〕

（源氏物語・竹河・5-99）

 (22)　［藤原公任→女房たち］「<u>あなかしこ</u>，このわたりに，わかむらさきやさぶらふ」〔「失礼ですが，このあたりに若紫はおいででしょうか」〕　　　　　　　（紫式部日記・165）

　(21)は，(20)より軽い日常的な辞去の場面での言葉で，侍従同士の関係で用いられている。(22)は，藤原公任がやや冗談めかして紫式部を訪問する場面である。上位の者を相手に用いる言葉であった「かしこ」系の言葉が，こういった辞去の挨拶では，より対等な関係において用いられるようになったことも興味深い。

　以上見てきたように，「かしこし」「かしこまる」という語は，感謝場面と同様，詫びの場面でも用いられる。この時代の詫び場面では，相手に「畏れ」を感じていることを表現する方法が用いられたということになる。また，相手の領域に出入りする際の謝罪から，「あなかしこ」という形で，辞去や訪問などの挨拶として用いられる用法も生まれた。

3.3　謝罪場面における発言内容

　上記の「かしこし」を除けば，平安・鎌倉時代の謝罪場面で用いられる特定の語彙を見出すことは難しい。

　「許し給へ」「おこたり申す」という語も見られるが，前者は，権限を持つ者が「許可する」「拘束を解く」といった意味合いが強く，後者は文書による正式な謝罪状に由来するものであり，公的場面の謝罪として興味深いが，日常的な「詫び」を表す言葉とは言えない面がある。

　そのほかには，「便なし」のように，不都合であることを指摘する言葉や，「口惜し」「ねたし」といった，加害側の残念さを表現する言葉がある。しかしこれらは実質的な意味そのままに使われている段階にあり，むしろ，詫びという場面に直面した場合に発せられる様々な表現内

容のうちの一つという側面を持つ。そこで，感謝の場合と同様，より幅広く，どのような内容の発言がなされるのかという枠の中で考えていくほうが適切であろう。以上の考えに従い，平安・鎌倉時代の詫びの場面における発言内容を，「かしこし」も含めてまとめると，次のようになる。

　　　H．話し手の「畏れ」の心情の表現：「かしこし」
　　　I．話し手の「残念」な心情の表現：「口惜し」「ねたし」
　　　J．不都合な事態・相手の不快状況の認定：「便なし」「不便なり」
　　　K．話し手の責任(過失)の認定
　　　L．相手の言い分への同意・反論がない
　　　M．改善・修復の予告
　　　N．関係の継続
　　　O．事情(理由)説明
　　　P．不快状況の過小評価
　　　Q．自分の責任の不認定
　　　R．当初の自分の意図(適切な対処を意図していた)

　まず，平安時代について具体的に例をあげて説明してみよう。(23)は，落窪夫から落窪姫への自分たちのかつてのひどい仕打ちを非難されたことに対する落窪父の返答である。

　　　(23)「こと子どもより思ひおとすことも侍らざりしかど＝【P不快状況の過小評価】／母具したる者は，『まづこれに』と言ふままにまげられて＝【Q自分の責任の不認定】／げにいとほしきことも侍りけむ＝【J不快状況の認定】／されば，いとことわりなり＝【L相手の言い分への同意】／述べ聞こえさすべき言も侍らず＝【L反論がない】／典薬はいとゆゆしきこと。＝【Q自分の責任の不認定】……」〔「ほかの子供たちよりも女君を粗略に思うこともございませんでしたが／母のいる子は，母親が『まずこの子に』と言うままに，そのほうに引かれて／本当にあの娘にはかわいそうなこともございましたでしょう。／それですから，あなた様の只今のお話は至極ごもっともです。申しわけすべき言葉もございません。

／典薬助の事件はまったくけしからんことです。……」〕

(落窪物語・3・244)

次の例は母(光源氏の乳母)を見舞に来た光源氏を門前で待たせてしまった事に対する惟光の言葉である。

(24) ［惟光→光源氏］「鍵を置きまどはしはべりて＝【O事情説明】／いと不便なるわざなりや＝【J不都合な事態の認定】／もののあやめ見たまへ分くべき人もはべらぬわたりなれど＝【P不快状況の過小評価】／らうがはしき大路に立ちおはしまして＝【J不快状況の認定】」〔「錠をどこかに置き忘れまして／まことに不都合なしだいでございます。／君をどなたとお見分け申すことのできるような者もおりませぬあたりでございますが／ごみごみした大路に車をお止めしたままで」〕

(源氏物語・夕顔・1-137)

3つめの例は、兼家が、妻である道綱母のもとを長い間訪れなかったことについての手紙である。

(25) ［兼家→道綱母］「心の怠りはあれど＝【K自分の責任の認定】／いとこころしげきころにてなむ。＝【O事情説明】／夜さりものせむに、いかならむ。恐ろしさに＝【N関係の継続】」〔「私の怠慢といえば怠慢だが／実に用事の多い時節でね／夜分に行こうと思うが、どうだろう。あなたの不機嫌が恐ろしくてね」〕

(蜻蛉日記・中・217)

最後は、前夜の呼び出しに応じなかったことについての発言である。

(26) ［落窪父→落窪夫］「昨日は、しかものしはべりしかば＝【R本来の自分の意図】／すなはち参らむとせしを＝【O事情説明】／日暮れてなむ。ただ今参らむ＝【M改善・修復の予告】」〔「昨日は越前守がそのように申しましたので／すぐに参上しようとしましたが／日が暮れて参上できませんでした。ただ今すぐ伺います」〕

(落窪物語・3・239)

以上の例を見ると、不都合な事態や、相手の不快状況を認め、相手の言い分を認める発言がなされている。また、それらの事に対する自らの

責任を認める発言もあり，遺憾の心情が表現され，行動の改善・関係の継続について言及されている。これらの発言内容は，すべて，現代の謝罪と共通するものであると言えるだろう。

　一方で興味深いのが，現代の謝罪場面にはあまり見られないP「不快状況の過小評価」やQ「自分の責任の不認定」の類の表現が見られることである。たとえば，(23)では，最終的には落窪姫に対するひどい仕打ちがあったことを認めるにも関わらず，冒頭部分では，「別の子どもに比べて粗略に扱ったことはない」という，自分の不手際を小さく見積もる表現がなされている。さらに，自分の行動は継母の言うままであったと，責任の一部を転嫁し，自分に関係のない典薬助の行動に対しては，他人事であるかのように徹底的に非難している。(24)では，「あなただと見分ける人もいないけれど」と，その不都合をできるだけ小さくしようと発言している。現代語では「少しだけお時間下さい」のように，依頼場面で相手の負担を軽く見積もる表現が用いられることはあっても，謝罪(詫び)の場面では少なく，むしろ失礼にあたるとも考えられる。

　また，O「事情説明」についても，(25)の「いとこころしげきころにてなむ」，(26)の「日暮れてなむ」といった自分の努力で克服不可能な事情については，度が過ぎると詫びそのものが誠実さを欠いたものになり，「配慮」とは逆に働く要素となりかねない。さらに，(26)に見られるような，実際は行かなかったのに「行く気はあった」と述べるR「本来の自分の意図」も同様の性質を含んでいる。

　なお，鎌倉時代には，明確な「詫び」の場面を見出だすことが難しい。公的な謝罪場面の発言で見る限り，むしろ，自己弁護の事情説明こそが求められている。ただし，罪を認めることが重い罪に直結したであろう武家社会故に，公的場面で罪を認めることが難しかったということも考えられるので，なお検討が必要であろう。

　このように，少なくとも平安時代の詫びの場面では，OからRのような「相手に与えた被害の度合い」や「自分の責任を低く見積もる発言」が頻繁に見出だされる。これらの表現は，定型的な「詫び」の言葉であったというわけではいが，平安時代の日本語では，「詫び」の場面，

つまり，自分に起因する不都合によって相手との間に生じた関係の悪化を改善しようとする場面で，相手にかかった負担や自分側の非をできるだけ低く見積もる発言が在していたと考えられる。これは，現代日本語から見れば奇異に感じられるもので，日本語の「詫び」の歴史的変化を考える上で興味深い。

4. まとめ

平安・鎌倉時代の感謝と謝罪（詫び）においては，まず，相手に対する畏れの心情を表現する「かしこし」「かしこまる」という語を用いた表現が頻繁に（一部は常套的に）用いられていた。ただし，「かしこし」という心情は，上位の人物を相手にした他の状況でも用いられる，より広い状況に対応するものであり，感謝・詫びはその一部であったといえる。

感謝の場面では，「かしこし」のほか，喜びの心情を述べたり，相手の好意や行動の貴重さを評価する発言，今後の関係の継続を願う発言がなされた。その中で特に「よろこび（を）聞こゆ」という表現が「礼を述べる」に近い言語行為として用いられており，また，その言語行為の発動を宣言することによって実質的には感謝の意を伝える「お礼申し上げます」にあたるような用法も見られた。相手の行為の貴重さを表す「かたじけなし」「ありがたし」「たふとし」は，後代に定型的な表現となるが，一部を除き，基本的にはまだ実質的な意味合いを残している段階で，定型表現としては「心情」類が一歩先んじていたといえる。

なお，現代日本語においては，「すみません」のように，感謝の場面で謝罪を表す言葉が用いられることがある。これは，利益を得た時に，相手が払った負担の側に着目する見方があるためであると考えられる。平安・鎌倉時代の感謝場面では，利益を得たことの喜びや，与えた相手の素晴らしさを表現することが標準であり，感謝場面で相手の負担に言及することは行われない。

感謝場面の言葉が，定型的な表現につながる兆しを有していたのに対し，謝罪（詫び）の場面では，「かしこ」系以外の特定の表現は目立たない。比較的頻繁に用いられる「便なし」「口惜し」といった語も，詫び

に相当する場面における発言内容の一部として，実質的な意味を離れることなく用いられている。特定の表現はないものの，不都合な事態・相手の不快状況の認定，自らの責任を認める発言，遺憾の心情，行動の改善・関係の継続への言及など，今日の詫びに共通する発言内容が認められる。その一方で，自らの責任や事態の重さを過小に見積もる発言が多く見られる。これは，現代では配慮を欠く表現となりかねない内容が発言されていたということを示すものであるといえる。

調査資料

『宇治拾遺物語』(新編日本古典文学全集50)，小林保治・増古和子(校注・訳)，小学館，1996.
『うつほ物語』(新編日本古典文学全集14-16)，中野幸一(校注・訳)，小学館，2001.
「落窪物語」，三谷栄一・三谷邦明・稲賀敬二(校注・訳)『落窪物語・堤中納言物語』(新編日本古典文学全集17)，小学館，2000.
「蜻蛉日記」，菊地靖彦・木村正中・伊牟田経久(校注・訳)『土佐日記・蜻蛉日記』(新編日本古典文学全集13)，小学館，1995.
『義経記』(新編日本古典文学全集62)，梶原正昭(校注・訳)，小学館，1999.
『源氏物語』(新編日本古典文学全集20-25)，阿部秋生・秋山虔・今井源衛・鈴木日出男(校注・訳)，小学館，1994-1998.
『平家物語』(新編日本古典文学全集45-46)，市古貞次(校注・訳)，小学館，1994.
『枕草子』(新編日本古典文学全集18)，松尾聰・永井和子(校注・訳)，小学館，1997.
「紫式部日記」，藤岡忠美・中野幸一・犬養廉・石井文夫(校注・訳)『和泉式部日記・紫式部日記・更級日記・讃岐典侍日記』(新編日本古典文学全集26)，小学館，1994.

引用文献

藤原浩史(1993)「平安和文の謝罪表現」『日本語学』12-12, pp.48-57, 明治書院.
藤原浩史(1994)「平安和文の感謝表現」『日本語学』13-8, pp.38-46, 明治書院.

第3部　近代語の配慮表現

» 室町・江戸時代の依頼・禁止に見られる配慮表現　　　米田達郎
» 室町・江戸時代の受諾・拒否に見られる配慮表現　　　青木博史
» 室町・江戸時代の感謝・謝罪に見られる配慮表現　　　福田嘉一郎
» 明治・大正時代の配慮表現　　　　　　　　　　　　　木村義之

室町・江戸時代の依頼・禁止に見られる配慮表現

米田達郎

1. この論文の主張

室町・江戸時代の依頼・禁止表現における対人配慮は，基本的には平安時代と同様に文末表現の使い分けで表される。しかし江戸時代後期になるにしたがい，現代日本語で多用される「すみませんが」「悪いけれども」に相当する前置き表現を使用した依頼・禁止表現が見られるようになる。これは，話し手が依頼・禁止を発話する際の聞き手に対する配慮が，文末だけではなくなっているためと考えられる。そこには，依頼を表す文末表現が授受動詞中心になっていくことによって，前置き表現の多用をもたらしたという事情があると考えられる。

本稿では，室町時代末から時代が下るにしたがって，前置き表現が多用されるようになる様相とその背景を明らかにする。

2. 古代語・現代日本語との共通点と相違点

依頼・禁止表現は，話し手が聞き手に対してある行為を実現するように要求するものである。「静かにしてください」のように命令形などを用いて自己の要求を直接伝えるものが依頼表現であるのに対して，「怒らないで」のように否定形などを用いて自己の要求を間接的に伝えるものが禁止表現である。自己の要求を実現させるために話し手が聞き手に対して行う表現には直接的なものと間接的なものの2種があるということになる。これは現代日本語だけではなく，平安時代でも同様であ

る。『源氏物語』の依頼表現を調査した藤原浩史(1995)では，動詞の命令形や敬語動詞を付加した形での依頼表現があること(直接的な依頼表現)を指摘すると同時に，禁止を表す「な～そ」を用いた依頼表現(間接的な依頼表現)があることを指摘する。室町・江戸時代でも(1)(2)で挙げるように，直接的なものと間接的なものの2種がある。

(1) ［九右衛門→惣七］この五人は我らが仲間。他事なう話し明かす仲。近付きになつて，お話しなされ〔ここの五人は私の仲間で，何事でも話し合う仲，お近付きになってお話しくだされ〕 (博多小女郎波枕・1-158)

(2) ［お亀→与兵衛］是非に叶はぬその時は。私が方から知らせをせう。かならずそれまで短気な心持たんすな。〔どうにもならないその時は，私の方から知らせをしましょう。必ずそれまでは短気を起こさないで下さい。〕 (卯月紅葉・2-103)

以上は，歴史的に見た場合の共通点である。また，間接的な依頼・禁止の配慮表現は，話し手が聞き手に達成してもらいたいことを婉曲的に伝えているという点で，直接的な依頼表現よりも総じて丁寧な言い方となるというのも共通している。

依頼・禁止表現に2種あるという以外にも，平安時代や現代の依頼・禁止表現と共通している点として，依頼表現を行う場合の型を指摘することができる。現代日本語において，話し手が聞き手に依頼・禁止に関わる事柄を発話する場合には，いくつかの要素を組み合わせてなされることが熊谷智子・篠崎晃一(2006)で報告されている。

(3) 鈴木さん，すみませんが，手が届かないので，そこにある
　　(注目喚起)(前置き表現)　　(状況説明)

　　鉛筆をとってください。
　　　(依頼表明)

(3)は依頼・禁止表現の一つの型である。この例では，注目喚起，前置き表現，状況説明，依頼表明の4つの要素が使用されている。(3)のような例を本稿では基本型としておく。基本型には4つの要素があるが，話し手と聞き手とが場面などの情報を共有していれば依頼表明の

み，また前置き表現と状況説明の2つの要素が用いられることもある。

さて基本型にある要素のうち，状況説明と依頼表明を使用するという型は平安時代から現代まで共通している。(1)でも状況説明をした後に依頼表明をしている。しかし，基本型の要素の一つである前置き表現は，江戸時代後期では多用されるが，室町時代末頃では多くを見いだすことができない。依頼・禁止表現は聞き手に行動を要求するものなので，話し手は聞き手の状況に配慮する必要がある。その配慮するための言語的手段の一つが前置き表現である。これは依頼・禁止表現における対人配慮の役割を担う重要な要素の一つである。前置き表現が歴史的にどのように発達したのかという問題は，配慮表現を考察する上では重要な課題といえる。本論文では，室町・江戸時代の依頼・禁止の配慮表現について，前置き表現を中心に見ていく。

3. 室町時代末における依頼・禁止の配慮表現

3.では，室町時代末の口頭語を反映したとされる大蔵流狂言台本虎明本(以下，虎明本)を中心に述べる。

虎明本では基本型で使用される4つの要素を使用した依頼・禁止の表現はあまり見られない。それ以前の文学作品と同様に，文末表現を使い分けることで聞き手に対する配慮を示しているからである。以下で具体的に虎明本における依頼・禁止の配慮表現について見ていく。

3.1 依頼・禁止の配慮表現を表す形式について

虎明本の依頼・禁止表現にも直接的なものと間接的なものと2種があり，それらの中には，(4)(5)のように注目喚起や前置き表現などを使用した例もある。

(4) ［祖父→親］やい／＼ちがひだなに，あめがあらう程に，孫どもにねぶらせひ〔おいおい，違い棚に飴があるだろうから，孫たちになめさせておいてくれ〕　（さいほう・上-114）

(5) ［主人→太郎冠者］それに付汝ハほねおりなれ共，今から野中のしみづの水がよひほどに，しみつへいて，水をくんでこ

　　　　　ひ〔それについて，汝は大変だろうけれども，今から野中の
　　　　　水が良いので，清水に行って水をくんできてくれ〕
　　　　　　　　　　　　　　　　　　　　　　　（しみづ・上-517）

　（4）（5）のような依頼・禁止表現は多く見られない。つまり，狂言に登場する様々な階層の人物たちが，多くの場合，状況説明と依頼表明だけで依頼・禁止を意図しつつ，配慮も示していたと考えられる。このことから，平安時代の文学作品と同様に，依頼を表明する際には文末表現を使い分けていると予想される。以下では，敬語形式に注目して依頼・禁止の配慮表現を見ていく。

　虎明本を調査したうち，依頼・禁止の配慮表現として使用される主な文末表現として「お～なされい」「お～やれ」「（て）くだされい」「（さ）せられい」「（さ）しめ」などがある。用例を示しておく。

　　（6）〔太郎冠者→主人〕お留守ハ心やすふおほしめして，ゆるりと御ゆさんなされひ〔お留守のことは不安にお思いになることなく，ゆっくりと御遊山なさってください〕
　　　　　　　　　　　　　　　　　　　　　（くいか人か・上-592）
　　（7）〔百姓同士〕某ハさだまつた程に，それがしから申さう。それにおまちやれ〔私の奏者は決まっているので私から申し上げましょう。まずはお待ち下さい〕　　　　（餅酒・上-24）
　　（8）〔百姓→奏者〕おそうしやの心得を以て，納めて下されい〔お奏者さまがうまい具合に事を運んで，お納め下さい〕
　　　　　　　　　　　　　　　　　　　　　　　（餅酒・上-24）
　　（9）〔出家→檀家〕おだんなしうきかせられひ〔檀家の皆様，まずは説教をお聞き下さい〕　　（魚ぜつきやう・下-177）
　　（10）〔祖父→孫〕誠ならハ薬の水をはやうくれさしめ〔その話が本当であるならば，若返るという薬の水を早く下さい〕
　　　　　　　　　　　　　　　　　　　　　　（やくすい・上-109）

　先にも述べたように，虎明本の依頼・禁止の配慮表現の多くは，状況説明をしてから依頼表明がなされる。ただし，場面などから状況が分かる場合には，（9）のように依頼表明だけということもある。ここでは，

「お〜なされい」と「(さ)しめ」を中心に配慮の使い分けについて見ていく。

「(さ)しめ」はロドリゲス『日本大文典』によると，命令法の一つとして「甚だ下品な言ひ方であって，その中に非常に尊大ぶった気持ちを含んでゐて対手を甚だしく軽蔑するものである。」(p.60)とある。この観点からすると，次の(11)は聞き手を小馬鹿にした例であり，ロドリゲスの記述を裏付けている。

　　(11)　［僧同士］よう耳をすまひて，あかをとつてきかしめ〔よく
　　　　　耳を澄まし，耳の垢を取って，私の宗旨の話を聞いてくれ〕
　　　　　　　　　　　　　　　　　　　　　　　　(しうろん・下-260)

しかし，虎明本での「(さ)しめ」は，身内同士など話し手と聞き手とが近しい関係や，話し手と聞き手の社会的な身分が対等である場合に，使用されることが多い。それに対して(6)のように，「お〜なされい」は主従関係(下位者から上位者に対して)，主従に準じる関係や主人同士という畏まった人間関係の中で使用される。このような用法は「(さ)しめ」の場合と異なる。つまり主従関係に「お〜なされい」が使用されるのは，それだけ聞き手に配慮していた結果と考えられる。

「お〜なされい」と「(さ)しめ」に使い分けが見られたように，(7)(8)(9)に挙げた「お〜やれ」「(て)くだされい」「(さ)せられい」でも，人間関係や場面を検討すると，主従関係に使用されない場合や聞き手に心理的負担をかける場面で使用されることがあり，(7)(8)(9)で使用される表現も相互に使い分けを認めることができる。

基本型で示した要素のうち，虎明本では主に状況説明と依頼表明を使用している。この点から虎明本における配慮表現は現代と異なり，前置き表現を使用せずになされていると仮定した。先に見たように，虎明本では，文末表現を使い分けることで，聞き手に配慮を示している。しかしその一方で，用例数は少ないものの前置き表現を確認することができる。次節では，まず虎明本以前の資料で前置き表現が使用されている場合の依頼・禁止の配慮表現について見ていくことにする。

3.2 室町時代末以前の前置き表現

　依頼・禁止は，話し手が自己の要求を聞き手に実現させようとするものである。行為を要求することによって，話し手は聞き手に多少なりとも心理的負担をかけていることになる。この心理的負担を少しでも軽くするために使用されるのが，前置き表現である。本節では，室町時代末以前ではどのように前置き表現が使用されているかを見ていく。

　文学作品では前置き表現はあまり見られないが，管見の限りでは鎌倉時代初期に成立したとされる『発心集』に，次のような前置き表現と考えられる例がある。

(12)　「憚りながら，有待の身は思はずなるものぞ。跡の事など，かねて定め置き給へがし」など云ひ出でたるに〔「失礼ですが，人の命というものは意外にはかないのです。お亡くなりになった後のことなどを今のうちに決めておいて下さいまし」などと言い出すので〕

　　　　（第4-8「或る人，臨終に言はざる遺恨の事 臨終を隠す事」）

『発心集』は1216年頃に成立した仏教説話集である。(12)の例をそのまま前置き表現と認めるかは慎重にならなければならないが，全体として依頼表現の中で使用されているので，これも前置き表現の例として良いと思われる。一方，文学作品ではなく，(13)〜(15)のように，古記録には前置き表現と認められる例が存する。

(13)　恐れながら(乍恐)仰せつけられ候や〔恐れ多いですが，どうぞ私に仰せつけ下さいませんか〕　　　　　　　（民経記1・53）

(14)　御屏風無心ながら(乍無心)申請候や〔御屏風を，無神経なことではありますが，いただけませんか〕　　　（建内記3・184）

(15)　憚りながら(乍憚)名を下され候へかし〔遠慮すべきことですが，名を付けて下さい〕　　　　　　　（上井覚兼日記上・42）

　(13)は藤原経光の日記である『民経記』嘉禄2(1226)年9月条の紙背文書からの例である。(14)は室町中期の公卿であった万里小路時房が記した日記で，嘉吉元(1441)年4月条紙背文書からの引用である。(15)は島津家の家臣であった上井覚兼の日記で天正2(1574)年11月の記事であ

る。いずれも原文は主に漢文で書かれてはいるが，依頼表現の中で，基本型のようにすべての要素が使用されてはいないものの，前置き表現が使用されているという点には注目できる。

　現代日本語の前置き表現は，「お手数ですが」のように相手を気遣う前置き表現と，「つまらないものですが」のように自己を謙遜する前置き表現の2種に大きく分類することができる。改めて(13)～(15)を見ると，(13)の「恐れながら」は相手に畏まる表現であり，(14)の「無心ながら」，(15)の「憚りながら」は自己を謙遜する表現である。室町時代末以前に，現代日本語の前置き表現に通じる2種の用法を認めることができる。なお，(13)(14)は京都を中心に活躍した人物の日記であるが，(15)は鹿児島周辺で活躍した人物の日記である。室町時代末以前の資料には，口頭語資料として使用できるものは少なく，各地域の言語を知る手がかりとなる資料も少ない。しかしそのような状況であっても，用例数は少ないものの，前置き表現について，中央と地方で大きな差はなかったという可能性はある。

　以上のように，室町時代末以前にもわずかながら前置き表現は見られる。室町時代末から江戸時代前期でもこの状況は変わらない。確かに，ロドリゲス『日本大文典』や『日葡辞書』にも「憚りながら」が見られ，また，『きのふはけふの物語』にも，「おそれながら御無心が申たき，といふ」(p.73)のように使用されている。しかし，多用されているとはいえない状況である。

　前置き表現は話し手が聞き手に配慮する表現である。そうすると，室町時代末以降に場面敬語が発達したとよくいわれることを念頭に置けば，前置き表現の多用が期待されるが，実際は少ない。次節では，虎明本の前置き表現について見ていくことにする。

3.3　室町時代末の前置き表現

　虎明本における前置き表現の例を挙げておく。

　　　(16)　［主人→太郎冠者］汝ハほねおりなれども，いづみのさかい
　　　　　　へいて，何なりともめづらしひ肴をもとめてこひ〔大変だ

　　　　　ろうけれどもお前は和泉の堺に行って，どんなものであ
　　　　　ろうとも珍しい肴を買ってきてくれ〕　　　　（しびり・上-561）
　虎明本の前置き表現には，「骨折りなれども」の他に「骨折りながら」
「骨折りなりとも」「慮外なれども」などを認めることができる。虎明本
では前置き表現のバリエーションは増えてはいるもの多用されていると
はいえない。この時期でも前置き表現については萌芽的な状況といえ
る。
　さて(16)では，基本型で挙げた各要素は使用されてはいないものの，
現代日本語の場合と同様に，前置き表現，依頼表明が使用されている。
それでは，虎明本における前置き表現の機能はどうであろうか。現代日
本語で前置き表現を使用する場合，話し手は聞き手に対して丁寧に接し
ようとする。これは依頼・禁止をするときに，話し手が聞き手の心理的
負担を軽減させようとすることがあるからだと考えられる。また，現代
日本語では前置き表現を使用する場合は，話し手と聞き手との身分上下
に関係なく，聞き手の状況に配慮することがある。しかし，虎明本で身
分や位相などに関して見ると，全用例が上位者から下位者に使用されて
いる。先に触れた『上井覚兼日記』などでは下位者が上位者に使用して
いる。虎明本以前にこのような例があるので，例えば，(17)では，下位
者である太郎冠者が上位者である大名に対して，後で述べる近松世話浄
瑠璃の「率爾ながら」などのような前置き表現を使用していることが期
待されるが，実際には使われていない。下位者から上位者には敬語表現
を用いて依頼表明がなされる。これは初対面の場合でも同様である。
　　(17)　［太郎冠者→大名］わたくしの腰をかくるでハ御ざなひ，よ
　　　　　ろひのこしをかけさせらる、とおぼしめせ〔私が腰をかける
　　　　　のではありません。鎧が腰をおかけになるとお思い下さい〕
　　　　　　　　　　　　　　　　　　　　　　　（よろい・上-67）
　虎明本でも前置き表現は確認でき，これが用いられる依頼表現の型は
現代日本語とほぼ同じである。しかし，このような例は少ない。また禁
止などを表す間接的な依頼表現に前置き表現は使用されていない。
　虎明本において，前置き表現が多用されていないというのは資料的な

問題とも考えられる。しかし虎明本が成立した時期に近い資料を見ても，前置き表現は少ない。以上から，室町時代末の前置き表現を使用した依頼・禁止の配慮表現は萌芽的状況にあり，文末表現を中心に聞き手に対する配慮を表していたと考えられる。

4. 江戸時代前期上方語における依頼・禁止の配慮表現

　室町時代末では，依頼・禁止の配慮表現が主に文末表現でなされていた。このような傾向は京阪を中心とした江戸時代前期上方語でも同様である。この時期の江戸語の資料はほとんどないので，本節では江戸時代前期上方の口頭語を反映したとされる近松世話浄瑠璃を中心に述べる。

4.1　江戸時代前期上方語における依頼・禁止の配慮表現

　文末表現で聞き手に対する配慮を示すという形は，江戸時代前期上方語でも室町時代末と同様である。しかしこの時期には，文末表現が省略された例や，多くの前置き表現のバリエーションが見られる。また現代日本語につながる基本的なものが江戸時代前期上方語では見られる。まず，この時期の依頼・禁止の配慮表現について見ていくことにする。

　　(18)　[小万→客] まづ奥へ。相宿もござりませぬ，広々と。御休みなされませと〔まづ奥へどうぞ。相宿もございませんので，広々と使って，お休み下さいませと〕

　　　　　　　　　　　　　　　　（丹波与作待夜のこむろぶし・1-361）

　　(19)　[与兵衛→お吉] ヤアお吉様下向か。わしや今切らるゝ，助けてくだされ。大阪へ連れて行てくだされ。後生でござると泣き拝む。〔やあお吉様，今下向ですか。私は今にも切られてしまいます。どうぞ助けて下さい。私も大阪へ連れて行って下さい。後生でございますと，泣いて拝む。〕

　　　　　　　　　　　　　　　　　　　　（女殺油地獄・1-218）

　　(20)　[梅川→忠兵衛の父] お足もすゝぎ，鼻緒もすげてあげませう。少しも御遠慮なさるゝなと〔お足を洗い，鼻緒もすげて差し上げましょう，少しもご遠慮なさらないで下さいと〕

(冥途の飛脚・1-147)

(18)～(20)の傍線部は，室町時代末であれば主に主従関係で使用されていたものである。江戸時代前期上方語では，使用される関係が主従ではないという違いはあるが，畏まった場面で話し手が聞き手に要求しているというのは同じである。この畏まった場面とそうでない場面との違いは次の例から分かる。

 (21) [手代→甚内] ヤアこれは甚内様。忠兵衛は留守なれば，お下し物の御用ならば。私に仰せ聞けられませ。お茶持ておぢや〔ヤアこれは甚内様。忠兵衛様は留守ですので，江戸送りのお荷物のご用でしたら，わたくしにお申しつけくださいませ。お茶持っておいで〕 (冥途の飛脚・1-110)

(21)は手代が甚内という侍に「仰せ聞けられませ」と敬語形を使用して待遇しているが，それに続くセリフである「持ておぢや」は店の者に言っている。ウチとソトの関係によって依頼・禁止の配慮表現に用いられる文末表現が異なっている。

以上は敬語動詞を中心とした依頼・禁止の配慮表現であるが，(19)に見られる「後生でござる」や「頼む」などの遂行動詞も依頼・禁止の表現として用いられる。遂行文が依頼・禁止の表現とどのように関わるかは今後の課題である。

さて，江戸時代前期上方語では室町時代末では見られなかった文末表現が依頼・禁止の表現として使用されている。例えば，現代日本語で依頼・禁止を表明する場合，「そこの鉛筆取って」などのように，動詞連用形＋テ形を用いるものがある。これら以外にも現代関西地方で用いる「先生の部屋に早く行き」「書類を書きや」のような動詞連用形や動詞連用形＋終助詞の例がある。以下の依頼・禁止の型は，先の(18)(19)よりも，現代日本語に近いと言えるだろう。

 (22) [勘十郎→塗師屋] サア埒は明いた。塗師屋殿，万事は国より一左右せん。まづお帰り〔サア片付いた。塗師屋殿，事の運びは国元から一報しましょう。まずはお帰り下さい〕 (五十年忌歌念仏・1-22)

(23) ［徳兵衛→女房］このごろは茶があたります。今も今，さる方で生姜茶をくれたを。やう／＼と逃げのびた。是非帰して〔この頃は茶でもあたります。今し方もあるところで生姜茶をくれたのを何とか逃げてきました。是非に帰して下さい〕

(心中重井筒・2-179)

(24) ［お吉→与兵衛］いやこの人も同道，二三軒寄る所もあり。追つ付けこゝへ見えるはず。お連れ衆もマアこれへ。ひらに／＼と強ひられて〔いやうちの人も一緒です。二，三軒寄るところもあり，すぐにここへ来るはずです。お連れの方もまあこちらへ，ぜひぜひと強く勧められて〕

(女殺油地獄・1-211)

(25) ［与作→小万］それならこの馬の鞍を踏まへて，そつと下りや。アゝ危ないぞ，怪我すな〔それなら，この馬の鞍を踏み台にして，静かに降りて下さい。怪我しないで下さいね〕

(丹波待夜のこむろぶし・1-382)

(22)から(24)の例は，例えば「～くだされ」などの文末表現が省略されたものと考えられる。省略されるのは，場面などから話し手と聞き手にとって自明だからである。それだけ畏まり度は高くないといえる。『山崎与次兵衛寿の門松』で，禿(かぶろ)が家の下男と遊んでいる時に「もとのやうに返してや」(1-489)と発話していることや，(24)のようにお茶屋に誘う場面での例はその証左といえる。対人関係を見ると，(22)から(24)の人間関係は主従関係でも初対面でもない。むしろ対等の関係でなおかつ親しいといえる間柄である。このような対人関係の中で文末表現が省略されているというのも，畏まり度が高くないことを示している。(18)から(20)のような場面との違いは明らかである。

(25)は駆け落ちの場で使用されている間接的な依頼・禁止の表現である。与作は馬から下りる小万を気遣っている。間接的な依頼・禁止の表現において，敬語表現を使用していないことで，対人関係の親密さを表しているといえる。

現代日本語でも親しい関係で「～してください」と言うと，聞き手に

高圧的な印象を与えることがある。おそらく動詞連用形などで依頼を行う背景に，そのような印象を聞き手に感じさせないための配慮（聞き手への負担を軽減させるための配慮）があると考えられる。

4.2　江戸時代前期上方語における前置き表現

　江戸時代前期上方語における依頼・禁止の配慮表現には，現代日本語とほぼ同じ文末表現も見られた。しかし，この時期には前置き表現も使用されており，室町時代末よりもそのバリエーションがある。

(26)　［おまん→竹］なうたけ。大儀ながらこれ持つて，お寺まで供してたも。参つてきたいと言ひければ〔のう竹。ご苦労ですが，これを持つて，お寺まで供をしておくれ。お参りしてきたい，と言うと〕　　　　　　　　　（薩摩歌・1-298）

(27)　［新七→駕篭の衆］これ駕篭の衆，率爾ながら，物問ひませう。今宵九軒の井筒屋の。客は，どこ衆の何とした人。〔これ駕篭の衆，失礼ですが，教えて下さい。今晩の九軒の井筒屋のお客はどこのどなたでしょうか。〕
　　　　　　　　　　　　　　　　　　　　（淀鯉出世滝徳・1-62）

(28)　［ふさ→飛脚屋］もつともなれども，今夜上して明日の間に合せねば。きつう叶はぬ大事の用。無心ながら，まそつとしてま一度寄つてくださんせ。頼みまする〔もっともですが，今夜送って明日に間に合わせなねば，とても役に立たない大事な用です。無理な頼みですが，もうちょっとしてもう一度寄ってみてください。頼みます〕　　　　（心中重井筒・2-174）

(29)　［小かん→四郎兵衛］むつかしながら，四郎兵衛殿。この提灯の紋の脇に。書き付けしてくださんせ〔めんどうですが，四郎兵衛殿。この提灯の紋の脇に名前を書き付けて下さい〕
　　　　　　　　　　　　　　　　　　　（心中刃は氷の朔日・2-261）

　近松世話浄瑠璃とほぼ同時期に成立した『軽口露がはなし』にも「御大儀ながら」「楚忽ながら」などの前置き表現が見られる。用例自体は多くはないものの，虎明本よりもそのバリエーションは増えており，い

ずれの例も基本型で挙げた要素を用いている。また虎明本では見られなかったが，古記録にもあったような，(26)(27)の相手を気遣う前置き表現と(28)の自己を謙遜する前置き表現の両方が確認できる。

　以上の点から，依頼・禁止の配慮表現が室町時代末よりも現代日本語にかなり近づいているといえる。この背景には，依頼・禁止を発話する際の文末表現の形式が少なくなっていることがあると予想される。つまり，室町時代末であれば，文末表現を使い分けることによって聞き手に配慮を示していたが，時代が下るに従って依頼などを表す文末表現の種類が少なくなり，聞き手に対する配慮を示すために前置き表現が多用されるようになったと考えられる。ただし，この時期には，前置き表現は多用されていない。江戸時代前期上方語の依頼・禁止の配慮表現は，平安時代のものを引き継ぎつつも，現代日本語へと向かう過渡期の状況を表しているといえる。

5. 江戸時代後期上方語における依頼・禁止の配慮表現

　江戸時代後期上方語の依頼・禁止表現は，文末表現に授受動詞が多く用いられるという点で江戸時代前期上方語と異なる。上方版洒落本を資料とした寺島浩子(2006)は，江戸時代後期上方語の命令表現(本論文で指すところの依頼・禁止も含む)について詳細な調査をしている。

　　　(30)　［おのへ→おさよ］おさよどん茶ゝ一ツおくれ〔おさよさん，
　　　　　　お茶を一杯ください〕　　　　　　　　（十界和尚話・17-183)
　　　(31)　［中居→通見］そんな悪口斗り。ぬたの鉢の高名とやらいわ
　　　　　　ずと。つぎめに一ツ呑なませんか〔そんな悪口ばかり。ぬた
　　　　　　の鉢の高名などといわないで，つぎめに一つ呑みませんか〕
　　　　　　　　　　　　　　　　　　　　（青楼阿蘭陀鏡・巻之一・17-90)

　依頼・禁止の配慮表現として使用される文末表現には江戸時代前期上方語で使用されているものもある。しかし，この時期で注目されるのは「くれる」を中心とした様々な形式(「てくれ」「ておくれ」「てくだされ」「てくださりませ」「ておくれなされ」「ておくれや」など)，「てもらう」(用例(33)参照)などが多用されていることである。間接的な依頼表現の

場合でも，禁止の「な」を使用した例もあるが，直接的な場合と同様に文末表現は「くれる」を基本としたものが多く見られる（「てくれぬか」「てくれなんしか」「なませんか」など）。

室町時代末では「お～なされい」なども使用されていたが，江戸時代後期上方語では，使用頻度が少なくなっている。江戸時代前期上方語で使用されていた動詞連用形のみの依頼表現や「くれる」などの授受動詞を使用した依頼表現などが江戸時代後期上方語でも見られ，文末表現の種類がそれ以前より少なくなっている様相がうかがえる。

寺島浩子（2006）では触れられていないが，江戸時代後期上方語で前置き表現がないかというと，(32)(33)の例を確認することができる。

  (32) ［船頭→犬順］<u>お気のどくさんながら</u>。お内でお休みなさつたと思し召。今晩の所はおひとりお休みなませ。<u>憚さんながら</u>丸市さんへよろしうおつたへなされてへ〔残念ですが，もうお休みになったとお考え下さい。今晩はお一人でお休み下さいませ。お手数ですが，丸市さんへよろしくお伝え下さい〕
           （青楼阿蘭陀鏡・巻之五・17-105）
  (33) ［旦那→おきさん］そんなら<u>御苦労さんながら</u>おきさん居て貰ふかい〔それなら，大変だろうけれども，おきさんにいてもらおうか〕   （当世嘘之川・巻之五・23-82）

前置き表現に，敬称の「さん」が下接している。このような形は前代では見られなかった。現在でも関西地方では，「えべっさん」「おかいさん」「おはようさん」などのように，対象に敬意や親しみがある場合には「さん」を付けることがある。前置き表現に「さん」が下接しているのは，聞き手に対する親密さのためと思われる。

江戸時代後期上方語でも前置き表現の種類は前期上方よりも増えている。また，前置き表現の2種を認めることができる。一方，禁止・依頼の型を見ると，基本形とほぼ同じものも見られる。遅くとも江戸時代後期には，基本形の型はすでにできあがっていたものと見てよいだろう。

江戸時代後期上方語では，前置き表現自体の用例は多くない。これはこの時期の資料数が少ないということがあるだろう。江戸語と同様に上

方語でも多用されていたと推測される。なお，近松世話浄瑠璃と同様に，間接的な依頼表現で前置き表現が使用された例は，今回の調査では見られなかった。これも資料の数が少ないことと関係があるだろう。

6. 江戸時代後期江戸語における依頼・禁止の配慮表現

5.で見たように，江戸時代後期上方語では，江戸時代前期と比較して授受動詞を用いた文末表現が多く使用されていた。この状況に対して，江戸時代後期江戸語の場合を見ていく。

6.1 文末表現での依頼・禁止の配慮表現

依頼・禁止の配慮表現について，これまで前置き表現のバリエーションが増えるとともに，文末表現に授受動詞が使用されるようになってきたことを述べた。これは江戸時代後期江戸語でも同様である。ただし，5.でも触れたように，上方と江戸という地域差，両資料の時代的な開きも考慮しなければならないが，依頼・禁止を表す文末表現の一つである「くれる」の使用が江戸で広がっている点には注目できる。寺島浩子(2006: p.328)は，江戸時代上方語における命令表現を調査し，「上方では「ておくれ」が男女共に最も一般的であるが，江戸では「てくれ」「ておくれ」「てくれろ」などの用例は少なく，話し手が男子に限られる」と述べる。しかし，(35)の例では女性が「くれる」を使用しており，寺島浩子(2006)が述べる状況とは異なっている。なお間接的な依頼表現で使用される文末表現も，江戸時代後期上方語と大きな違いはない。

(34) ［お長→米八］そんならちいツとついでおくれ〔それならちょっとお酒をついでおくれ〕　　（春色梅児誉美・99）

(35) ［花→此糸］今お針さんが，おいらんにあげてくれろとよこしイしたトみくじをいだす〔今，お針さんが，おいらんにあげて下さいとよこしました，とおみくじを出す〕

（春色梅児誉美・127）

6.2 江戸時代後期江戸における前置き表現

　江戸時代後期江戸語では，上方語の場合よりも前置き表現のバリエーションが多く見られる。これは上方で前置き表現が発達していなかったということではない。江戸時代後期上方語の口頭語を反映したとされる資料は他の時期・地域と比較して少ないからである。具体的に江戸時代後期江戸語の前置き表現について見てみよう。

(36) ［女房→五郎］これ五郎どん太(たい)ぎながらも一艘こいで下され。〔これ五郎どん。大変だけれども，もう一艘こいで下さい〕
　　　　　　　　　　　　　　　　　　　　　　　　（遊子方言・4-349)

(37) ［おとま→喜之助］お心にやア叶ふめえが折角わたいが胸はらしをどふぞ納てくんなせへ〔あなたの気持ちにはそぐわないかもしれないけれど，折角の私の胸はらしをどうか納めてください〕　　　　　　　　　　　　　　（石場妓談辰巳婦言・17-147)

(38) ［酔客→番頭］酔「コレ，番頭，売物ではあるまいが，せめて半分売てくれぬか〔おい，番頭。売り物ではないだろうけれども，せめて半分ぐらいは売ってくれないか〕
　　　　　　　　　　　　　　　　　　　　　　　　　（浮世風呂・46)

(39) ［男→お由］お邪(じゃ)魔(ま)ながら少しお置なすつてくださいまし。〔お邪魔かもしれませんが，少しばかり置いてくださいまし〕
　　　　　　　　　　　　　　　　　　　　　　　（春色梅児誉美・177)

　上記の例では，話し手と聞き手が場面を共有しているので，基本形にあった要素をすべて使用しているわけではない。しかし，使用される前置き表現を見ると，種々の表現を認めることができる。それらには「大儀」などの漢語を使用した形の前置き表現もあり，その時の状況に応じたものもある。これは前代では見られないことから，前置き表現が多様化しているといえる。つまり，江戸時代後期では，現代日本語に近い前置き表現で聞き手に対する配慮が行われているといえる。

　室町時代末から時代が下るにしたがって前置き表現が発達した背景に，依頼・禁止の配慮表現で使用される文末表現が授受動詞を中心としたものになっていくことがあると考えられる。虎明本では「お〜なされ

い」などの命令形を用いて依頼・禁止表現を行っていた。しかし，江戸時代後期になるにしたがって，「くれる」「もらう」などを中心とした表現が使われるようになり，「お～なされい」などの命令形で依頼・禁止を表すことが少なくなっていく。森勇太(2010)の調査によれば，明治以降では命令形を用いた依頼表現の例はなくなるという。つまり，以上のような文末表現の変化に伴い，聞き手に対する畏まりや，気遣うこと(聞き手への負担軽減・自己側の謙遜)を表現するために，前置き表現が多用されるようになっていったと考えられる。また，前置き表現の中には「大儀」のように漢語表現から派生したものも見られる。前置き表現に漢語表現が使用される場合，その漢語表現は日本語の中にすでに定着していたと考えられる。つまり，漢語の使用拡大ということも，前置き表現の発達，特に多様化という点で関わっていると思われる。漢語の受容ということも含めて，どのようなものが前置き表現として定着するかなどは，幅広い観点からの検討が必要である。

7. まとめ

　本論文では，現代日本語で依頼・禁止表現が発話されるときの型の中でも特に前置き表現に着目し，室町・江戸時代を中心にその発達過程について述べた。その結果，室町時代から現代に至るまで，依頼・禁止の際に使用される前置き表現に，相手を気遣うものと自己を謙遜するものの2種があること，また室町時代末頃から時代が下るにしたがって前置き表現が多用されるようになったことを指摘した。

　今回の調査では手紙文などの資料を考察の中心としていない。しかし，『民経記』などの日記の類に前置き表現が見られることを踏まえると，このような資料についても今後の調査が必要である。

調査資料

『浮世風呂』(新日本古典文学大系86)，神保五彌(校注)，岩波書店，1989.

「浮世床」，中野三敏・神保五彌・前田愛(校注)『洒落本　滑稽本　人情本』(日本古典文学全集47)，小学館，1971.

『上井覚兼日記』(大日本古記録), 東京大学史料編纂所(編), 岩波書店, 1954-1957.
『大蔵虎明能狂言集』, 大塚光信(編), 清文堂出版, 2006.
「軽口露がはなし」, 小高敏郎(校注)『江戸笑話集』(日本古典文学大系100), 岩波書店, 1966.
「きのふはけふの物語」, 小高敏郎(校注)『江戸笑話集』(日本古典文学大系100), 岩波書店, 1966.
『洒落本大成』, 洒落本大成編集委員会(編), 中央公論社, 1978-1988.
「春色梅児誉美」, 中村幸彦(校注)『春色梅児誉美』(日本古典文学大系64), 岩波書店, 1962.
「春色辰巳園」, 中村幸彦(校注)『春色梅児誉美』(日本古典文学大系64), 岩波書店, 1962.
『建内記』(大日本古記録), 東京大学史料編纂所(編), 岩波書店, 1963-1986.
『近松門左衛門集』(新編日本古典文学全集74・75), 鳥越文蔵・山根為雄・長友千代治・大橋正叔・阪口弘之(校注・訳), 小学館, 1997-2000.
『日本大文典』, 土井忠生(訳注), 三省堂, 1955.
「発心集」, 三木紀人(校注)『方丈記 発心集』(新潮日本古典集成), 新潮社, 1976.
『民経記』(大日本古記録), 東京大学史料編纂所(編), 岩波書店, 1975-2007.

引用文献

熊谷智子・篠崎晃一(2006)「依頼場面での働きかけ方における世代差・地域差」, 国立国語研究所『言語行動における「配慮」の諸相』pp.19-54, くろしお出版.
寺島浩子(2006)「第七部 第二章 近世後期上方語の待遇表現―「命令表現」勧誘・禁止表現―」『町屋の京言葉―明治三〇年代生まれ話者による―』pp.342-367, 武蔵野書院.
藤原浩史(1995)「平安和文の依頼表現」『日本語学』14-10, pp.33-41, 明治書院.
森勇太(2010)「行為指示表現の歴史的変遷―尊敬語と受益表現の相互関係の観点から―」『日本語の研究』6-2, pp.78-91, 武蔵野書院.

室町・江戸時代の受諾・拒否に見られる配慮表現

青木博史

1. この論文の主張

　奈良・平安・鎌倉時代を古代語とすると，室町・江戸時代は近代語にあたる。この論文では，古代語から現代語への過渡期における，近代語の配慮表現に見られる重要な現象として，以下の2点を指摘する。
　（1）a. 拒否場面における前置き表現の発達
　　　 b. 受諾場面における心的負担軽減表現の発達
　残された文献資料に全面的に依拠せざるを得ない歴史的研究においては，配慮表現のような「機能」から出発した形での記述は難しい。しかし，現代語研究の成果を参照しながら，慎重に文献資料を取り扱うことで，ある程度の歴史記述が可能となる。この論文では，そうした新しい歴史的研究の可能性を提示する。

2. 記述の枠組み

　現代共通語における受諾・拒否場面における配慮表現の構造を，尾崎喜光（2006）などに基づき，以下のようにモデル化する（青木博史（2012）参照）。まずは（2）として，拒否の場合について示す。
　（2）　【謝罪】：申し訳ありませんが，
　　　　【説明】：今日はとても忙しいので，
　　　　【拒否】：私にはできません。
　　　　【補強】：他の人にお願いしてもらえませんか。

最初の発話は，謝罪の表明をすることで，断り（拒否）の導入のはたらきを示すものである。「すみません」「申し訳ありません」の他，親しい間柄であれば「ごめん」や「悪い」なども用いられる。このような「前置き」を設けることによって，行為要求を拒否することに対する話し手の配慮が示されることになる。
　次は，断る理由の説明である。すぐに断りを表明するのではなく，「忙しいから」とか「体調が悪いから」とか，何らかの理由を述べることは，これもやはり相手に対する配慮を示すものである。
　こうした発話を経て，要求を拒否することを言語形式によって表明する段階へと移る。これには，「お断りします」のように拒否を明示する形式，あるいは「嫌です」のように自らの心情を表示する形式，そして「できません」のように可能性を否定した形式などがある。これらの中でも「断らざるをえない」といった不可能表現による表明の仕方が，相手への配慮を多く示したものといえる。
　そして最後に示した発話は，断った後の状況について何らかの提案を行うものである。これは，「断る」という言語行動が成立することを補強する表現であるが，相手への配慮を示す場合もあれば，単に自分の要求を通したいために発話する場合もあるだろう。後者の場合は，ここでいう配慮表現にはあたらないことになる。
　次に，同じく（3）として，受諾の場合のモデルを示す。
　　（3）【応答】：はい，
　　　　　【受諾】：分かりました。
　　　　　【謙遜】：私でよければ引き受けさせていただきます。
　　　　　【緩和】：まったく問題ありません。
　最初の発話は肯定の応答を示したものであるが，対人配慮表現の範疇には含めないこととする。「おう」「うん」「ええ」など，上下関係や親疎による形式の使い分けは存在するが，使用の有無も含め，これらが相手への配慮に基づいて選択されているわけではないからである。
　次に示したものは，受諾の表明である。了解したことを示す「分かりました」や，「やります」などの行為遂行動詞が用いられる。尾崎喜光

(2006)では,「分かりました」や「いいですよ」などは「応答詞的な性格をもつもの」として配慮表現からは除外されている。しかし,「はい」だけで終わらずに,「いいですよ」と付け加えることは,相手への何らかの気遣い(＝配慮)を示すものであろう。

次は,謙遜や恐縮の表明である。「私でよければ」のように自分の能力の低さを付け加えたり,「～させていただきます」のように授受表現を使用して有難い気持ちを表明したりする形式が用いられる。「やらせていただきます」のように,受諾と恐縮を同時に表すことも多い。

そして最後の発話は,要求を受け入れることが自分にとって問題ないことを表明し,行為要求をする相手側の心理的負担を軽減しようとするものである。このような,両者の関係を緩和させる目的で使用される表現は,対人配慮を明確に示したものといえる。

以上のように,表明された要求を拒否する場合のほうが,受け入れる場合よりも,対人関係の摩擦をできるだけ小さくするための「配慮」が多くなされることが分かる。したがって,有標の言語形式も,自然と多く現れる。それでも,受諾の場面において,対人配慮表現がまったく見られないわけではない。応答だけですますのではなく,様々な言語形式を付け加えていくことで,何らかの配慮を示している。この論文では,配慮表現の構造をモデル化した(2)(3)に基づき,室町・江戸時代の様相について記述する。

3. 分析の対象とする資料

室町・江戸時代の言語資料としては,狂言資料を主資料として用いる。狂言資料は舞台演劇の台本であって対話スタイルで記されており,また登場人物も,百姓や商人,大名・山伏・神・鬼など多様であって幅広い位相の言語が見られ,分析に適しているためである(青木博史(2010))。狂言の詞章は定型的な言い回しや謡の部分をはじめ,伝統演劇として固定化した要素も多くあるため,必ずしも書写当時の口語を反映しているわけではない。しかしここでは,同じ流派である大蔵流の虎明本と虎寛本を比較対照して見ることで,やや古態をとどめたものとし

て虎明本を室町時代の言語資料，それを基に改変したものとして虎寛本を江戸時代の言語資料として用いることとする。

　この他，江戸時代の資料として，近松の浄瑠璃(世話物のみ)，および洒落本(上方版のみ)を用いる。浄瑠璃は韻文的要素を多く含み，また「会話」部分を取り出しにくいこと，洒落本は遊里を舞台とする作品が多く位相的にやや偏りが見られることが懸念されるものの，当時の話し言葉を思わせるやりとりが描かれており，有用である。江戸時代は，特に現代共通語への展開を見ようとするとき，江戸語を反映した資料も見る必要があるが，平安・鎌倉・室町時代の言語資料はいずれも京都を中心としたものであるため，この論文ではこうした古い時代からのつながりを見ることを重視し，上方語が反映した資料のみを対象とする。

4．室町・江戸時代における拒否表現
4.1　前置き表現の発達

　拒否場面における配慮表現構造モデル(2)に基づき，まずは前置き部分について観察する。ここに「すみませんが」「申し訳ありませんが」といった「謝罪」表現を前置きとして用いるのが現代共通語であるが，こうした「前置き表現」は高山善行(2010)などで指摘されるとおり，平安・鎌倉時代には見られない。しかしながら，室町・江戸時代に至ると，これとは異なる様相が観察されるようになる。

　　（4）【受諾可能性】：やすひ事でござるが，〔簡単な事ですが，〕
　　　　　【理由】：只今申ことく，人のあづけ物でござる程に〔只今申したように，他人の預け物ですので，〕
　　　　　【拒否】：なりまらすまひ〔できません(あげられません)。〕
　　　　　　　　　　　　　　　　　　　　　　（虎明本狂言・富士松）
　　（5）【受諾可能性】：イヤサ心得たと言ひたいが，〔イヤサ承知したと言いたいが，〕
　　　　　【理由】：今まで乗つてお見やるとほり，人馬ともに草臥れ，ただ今帰宅．〔今まで乗ってご覧のとおり，人馬ともにくたびれ，ただいま帰宅のところ。〕

【拒否】：重ねて／＼．〔いずれまたの機会に。〕
　　　　　　　　　　　　　　　　　　（浄瑠璃・鑓の権三重帷子）
（6）【同意】：汝が云も尤なれ共，〔あなたが言うのも尤もだが，〕
　　　【理由】：さりながらおぬしは事の外力もつよし，その上ひやう
　　　　　　　ほうなどがよひ程に，〔しかしながらあなたは殊のほ
　　　　　　　か力も強く，その上武術などもすぐれているので，〕
　　　【拒否】：たばからずはなるまひ〔計略をめぐらさなければな
　　　　　　　らないだろう。〕　　　　　　（虎明本狂言・武悪）
（7）【同意】：畏ては御座りまするが，〔承りましたが，〕
　　　【理由】：承れば淀鳥羽の間が，殊之外物騒なと申に依て，
　　　　　　　〔聞くところによると，淀と鳥羽の間が殊のほか物
　　　　　　　騒であると申しますので，〕
　　　【拒否】：是は御免被成い。〔どうかお許しください。〕
　　　　　　　　　　　　　　　　　　　　（虎寛本狂言・空腕）

　（4）では相手の要求に対し，「簡単なことではありますが」と受諾の可能性を示した後で，さらに強い理由によって断らざるを得ない旨を述べている。（5）も同様で，「承知したと言いたいが」と受諾の可能性を示してから断っている。また（6）では，「あなたが言うのももっともではあるが」と，一旦相手を立てた後で断りの意思を表明している。そして（7）では，「受諾」を示す場合に用いられる形式である「畏まってござる」を用いながらも，最終的には断りを表明するに至っている。これらはいずれも，ただ単に「〜だからできない」と言う場合に比べ，相手への配慮が示されているといえる。「〜ではあるが」と前置きのように用いられる点も注目に値する。
　さらに，次に示す虎寛本狂言の例は，自らの困惑の気持ちを相手に向けて示したもので，「すみませんが」といった謝罪の前置き形式にまた一歩近づいたものといえる。

（8）【困惑】：あれも成まい是も成るまいと申は，近来気のどくに
　　　　　　　御座るが，〔あれもできないこれもできないと申す
　　　　　　　のは大変心苦しいのですが，〕

　　　　【理由】：私は終に縄をなふた事は御座らぬ。其上たま／＼な
　　　　　　　　ひまする縄も左り縄で，何の御用にも立ませぬ。
　　　　　　　　〔私はまだ一度も縄を綯ったことはありません。そ
　　　　　　　　のうえ時たま綯う縄も左縒りにした縄で，何の御用
　　　　　　　　にも立ちません。〕
　　　　【拒否】：是も御免被成て被下い。〔これもどうかお許しくだ
　　　　　　　　さい。〕　　　　　　　　　　　（虎寛本狂言・縄綯）

　また，自分にとって恩恵があることを勧められたことに対する断り
（辞退）の場合，以下の例のように，感謝の気持ちを表明したうえで断る
例がしばしば見られる。

　　（9）【感謝】：かたじけなふ御ざれども，〔かたじけないことでご
　　　　　　　　ざいますが，〕
　　　　【理由】：いまだじやくはいにて，〔いまだ若輩者にて，〕
　　　　【拒否】：此寺をかゝゆる事はなりまらすまひ程に，〔この寺
　　　　　　　　を管理することはできませんので，〕
　　　　【提案】：まづ寺をかゝへさせられて下されひ〔住持が寺を管
　　　　　　　　理なさってください。〕　　　　（虎明本狂言・骨皮）
　　（10）【感謝】：先以て有難うは御座りまするが，〔何をおいてもあ
　　　　　　　　りがたいことではございますが，〕
　　　　【拒否】：是は辞退仕りまする。〔これは辞退申し上げます。〕
　　　　　　　　　　　　　　　　　　　　　　（虎寛本狂言・素襖落）

（9）では「かたじけない」，（10）では「ありがたい」といった形式を
用いて，相手への感謝を表明している。以上のように，室町時代から江
戸時代にかけて，前置き表現の発達を見てとることができる（謝罪表現
が前置き部分において用いられるようになる明治時代以降の様相につい
ては，木村義之（2011），青木博史（2010）など参照のこと）。

4.2　理由説明の機能

　次に，「理由説明」と「拒否」の表明のあり方について記述する。こ
れらの表現の組み合わせは，以下のように「理由説明＋拒否」「拒否の

み」「理由説明のみ」の3つのタイプに整理することができる。例は，いずれも虎明本狂言から掲げておく。

(11) 【説明】：是は某に下されたほどに〔これは私に下さったので，〕
【拒否】：やる事はならぬ〔やることはできない。〕
(虎明本狂言・連歌毘沙門)

(12) 【拒否】：きかせらるゝやうな事では御ざない〔聞かせられるような事ではありません。〕(虎明本狂言・大黒連歌)

(13) 【説明】：私は今まですまふをとつた事がござらぬ〔私は今まで相撲をとったことがありません。〕
(虎明本狂言・鼻取相撲)

(11)は，梨を半分よこせと要求されたのに対し，「これは私に下さったものだから，やる事はできない」と，その理由を説明した上で断っている。(12)は，そのような理由説明はなく，「お聞かせする事はできません」という断りの述部のみ示したもの。(13)は逆に，「できません」などの直接的な断りは述べず，「私は今まで相撲を取ったことがありませんので」という理由を述べることで断りの表明をしたものである。

高山善行(2009，2010)において，『枕草子』『平家物語』といった平安・鎌倉時代の資料には，「理由説明」を欠くものはほとんどないことが指摘されている。古代語には前置き表現はなく，一方で理由説明はほぼ不可欠のように用いられるということから，古代語ではそうした事情説明が重視された，すなわち拒否場面における配慮表現の構造として一般的であった可能性がまず考えられよう。こうした観点からみると，虎明本狂言の発話においても，確かに「理由説明」を伴ったもののほうが多い。

しかしながら，セリフと所作のみで構成される狂言の場合，こうした「理由」は，登場人物が語らなければ観客は分からない。当該の「場面」の説明は，ほとんどセリフに拠っているわけである。たとえば，登場人物はまず「名乗り」をする。「このあたりにかくれもない大果報の者でござる」「大名でござる」といった具合である。これによって観客は，

登場人物の素性を理解することになる。また，ストーリーそのものを語っていくことも多い。「随分と走り回ってよい粟田口を求めて参ろうと存ずる」「はや都へ着いた」といった具合である。こうした「事情説明」によって，観客はその「場面」を理解していくのである。

したがって，狂言資料の場合，「理由説明」を配慮表現として位置づけることは難しい。しかし，翻って考えてみるに，書かれた文献を対象とするかぎり，登場人物のセリフが果たしている作品中における機能については同様の注意を払う必要がある。すなわち，先掲の(13)の「私は今まで相撲を取ったことがありませんので」というセリフは，観客に対して，A．当該の人物が相撲をとったことがないという事実を伝える，という以外に，B．当該の人物が言い逃れをしている場面として意図的に（面白く）描く，といった可能性も考えなければならない。これは，古代の文芸作品においても同様である。Bの可能性は考えにくいとはいうものの，登場人物にわざわざ断りの事情を語らせるのは，（地の文でなく）発話によって当該の人物が置かれた状況・事情を読者に説明しているためであるという，Aの可能性はやはり残っている。古典作品において「事情説明」が常に示されるという事実を，当時の配慮表現の構造として一般化するには，今少し慎重であるべきかと思う。

4.3 述部形式のヴァリエーション

最後に，拒否を表明する述部形式について記述する。まずは，いくつか例を掲げる。

(14) 【拒否】：是はいくへにも，御詫言を申上ます。〔これは何度でもお断りの言葉を申し上げます。〕

(虎寛本狂言・筑紫の奥)

(15) 【理由】：父様も留守なり，これも仕立ててしまひたし．〔父様も留守であるし，これも仕立ててしまいたいし，〕

　　　【拒否】：今日は連れになりますまい。〔今日は一緒に行きますまい。〕

(浄瑠璃・卯月紅葉)

(16) 【感謝】：先以有難うは御ざれ共，〔何をおいてもありがたい

　　　　　　　　ことではありますが,〕
　　　　【拒否】：是は辞退致しませう。〔これは辞退いたしましょ
　　　　　　　　う。〕　　　　　　　　　　　（虎寛本狂言・雁盗人）
(17)　【拒否】：それはめいわくでござる〔それは困ったことです。〕
　　　　　　　　　　　　　　　　　　　　　　　（虎明本狂言・饅頭）
(18)　【拒否】：それはりよぐわいで御ざる〔それは思いもかけない
　　　　　　　　ことです。〕　　　　　　　　　（虎明本狂言・鎧）
(19)　【拒否】：いや中々ゑなりますまひ〔いや,到底(馬に)なるこ
　　　　　　　　とはできません。〕　　　　　（虎明本狂言・人馬）
(20)　【感謝】：近頃安い事では御座れ共,〔とても簡単なことでは
　　　　　　　　ありますが,〕
　　　　【理由】：當年は師匠の何と思はれましてやら,花見禁制と申
　　　　　　　　付まして御ざるに依て,〔当年は師匠が何とお思いに
　　　　　　　　なったか,花見禁制と申しつけてございますので,〕
　　　　【拒否】：御目に懸る事はなりますまい。〔お目にかけること
　　　　　　　　はできません。〕　　　　　　　（虎寛本狂言・花折）

　尾崎喜光(2006)では,述部の形式について,断りを明示的に伝える「断ワル型」(「お断りします」「やりません」など),拒絶的気分を示す「嫌ダ型」(「いやです」「したくありません」など),可能性を否定する「不可能ダ型」(「できません」「無理です」など)の3つの型が区別されている。ここでは,この3つの型に沿って観察する。

　まずは「断ワル型」である。「断る」という動詞が拒否の表明として用いられるのは後の時代に待たなければならないが,(14)の「詫びことを言う(申す)」という形式は,これに相当する。(15)の「一緒に行きましょう」という誘いに対し,「今日は一緒に行きません」と答えるのも同趣のものといえる。申し出に対する拒否(辞退)の場合は,(16)のような「辞退する」といった形式が見られた。「嫌ダ型」は,(17)(18)のような「迷惑」「慮外」といった漢語を用いたものが多く目についた。「不可能ダ型」は,上に挙げた(19)(20)以外にも多くの例が見つかるが,「成らぬ」といった形がよく用いられている。

これらの型のうち，現代共通語では「断らざるをえない」という「不可能ダ型」が，最も相手への配慮を示していると考えられる。しかし，これらの例を見るかぎりにおいて，それほどの違いは見出しがたい。(14)(16)の「断ワル型」は「申し上ぐる」「いたす」と共起しており，また(17)(18)の「嫌ダ型」も文末は「ござる」となっており，いずれも丁重・丁寧な言い方として用いられている。確かに，(20)のように前置きや理由説明と組み合わせて用いられる際は「不可能ダ型」が多く見られ，全体としてかなり丁重な言い方になっている。しかしながら，(19)のように「不可能ダ」という表明のみで拒否を示すこともしばしばあり，逆に(17)(18)のように自らの心情を表明するのみであっても，さほど「配慮を欠いた」ものとは感じられない。述部形式におけるこれら3つの型の区別は，この時代においては，対人配慮表現の指標とはならないものと考えられる。

ただし，もちろん，自らの拒絶の心情のみを表明した「嫌だ」のような形式が，「配慮を欠いた」ぞんざいな言い方として用いられている例は，いくつも見られる。

(21) 【命令】：花くわぬ斂〔お花，食わないか。〕
　　　【拒否】：わたしやいや〔わたしは，いや。〕
　　　　　　　　　　　　　　　　　　　　　　　　（洒落本・睟のすじ書）

(22) 【命令】：おのれが好いた，お山が所へ出て失せう〔お前の気に入った女郎の所へ出て行け。〕
　　　【拒否】：ナウ兄様追ひ出し，わしはこの跡取ること嫌．〔兄様を追い出して，私はこの跡を取ることはいやです。〕
　　　【補強】：堪へて進ぜてくだされ〔堪忍してあげてください。〕
　　　　　　　　　　　　　　　　　　　　　　　　（浄瑠璃・女殺油地獄）

(21)のように，洒落本における遊女と客のやりとりの中では，軽い命令に対して「嫌」とのみ答える場面がしばしば見られ，配慮を必要としない打ち解けた関係が描かれている。また(22)の浄瑠璃の例では，心情の表明のみでは配慮を欠く（あるいは断りが成立しにくいと判断した）ため，「堪忍してあげてください」という「補強」を行っている。

最後に，こうした拒否の述部を明示せずに，許しを請うたり，相手に別の行動を促したりすることで，「断り」を示す例を挙げておく。こうした婉曲的(間接的)な表現は，古今を通じて用いられる「配慮」の現れであるといえる。

(23) 【命令】：急で御請を申せ。〔急いで承諾の返事をせよ。〕
　　 【理由】：百姓の事で御座れば，終に哥などを讀ふだ事は御ざらぬ。〔百姓の身でございますので，これまで歌など詠んだことはございません。〕
　　 【懇願】：何卒，御ゆるされて被下い。〔どうかお許しください。〕　　　　　　　　　　　　　　　（虎寛本狂言・餅酒）

(24) 【依頼】：迚の事に法名を付て被下い。〔この機会に法名をつけてください。〕
　　 【受諾可能性】：安い事では御座れ共，〔簡単なことではありますが，〕
　　 【理由】：是は又此方の御旦那寺も御座らう程に，〔これは又そちらの檀家となっているお寺もおありでしょうから，〕
　　 【提案】：夫へ頼せられい。〔そちらへお頼みなさい。〕　　　　　　　　　　　　　　　　　　　（虎寛本狂言・呂連）

(25) 【申し出】：釜にぬるみも沸いてある．洗足して休息あれ〔釜にぬるま湯も沸いている。足を洗って休息しなされ。〕
　　 【遠慮】：オ、構はずと遊ばせ．〔オオ，私に構わずにお続けなされ。〕　　　　　　　　　　　（浄瑠璃・卯月の潤色）

5. 室町・江戸時代における受諾表現

「受諾」には，依頼・命令・禁止のような〈要求する側に恩恵をもたらす行為指示〉に対する応答と，勧め・申し出のような〈応答する側への恩恵の表明〉に対する応答の二通りがある。現代共通語において，前者の場合は，(3)で示したように，「行為要求者側に申し訳ない気持ちを感じさせないように」という配慮がはたらき，謙遜表現(「私でよければ」など)が使用される。後者の場合は，「行為要求者側に負担を負わせ

て申し訳ない」という配慮がはたらき，それを不本意ととらえる恐縮表現（「恐れ入ります」など）が使用される。したがってこれらは，分けて記述することとする。

5.1 依頼・命令・禁止（行為指示）に対する受諾

虎明本狂言では，応答詞相当のものはあまり用いられていない。「あふ」「あつ」「はあ」などが見られる程度であるが，これらの表現が用いられた場合，そこでやりとりが終了することが多い。

(26) 【命令】：そなたおまふしやれ〔あなたが申し上げなさい。〕
　　　【応答】：あふ〔はい。〕　　　　　　　　（虎明本狂言・薬水）
(27) 【命令】：やがてこひ〔すぐに帰って来い。〕
　　　【応答】：あつ〔はい。〕　　　　　　　（虎明本狂言・鼻取相撲）

配慮表現モデルにおいては，「行為要求者側に申し訳ない気持ちを感じさせないように」という配慮から，謙遜表現が有標な形式として用いられると述べた。しかし，すぐに行動に移してほしい場面で「やれ」という命令に対し「私でよければ……」などくどくど述べるのは，逆に配慮を欠いたものといえる。上に掲げた狂言の例はまさにそういった場面であり，すぐさま行為を行うようにという要求に対し，「あつ」などで簡潔に受諾の表明をしたものである。

こうした例は，洒落本においてもよく見られる。

(28) 【依頼】：たれともいわずに友さんにちよっとお出なんせと。
　　　　　　いふておじや〔誰であるとも言わずに，友さんにちょっとお出でなさいと言っておくれ。〕
　　　【応答】：アイ〔アイ。〕　　　　　　　（洒落本・新月花余情）

次に，受諾そのものを表明する発話について，いくつか例を掲げる。

(29) 【依頼】：一たびお目にかゝつてくれさしめ〔一度お目にかかってください。〕
　　　【受諾】：心得た〔分かった。〕　　　　　（虎明本狂言・武悪）
(30) 【依頼】：名を付て下されひ〔名をつけてください。〕
　　　【受諾】：さあらは名を付てやらう〔そういうことであれば名

を付けてやろう。〕　　　　　　　　（虎明本狂言・財宝）
(31)【命令】：はようみたひ程に見せい〔早く見たいので見せろ。〕
　　　【受諾】：畏てござる〔承知しました。〕
　　　　　　　　　　　　　　　　　　　（虎明本狂言・末広がり）

(29)は，依頼に対して「心得た」と簡潔に答えて受諾するものであり，さほど身分差がない関係における応答である。「下→上」であれば，「心得てござる(八幡の前，聟→舅)」などとなるところである。(30)の「〜してやろう」という「授与動詞＋意志」の形式は，現代共通語でも親しい関係や「上→下」関係で用いられるものである。これらの形式の使用には，相手への「配慮」は認められない。

(31)は，「上→下」の命令に対し，「畏まってござる」と答えており，形式自体は「恐縮」表現にあたる。奈良時代より，拒否・受諾の場面で汎用的に恐縮表現が用いられることはすでに指摘があるが，これはそうした古代語的な表現を受け継いだものである。ただ，ここに「恐縮」の気持ちを見てとる必要はなさそうである。狂言資料においては，「畏まった」「畏まってござる」は，肯定の応答(受諾)を示す表現としていわば固定的に使われているからである。ある程度の「かしこまり」や「下→上」関係を示すものではあるが，奈良時代のような「畏慎」の意味はもはや有していない。次の(32)に示すように，「畏まった」と「心得た」は，ほぼ等価のものとして用いられている。

(32)【命令】：論は無益いそひで申あげい〔理屈は無用である，急いで申し上げよ。〕
　　　【受諾】：あれがかしこまつて御さらは，某は心得ました〔彼が「畏まってござる」ならば，私は「心得ました」。〕
　　　　　　　　　　　　　　　　　　　　（虎明本狂言・餅酒）

上の例は，奏者(取次役)の命令に対して，加賀の百姓が「かしこまつて御ざる」と答えたので，それなら私は「心得ました」と，越前の百姓が同じことをわざと表現を変えて言っている場面である。

最後に，相手の心理的負担を軽減しようとする表現である。これには，以下に示すように様々な表現形式が用いられている。

(33)　【緩和】：別にむつかしい事でもおりない。〔別にむずかしいことでもありません。〕　　（虎寛本狂言・末広がり）

(34)　【受諾・緩和】：何時成共見せておまさう。〔いつでもお見せしましょう。〕　　（虎寛本狂言・隠笠）

(35)　【受諾】：随分せいを入てかひまらせうほどに，〔精一杯念を入れて飼いますので，〕
　　　　【緩和】：お心やすうおほしめせ〔ご安心なさってください。〕
　　　　　　　　　　　　　　　　　　　（虎明本狂言・人馬）

(36)　【緩和】：御気遣ひ被成まするな。〔お気遣いなさいますな。〕
　　　　【受諾】：取る事では御座りませぬ。〔（この座禅衾を）取ることはありません。〕　　（虎寛本狂言・花子）

(37)　【受諾】：ム丶いかにも聞き届けた。〔ムム，確かに承知した。〕
　　　　【緩和】：七つ過ぎ，暮れまでに，きつと持つて来ませう．〔四時過ぎ，夕方までには必ず持ってきましょう。〕
　　　　　　　　　　　　　　　　　　（浄瑠璃・大経師昔暦）

(38)　【緩和】：こつちへ任せておかしやんせ〔こっちへまかせておきなさい。〕　　（浄瑠璃・淀鯉出世滝徳）

　(33)は，依頼された事態が自分にとって「たやすい事」であると答えることによって，相手の心理的負担を軽減しようとしている。(34)は，「いつでもお見せしましょう」といった答え方をして，受諾の表明と同時に相手への気遣い（＝配慮）を示している。(35)は，まず受諾を明示した後に「ご安心なさってください」と付け加えており，(36)は逆に，「お気遣いなさらないでください」と述べた後で，禁止された内容を受諾することを表明している。(37)は「何時何時までにきっと持って来ましょう」，(38)は「任せておきなさい」といった安心感を与える表現を用いて，相手への配慮を示している。

　さて，これと類似した表現形式は古代語にもわずかながら見られる。「よきこと」「やすきこと」などが受諾場面で使われているのである。しかしながら，これについてもやはり，物語作品という性格をまず顧慮すべきである。依頼に対し，「やすきこと」と作品中の人物に答えさせる

ことは，作者はそうした事態の達成が容易である人物として描いているという可能性をまず考えなければならない。相手への「配慮」を示した発話であるかどうかは，やはり慎重に考えるべきであろう。

これに対し，室町・江戸時代に見られる緩和表現には多様なものが存する。上述のように明らかに配慮表現と認めるべき形式も多々見られ，こうした状況に鑑みるとき，同じ「やすきこと」という形式ではあっても，室町時代に至るとこれらは配慮表現形式であると認められる。

最後に，浄瑠璃に見られた特徴的な配慮表現の例を掲げておく。

(39) 【斟酌】：さてはいかうお急ぎか。〔それならばたいそうお急ぎですよね。〕

【受諾】：行て呼うで来ませう。〔行って呼んできましょう。〕

(浄瑠璃・冥途の飛脚)

(40) 【同情】：銀貸してくださんせとは，言ひにくいこと．二言と聞かぬ．〔金貸してくださいとは言いにくいこと，二度と言わさぬ。〕

【受諾・緩和】：お前の用なら千両でも万両でも．〔お前のために使うなら千両でも万両でも貸してやる。〕

(浄瑠璃・博多小女郎波枕)

(39)では「それならば大そうお急ぎでしょう」と，相手の立場を思いやる発話をした後，受諾の表明を行っている。(40)では，「金貸してくださいとは言いにくいこと，二度とは言わさぬ」と同情を示した後，「お前のためなら千両でも万両でも貸してやる」と大げさに受諾を表明することで，依頼を行った相手の心理的負担を軽減しようとしている。現代語にも通ずる配慮の示し方であるが，浄瑠璃という性格上，誇張して描かれることが多いという点は考慮に入れておく必要がある。

5.2 勧め・申し出（恩恵表明）に対する受諾

次に，話し手が聞き手へ恩恵を表明し，聞き手がそれを受け入れる場合について観察する。現代共通語では，「申し訳ない」「恐れ入ります」のような恐縮表現によって配慮が示される（尾崎喜光(2006)）。ただし，

相手も了解していることなので，さほど気遣いは必要とされない。
　　(41) 【恐縮】：恐れ入りますが，
　　　　 【受諾】：遠慮なくやらせていただきます。
　　　　 【感謝】：ありがとうございました。
　相手への配慮は，感謝の気持ちを表明するだけで十分に行われているともいえる。実際，室町・江戸時代語文献では，以下に示すように感謝表現のみで受諾を示すことが多い。
　　(42) 【申し出】：たのしうなさうと思ふて出たよ〔裕福にしようと
　　　　　　　　　　思って出てきたよ。〕
　　　　 【受諾・感謝】：それはかたじけなふ御ざる〔それはかたじけ
　　　　　　　　　　　　ないことです。〕　　　　（虎明本狂言・福の神）
　　(43) 【申し出】：たのしう成して取らせうとおもひ，福の神，是ま
　　　　　　　　　　で現れ出て有るぞとよ。〔裕福にしてやろうと思
　　　　　　　　　　い，福の神，ここに現れでたぞよ。〕
　　　　 【受諾・感謝】：是は有難う御ざる〔これはありがたいことで
　　　　　　　　　　　　す。〕　　　　　　　　　（虎寛本狂言・福の神）
　　(44) 【申し出】：お足もすゝぎ，鼻緒もすげてあげませう．少しも
　　　　　　　　　　御遠慮なさるゝな〔お足もすすぎ，鼻緒もすげて
　　　　　　　　　　あげましょう。少しもご遠慮なされるな。〕
　　　　 【受諾・感謝】：どなたやら有難い．お蔭で怪我もいたさぬ．
　　　　　　　　　　　　〔どなたやらありがたい。おかげで怪我もい
　　　　　　　　　　　　たしませぬ。〕　　　（浄瑠璃・冥途の飛脚）
　狂言台本の同曲・同場面において，虎明本では「かたじけない」(→42)，虎寛本では「ありがたい」(→43)が用いられているが，これは感謝表現の歴史的変化を反映したものである(柳田征司(1991))。「ありがたい」は，(44)に示したように浄瑠璃でもいくらか用いられている。
　ただし，柳田征司(1991)でも詳しく論じられるように，「かたじけない」は「ありがたい」に取って代わられるわけではなく，また，さほど敬意を下げることもなく江戸時代を通じて用いられている。
　　(45) 【申し出】：今でも何成共用の事があらはおしやれ〔今でも何

室町・江戸時代の受諾・拒否に見られる配慮表現　165

　　　　　　　　　なりと必要な事があればお言いなさい。〕
　　　　【受諾・感謝】：それはかたじけなふござる〔それはかたじけ
　　　　　　　　　ないことです。〕　　　　（虎明本狂言・鶏聟）
　(46)　【申し出】：もつていなんせ〔持っていきなさい。〕
　　　　【受諾・感謝】：アイ，忝ふござんす〔アイ，かたじけないこ
　　　　　　　　　とです。〕　　　　　　（洒落本・新月花余情）
　(47)　【申し出】：娘御おきく殿．私妻にきつと申し受けませう．
　　　　　　　　　〔娘御のおきく殿，わたくしの妻に必ずいただき
　　　　　　　　　ましょう。〕
　　　　【受諾・感謝】：ハアウ忝い，お嬉しい．〔ハアウかたじけな
　　　　　　　　　い，うれしい。〕　（浄瑠璃・鑓の権三重帷子）

　(45)(46)に示したように，「かたじけない」は「かたじけなうござる」
という形でよく用いられている。これは，(31)(32)などで示した受諾に
おける「畏まってござる」同様，お礼の表現として固定化していること
を示している。それでも，この「かたじけない」には，ある程度の「恐
縮」が込められていると考えられる。「ありがたい」「かたじけない」と
もに「下→上」関係で用いられることが基本であるとはいえ，「かたじ
けない」が後代まで存在意義を保ったのはこうした恐縮の含みであり，
感謝と恐縮を合わせて表明しているものと考えられる。

6．まとめ

　以上のように，現代共通語における配慮表現の構造モデルに基づき，
室町・江戸時代における拒否・受諾場面について記述した。文献資料に
全面的に拠らざるをえないという制約はあるものの，古代語から現代語
への過渡期としての近代語における配慮表現の特徴を，いくつか示すこ
とができた。特筆すべきは，以下の2点である。
　(48) a.　拒否場面における前置き表現の発達
　　　 b.　受諾場面における心的負担軽減表現の発達
　江戸時代については，上方語だけでなく江戸語もあわせて見る必要が
あるが，江戸語を反映した噺本の拒否場面についてあらあら調査したと

ころでは，謝罪表現を用いた前置き表現はやはり見られず，上方語とよく似た状況であった。現代方言の報告などもふまえ，受諾場面についても今後調査する必要がある。その場合，この論文で示したように，当該の発話が作品中の聞き手に向けられたものか，それとも読者に向けられたものかについては，十分に配慮する必要があろう。

調査資料

『大蔵虎明本狂言集の研究』,北原保雄・池田廣司,表現社,1972-1983.
『大蔵虎寛本　能狂言』(岩波文庫),笹野堅(校訂),岩波書店,1942-1945.
『洒落本大成』,洒落本大成編集委員会(編),中央公論新社,1978-1988.
『近松門左衛門集』(新編日本古典文学全集74・75),鳥越文蔵・山根為雄・長友千代治・大橋正叔・阪口弘之(校注・訳),小学館,1997-2000.

引用文献

青木博史(2010)「近代語における「断り」表現―対人配慮の観点から―」『語文研究』108・109, pp.164-152, 九州大学国語国文学会.

青木博史(2012)「コミュニケーションと配慮表現―日本語史の観点から―」光藤宏行(編)『コミュニケーションと共同体』pp.45-59, 九州大学出版会.

尾崎喜光(2006)「依頼・勧めに対する受諾における配慮の表現」「依頼・勧めに対する断りにおける配慮の表現」国立国語研究所『言語行動における「配慮」の諸相』pp.55-88, pp.89-114, くろしお出版.

木村義之(2011)「発話導入部にみえる対人配慮について―明治・大正時代の謝罪・感謝系の表現を中心に―」坂詰力治(編)『言語変化の分析と理論』pp.552-571, おうふう.

高山善行(2009)「『平家物語』の対人配慮表現―「断り」表現を中心に―」『国語国文学』48, pp.63-70, 福井大学言語文化学会.

高山善行(2010)「中古語の〈断り表現〉について―『枕草子』の場合―」『語文』92・93, pp.56-64, 大阪大学国語国文学会.

柳田征司(1991)「大蔵流狂言に見える，お礼のことば『有難い』と『忝い』について」『室町時代語資料による基本語詞の研究』pp.122-147, 武蔵野書院.

室町・江戸時代の感謝・謝罪に見られる配慮表現

福田嘉一郎

1. この論文の主張

　この論文では，室町・江戸時代の感謝表現・謝罪表現を取り上げ，そのなかに見られる配慮について考究する。具体的には，世話浄瑠璃を資料として，江戸時代の上方語の実態について観察する。
　この論文で主張するのは次の3点である。
　（1）　感謝表現は，「よい」などプラス評価の語によってなされる〈相手の行為への評価〉，「嬉しい」「かたじけない」などによる「快」や「恐縮」の〈感情表明〉によって構成される。〈相手の行為への評価〉〈感情表明〉は単独で表現される場合もあるし，両者が併せて表現されることもある。また，両者を含んでいない直接的な感謝表明も見られる。
　（2）　謝罪表現は，〈自己の行為叙述〉，「あやまつた」による〈過ちの承認〉，「面目ない」による〈不本意の表明〉，「もっとも」による〈相手の感情の理解〉，「もったいない」「いとしい」による〈相手への畏敬・憐憫〉などによって構成される。〈許しの依頼〉は，〈自己の行為叙述〉と共に用いられ，「御免あれ」などによって相手に許しを請う表現である。
　（3）　江戸時代の前期には，現代語で定型化している「ありがとう」「すみません」「ごめんなさい」など，感謝表現・謝罪表現の萌芽が認められる。

2. 室町・江戸時代の感謝表現

2.1 感謝表現とは

ここでは藤原浩史(1994)にもとづき，(4)a.から(4)c.のような文脈における(4)c.を，感謝表現と認めることにする。

(4) a. 相手が自分に対して何らかの行為をなした(または確実になす)。

b. a.の行為によって，自分に何らかの利益が生じた(または確実に生じる)。

c. a.の行為を評価し，そのことを表明する。

その結果，(5)から(7)のような表現が，感謝表現に含まれることになる。

(5) 　　相手の行為への評価

(6) a. 自分の快の感情の表明

b. 自分の恐縮の感情の表明

(7) 感謝の意思の直接的表明

以下，(5)から(7)のそれぞれについて順に述べる。

2.2 相手の行為への評価

相手の行為を評価する典型的な語は「よい(よく)」であるが，プラスの評価の意味をもつ語(特に形容詞)はすべて同類ととらえられる。

(8) おきくはさすが姉だけの，[きく→母 さゐ]「母様いかいお世話，ちとお休み」と差し出だす，薄茶茶碗の音羽山。おとなくれたるふりを見て，[さゐ→娘 きく]「オ、孝行な，よう言やつた，おとなしうなりやつた，……」〔おきくはさすが姉だけに，「母様たいへんなお世話，少しお休みなさいませ」と差し出す薄茶茶碗の音羽焼。その大人びた様子を見て，「オオ孝行な，よく言った，大人らしくなった。……」〕

(鐼の権三重帷子・2-596)

(9) [さゐ→権三]「これはようこそ，お見廻と申し，子供方へとお心づき，珍しい御持参。……」〔「これはようこそ，お見舞

いといい，また，子供へのお心づけの，珍しいお土産まで。……」〕 （鑓の権三重帷子・2-600）

(10) ［森右衛門→茶屋おかみ］「……こゝもとへは何程払つた，隠しては其方が為にならぬ，まつすぐに言へ／＼」，［茶屋おかみ→森右衛門］「私方へも五月四日の夜に入つて，大金三両，銭一貫文」，［森右衛門→茶屋おかみ］「シテ，その夜は何を着て参つた」，［茶屋おかみ→森右衛門］「広袖の木綿袷，色はたしか花色か，しつかりとは覚えませぬ」，［森右衛門→茶屋おかみ］「ムウよい／＼，入れ／＼」〔「……ここへはいくら払った，隠してはお前方の為にならぬぞ，ありのままに言え言え」「私のほうへも五月四日の夜になって，大金三両，銭一貫文」「それでその夜は何を着て参った」「広袖の木綿袷，色は確かはなだ色か，よくは覚えていません」「ムウ，よいよい，もう入れ入れ」〕 （女殺油地獄・1-259）

(8)は娘が母親に「お疲れさま」と茶を出したことを「親孝行だ。よく言った。大人らしくなった」と評価するもの，(9)は権三が茶の湯の師匠の留守中に，子供たちへの土産として上方の味醂を持参したことを評価するもの（さゐにとって権三は夫の弟子），(10)は茶屋のおかみが侍の森右衛門に，与兵衛についての情報を提供したことを評価するものである。(8)から(10)はいずれも，上位者から下位者への感謝の表現といえる。

(11) ［茶屋 伝兵衛→客 治兵衛］「おつゝけお下りなされませ，ようござりま」〔「お早くお下りなさいませ，よういらっしゃいました」〕 （心中天の網島・2-420）

(11)は帰って行く客を見送る言葉（「ようござりました」が途切れたもの）である。このような，商人が客に感謝を述べるときも，「よくいらっしゃいました」と客の行為を評価する表現が行われている。

(12) ［忠太兵衛→婿 市之進］「ヤア市之進，今朝は畜生めが諸道具，孫娘二人受け取り申した，旅出立は暇乞ひと見えた，お出で過分，……」〔「ヤア市之進，今朝は畜生めの諸道具と孫

娘二人受け取りました。旅装束なのは暇乞いとみえる。おいでありがたい，……」〕　　　　　　　（鑓の権三重帷子・2-622)

(13) 〔さゐ・権三→船頭〕「ア、過分／＼」〔「アアありがたい，ありがたい」〕　　　　　　　（鑓の権三重帷子・2-632)

(14) 〔豊島屋 吉→茶屋〕「……茶屋殿，過分」と，袂より置く茶の銭の八，九文〔「……茶屋殿，ありがとう」と，袂より出して置く茶の代金八，九文〕　　　（女殺油地獄・1-213)

「過分」は元来，相手の行為を自分の身に余るものと評価する語であったが，後に配慮意識は低下した。(12)は不義をはたらいた(とされる)娘と間男とを討ちに行こうとする婿が挨拶に来たことを評価するもの，(13)は一度乗せた客は降ろさないと言い張っていた船頭がやっと自分たちを降ろしたことを評価するもので，(12)，(13)は下位者に対する感謝を表現している。しかし(14)は，立ち去り際の挨拶と言うべきである。

2.3　自分の感情の表明

「快」の感情の表明は，女性が親密な人物に対して発言する場合に多い。

(15) 脇差ずはと抜き放し，元結際より我が黒髪，ふつ，と切って，〔治兵衛→小春〕「これ見や小春，この髪のあるうちは，紙屋治兵衛といふおさんが夫，髪切つたれば出家の身，……おさんといふ女房なければ，おぬしが立つる義理もなし」と，涙ながら投げ出す，〔小春→治兵衛〕「ア、嬉しうござんす」〕〔「これ見よ，小春。この髪のあるうちは，紙屋治兵衛というおさんの夫，髪を切ったからは出家の身，……今はおさんという女房がないので，お前が立てる義理もない」と，涙ながら投げ出す。「アア嬉しゅうございます」〕
　　　　　　　　　　　　　　　　　　（心中天の網島・2-428)

「相手の行為への評価」と併せて行われる場合もある。

(16) 〔さん→母・伯父〕「ア、母様，伯父様のお蔭で，私も心落ち

室町・江戸時代の感謝・謝罪に見られる配慮表現　171

着き，子中なしてもつひに見ぬかためごと。皆喜んでくださんせ」〔「アア母様，伯父様のお陰で，私も心が落ち着くし，子である仲でも，ついぞ見たことのない約束ごと。皆さん喜んでください」〕
(心中天の網島・2-408)

(16)は，さゐの母たちが「心落ち着くため」(心中天の網島・2-407)に，治兵衛に小春とは縁を切る旨の誓紙を書かせたことについて，自分も心が落ち着いたと感情を表明し，さらに，相手の行為をめったにないほど固い誓約を取ってくれたと評価するものである。直接の利益が生じたのは自分であるが，相手も共に喜ぶべきことと見ている。

相手の負担に配慮するようになると，自分の恐縮の感情を表明する表現が出て来る。「かたじけない(かたじけなし)」は最大の感謝を表す語で，下位者から上位者へは主としてこれが用いられる。

(17) ［さゐ→権三］「……して御用とは何事か。親忠太兵衛までもなく，ぢきにお話しあそばせ」と，隔てぬ挨拶まめやかなり，権三手をつき，［権三→さゐ］「御親切忝し，……」〔「……ところでご用とはなんでしょう。親忠太兵衛というまでもなく，直接お話しなさいませ」と，親しい挨拶は心がこもっている。権三は手をついて，「ご親切かたじけない，……」〕
(鑓の権三重帷子・2-600)

(18) ［小春→侍客］「ア、忝い，有難い，馴染，よしみもない私，ご誓言での情けのお言葉，涙がこぼれて忝い，……」〔「アア，忝い，有難い。馴染も，縁もない私に，お誓いの上での情け深いお言葉，涙がこぼれて忝い，……」〕
(心中天の網島・2-395)

(19) ［小春→義兄 孫右衛門］「ア、忝い，それで私が立ちます」〔「アア忝い，それで私の面目が立ちます」〕
(心中天の網島・2-402)

(20) ［与兵衛→豊島屋 七左衛門］「……ふとした喧嘩に泥にはまり，いろ／＼お内儀様のお世話，これも七左衛門殿のお蔭，忝い」〔「ふとした喧嘩で泥にはまり，いろいろおかみさん

のお世話。これも七左衛門殿のおかげ，かたじけない」〕

(女殺油地獄・1-220)

(21) ［山上講中先達→河内屋 さは］「……この法印を頼めば，本復(ほんぷく)はたつた一加持(ひとかぢ)，これからすぐに立ち寄り，頼むに否はあるまい」と，語れば喜び，［河内屋 さは→山上講中先達］「ナウ／＼忝(かたじけな)い，……」〔「……この山伏を頼めば，たつた一祈りで全快する。これからすぐに立ち寄り，私が頼めばいやとは言うまい」と語ると，喜んで，「ノウノウ有難い。……」〕

(女殺油地獄・1-224)

(22) ［河内屋 太兵衛→白稲荷法印］「徳兵衛宿(やど)に罷りある，早々御出で忝(かたじけな)し，……」〔「徳兵衛在宅しております。早々のお出で有難う存じます。……」〕 (女殺油地獄・1-227)

また，自分に大きな利益が生じた(生じる)ときにもこれが用いられる。

(23) ［豊島屋 吉→河内屋 七左衛門・さは］「ア、お沢様の心推量(すゐりやう)した。遣りにくいはず，こゝに捨てて置かしやんせ，わしが誰ぞよさそな人に拾(ひら)はせましょ」，［河内屋 七左衛門・さは→豊島屋 吉］「アゝ忝(かたじけな)い。……」〔「アアお沢様の心はお察しした。やりにくいはず，ここに捨てておきなさい。私が誰か適当な人に拾わせましょ」「アアありがたい。……」〕

(女殺油地獄・1-246)

(18)の「ありがたい」は，「かたじけない」より例が少ない。

(12)で市之進に対して「過分」と言っていた忠太兵衛は，市之進が，舅の忠太兵衛が不義の告発者から返り討ちに会えば，まず舅の敵を討たなければならなくなると言う(＝(29))のを聞いて，(24)では「かたじけない」と言っている。

(24) ［忠太兵衛→婿 市之進］「なう，これ市之進，かほど根性(こんじやう)の腐つた女房の親でも，忠太兵衛が討たるれば舅の敵を討つ気よな」，［市之進→舅 忠太兵衛］「これは曲(きよく)もないお尋ね，たとへ女は畜類になつたりとも，舅は舅に極(きは)まつた。忠太兵衛

殿，敵があらば討たいでは，そりやお尋ねにおよばぬこと」，[忠太兵衛→婿 市之進]「市之進，ア、御心底身に余り忝（かたじけな）い」と，大地にどうと老体の，うづくまりたる感涙に，……〔「のう，これ市之進，これほど根性の腐った女房の親でも，忠太兵衛が討たれると舅の敵を討つ気がおありよな」「これは思いもよらぬお尋ね，たとえ女は畜生になったとて，舅は舅にきまっている。忠太兵衛殿，敵があれば討たずにおこうか，それはお尋ねになるまでもないこと」「市之進，アアお気持ちが身にあまりかたじけない」と，大地にどっと老体をひざまづいて感涙にむせぶと，……〕

(鑓の権三重帷子・2-623)

(25)からは場違いな印象を受けるが，与兵衛が女性にだまされやすいことを表していると考えられる。

(25) [女郎 小菊→与兵衛]「コレ河与さん，角（かど）が取れぬの，小菊といふ名が一つ出れば，与兵衛といふ名は三つ出るほど，深い／＼と，言ひたてられた二人の仲，連れ立つて参らぬも，みんなこな様のいとしさゆゑ，人にそだてられ，けしかけられ，なんぢやの，わしが心は誓文（せいもん）かうぢや」と，ひつたり抱き寄せ，しみ／＼さゝやく，色こそ見えね，かは与が悦喜（えっき），[与兵衛→女郎 小菊]「エ忝（かたじけな）い」と，伸びた顔つき。〔「コレ河与さん，垢抜けしないね。小菊という名が一つ出ると，与兵衛という名が三つ出るほど，深い深いと言いはやされた二人の仲，連れ立って参らないのも，みなあなたがいとしいから，人におだてられ，けしかけられ，なんですか。私の心は誓ってこうです」と，ぴったりと抱き寄せて，しみじみとささやく。顔色には表れないが，河与の喜びよう。「エありがたい」と，うつつを抜かした顔つき。〕(女殺油地獄・1-214)

恐縮の感情の表明は，「相手の行為への評価」，快の感情の表明と併せて行われる場合もある。

(26) [はつ→徳兵衛]「さて／＼いかいご苦労。みなわし故と存ず

れば、嬉し悲しう、忝し、……」〔「さてさて、たいそうなご苦労、みな私ゆえと思うと、嬉しくも悲しくもあり、忝く思います、……」〕
(曽根崎心中・2-24)

(27) ［さゐ→権三］「ハアウ忝い、お嬉しい。サア望み叶うた、……」〔「ハアウかたじけない、嬉しい。サア望みが叶った、……」〕
(鑓の権三重帷子・2-602)

(28) ［市之進→舅 忠太兵衛・義弟 甚平］「さて〲御苦労、お骨折り、御親子の御懇意心肝に徹し忝し、……」〔「さてさてご苦労、お骨折り。ご両所のご親切肝に銘じてかたじけない、……」〕
(鑓の権三重帷子・2-626)

(27)でさゐは、権三に娘の婿になってもらいたいというやや無理な願いが受け入れられたため、下位者に対して「かたじけない」と言い、その後に「お嬉しい（あなたはうれしいことを言う）」と相手の行為を評価している。

2.4 感謝の意思の直接的表明

(29)は、感謝の意思を直接的に表明するもので、いわゆる発語内行為にあたる。

(29) ［市之進→舅 忠太兵衛］「ア、これ〲、御心外もっともながら、御老人の腕先、万一伴之丞に討たれさつしやれば、この市之進まづ妻敵を差し置き、舅の敵を討たねば叶はず、取り交ぜ迷惑は拙者一人。ひらに〲御了簡、御厚恩に受けまする」〔「アアこれこれ、ご無念はもっともながら、ご老人の腕では、万一伴之丞に討たれなされては、この市之進はまず妻敵をさしおいて、舅の敵を討たねばならぬ。重なって迷惑するは拙者一人。せつにせつに思いとどまってください。お気持ちは感謝いたします」〕
(鑓の権三重帷子・2-623)

舅が娘の不義の告発者である伴之丞を斬ると言うのに対して、「お気持ちはありがたく頂戴します」と述べているが、実際にはその行為を断り、思いとどまらせようとしている。

3. 室町・江戸時代の謝罪表現

3.1 謝罪表現とは

ここでは藤原浩史(1993)にもとづき，(30)a.から(30)d.のような文脈における(30)d.を，謝罪表現と認めることにする。

(30) a. 自分が何らかの行為をなした(または確実になす)。
　　 b. a.の行為に対して，相手が不快の感情を抱いた(または確実に抱く)と思う。
　　 c. 自分の責任を感じる。
　　 d. 自分がb.の感情を解除するための発言を行う。

その結果，(31)から(37)のような表現が，謝罪表現に含まれることになる。

(31) 自分の行為の叙述
(32) 自分の過ちの承認
(33) 自分の不本意の表明
(34) 相手への憐憫
(35) 相手の感情への理解
(36) 許しの依頼
(37) 相手への畏敬

以下，(31)から(37)のそれぞれについて順に述べる。

3.2 自分の行為の叙述

相手の不快の原因となった(なる)自分の行為を叙述することは，単独では，上位者から下位者への謝罪の表現となる。

(38) ［さゐ→権三］「……をり／＼，玄関までお出でくだされても，わざとお目にかゝることもなし，……」〔「……ときどき玄関までおいでくださっても，あらたまってお目にかかることもなく，……」〕　　　　　　　　　(鑓の権三重帷子・2-600)

他の型の表現と併せて行われ，それらの前提となっている場合が多い。後の(52), (57), (59), (61), (62)を参照されたい。

3.3 自分の過ちの承認

　自分の行為が不適切であった，誤っていたと認める表現には，いくつかの言い方がある。ただ「自分が間違っていた」と言う(39)のようなものは，主に親密な人物に対して行われる。

　　(39)　［治兵衛→兄　孫右衛門］「あやまつた，あやまつた，兄ぢや人，……」〔「悪かった，悪かった，兄さん，……」〕
　　　　　　　　　　　　　　　　　　　　　　　（心中天の網島・2-400）

(40)は「考えがなく，無礼だった」と，自分の行為を自ら批判するもので，相手に対する配慮の度合いが高くなる。

　　(40)　［河内屋　徳兵衛→豊島屋　吉］「ヤ祝ひ日に心もない泣き喚き，無調法(ぶてうはふ)，……」〔「ヤ祝い日に気のきかない泣き喚き，どうも失礼，……」〕　　　　　　　（女殺油地獄・1-246）

(41)は「自分が原因だ」と明確に述べており，謝罪の気持ちは強い。

　　(41)　［小春→治兵衛］「いや，わし故」〔「いや，私ゆえ」〕
　　　　　　　　　　　　　　　　　　　　　　　（心中天の網島・2-430）

『心中天の網島』に，(42)のような一節がある。

　　(42)　身にあやまりあればこそ，だん／＼の詫言(わびこと)，……〔自分が間違っていたと思うからこそ，あれこれ詫び言を言ったのだ，……〕　　　　　　　　　　　　　　　（心中天の網島・2-416）

これに従えば，自分の過ちの承認が謝罪のための必要条件ということになる。当然のようでもあるが，観点を変えれば，当時は「本当は悪いと思っていないが，とりあえず謝っておく」といった方略はなかったことがわかる。

3.4　自分の不本意の表明

　相手に不快の感情を抱かせたのは不本意という思いを表明する語は，「面目ない」である。疎遠な相手に対しても用いられる。

　　(43)　［与兵衛→豊島屋　七左衛門］「七左衛門殿面目(めんぼく)ない，……」〔「七左衛門殿，面目ない，……」〕　　　（女殺油地獄・1-220）

3.5 相手への憐憫

女性が，親密な人物に対する謝罪として，不快の感情を抱かせた相手のことを「いとしい」と言う場合がある。

(44) ［さゐ→権三］「……東にござる市之進殿，女房を盗まれたと，後ろ指をさゝれては，御奉公はおろか，人に面は合されまい，とても死ぬべき命なり。たゞ今二人が間男と，いふ不義者になり極めて，市之進殿に討たれて，男の一分，立てて進ぜてくだされたら，なう，忝からう」と，また，伏し沈むばかりなり，［権三→さゐ］「いや，これ不義者にならず，このまゝで討たれても，市之進殿の一分立つ，死後に我々曇りない名をすゝげば，二人もともに一分立ち，いかにしても間男になり極まるは口惜しい」，［さゐ→権三］「オ，いとしや，口惜しいはもつともなれど，後に我々名を清めては，市之進は妻敵を討ちあやまり，二度の恥といふもの，不承ながら今こゝで，女房ぢや夫ぢやと，一言言うてくだされ。……」〔「……江戸におられる市之進殿が，女房を盗まれたとうしろ指をさされては，ご奉公はもちろん，世間にも顔が出せまい。どうせ死なねばならぬ命，ただいま二人が間男という不義者になりきって，市之進殿に討たれて，男の面目を立たせてやってくださったら，のう，かたじけないこと」と，また，伏し沈むばかりである。「いや，これ不義者にならず，このままで討たれても市之進殿の面目は立つ。死後にわれわれの曇りのない名をすすげば，二人もともに面目が立つ。どうしても間男になりおおせるはくやしい」「オオかわいや，くやしいのはもっともだが，あとで，われわれの名をすすいでは，市之進が妻敵を討ちあやまり，二度の恥をかくというもの。不服ではあろうが，いまここで，女房じゃ夫じゃと一言いうてくだされ。……」〕　　　　　（鑓の権三重帷子・2-613）

(45) ［2人の子供→祖父 五左衛門］「大事の母様なぜ連れて行く，祖父様め，今から誰と寝ようぞ」と，慕ひ嘆けば，［さん→

2人の子供]「オヽいとしや，生れて一夜も母が肌を放さぬもの，晩からは父様とねゝしやゝ，……」〔「大事な母様をなぜ連れていく，祖父様め。今からだれと寝よう」と慕い嘆くと，「オオかわいそうに，生れて一夜も，母の肌を放さないのに。今晩からは父様とねんねしなさいよ。……」〕

(心中天の網島・2-417)

(46)　[小春→治兵衛]「刃で死ぬるは一思ひ，さぞ苦痛なされうと，思へばいとしい△」〔「刃で死ぬのはひと思い，首を括るあなたはさぞ苦しみなさるだろうと思うと，いとしい，いとしい」〕

(心中天の網島・2-429)

(44)で，さゐと権三とは不義者と誤解されることが免れなくなっている。さゐはもともと親密ではなかった権三に，いっそ本当の不義者になってくれと頼み，真に名誉を守ってやりたいはずの夫を，あえて「市之進」と呼び捨てにしている。(46)は，小春が治兵衛の妻に義理立てして，同じ場所では死にたくないと訴えたために，治兵衛が1人で縊死することを選んだ，それについての謝罪である。

3.6　相手の感情への理解

自分の行為が原因となって生じた相手の不快の感情を理解できると述べることは，代表的な謝罪の表現であった。それは，『心中天の網島』に見える(47)のような一節からも知られる。

(47)　ご立腹の段もつともとも，お詫び申すは以前のこと，……〔お腹立ちの点は尤もと，口先でお詫び申すのは以前の放蕩時代のこと。……〕

(心中天の網島・2-415)

(48)から(51)はこの表現の例である。(48)は「自分の過ちの承認」である「身があやまり」と併せて行われている。

(48)　[権三→ゆきの乳母]「オヽ女中の気では恨みもつとも，文は落ち散る。遠慮深く，返事せぬは，身があやまり，……」〔「オオ女の気持としては恨みももっとも。手紙は落ちたり散ったりする。用心して返事しないのは，私の誤り，……」〕

(鑓の権三重帷子・2-589)

(49) ［揚屋おかみ→侍客］「お道理〳〵，曰くをご存じない故，ご不審の立つはず，……」〔「ご尤も尤も，事情をご存じないので，ご不審が起るはず，……」〕　　　（心中天の網島・2-392）

(50) ［小春→孫右衛門］「みなお道理」〔「ご意見は，みなごもっとも」〕　　　　　　　　　　　　　　　　　　（心中天の網島・2-400）

(51) ［治兵衛→妻 さん］「悲しい涙は目より出で，無念涙は耳からなりとも出るならば，言はずと心を見すべきに，同じ目よりこぼるゝ涙の色の変らねば，心の見えぬは，もつとも〳〵，……」〔「悲しい涙は目から出て，無念の涙は耳からでも出るならば，何も言わずに心の中を見せられようが，同じ目からこぼれる涙の色が変わらないので，心の中の見えぬのは尤も尤も，……」〕　（心中天の網島・2-409）

(51)は，治兵衛は小春と縁を切ったはずなのに，小春が請け出されると聞いてなぜ泣くのかと，さんが恨み言を述べたことに対して謝罪するものである。

3.7 許しの依頼

自分が不快を与えた(与える)ことについて相手に許しを請う発言も，謝罪の表現として一般的であった。「御免あれ(御免なれ)」は，謝罪した後で相手から離れようとするとき(＝(52))，あるいは相手から離れることについて謝罪するとき(＝(53), (54))によく用いられる。(52)は「自分の行為の叙述」と併せて行われている。

(52) ［徳兵衛→群衆］「いづれもご苦労かけました，御免あれ」〔「どなたもご厄介をかけました。ご免なされ」〕

(曽根崎心中・2-29)

(53) ［治兵衛→兄 孫右衛門］「……これ兄ぢや人，片時もきやつが面が見ともなし，いざござれ。さりながら，この無念，口惜しさ，どうもたまらぬ。今生の思ひ出，女が面一つ踏む，ご免あれ」〔「……これ兄さん，ちょっとの間もあいつの面が

見たくもない。さあ帰りましょう。しかしながら，この無念，悔しさ，どうも我慢できぬ。この世の思い出に，女の面を一つ踏む，お許しください」〕　　　（心中天の網島・2-402）

(54)　［河内屋 徳兵衛→豊島屋 吉］「ハツ会うては気の毒，隠れたい，卒爾ながら御免なれ」〔「ハッ，会っては困る，隠れたい。突然で失礼ながら，ご免なさって」〕

（女殺油地獄・1-243）

「許してくれ（許してくだされ・許してたもれ）」は最も深い謝罪を表す。(56)の「わしが五百盗んだ」のような「自分の行為の叙述」や，(57)の「我故」，(58)の「これも女の回り知恵」のような「自分の過ちの承認」と併せて行われる場合も多い。

(55)　［治兵衛→妻 さん］「あまりに冥加恐ろしい。この治兵衛には親の罰，天の罰，仏神の罰は当らずとも，女房の罰一つでも将来はようないはず，許してたもれ」〔「あまりに結構すぎて天罰が恐ろしい。この治兵衛には親の罰，天の罰，仏神の罰は当らなくても，女房の罰一つだけで未来はよくないはず。許しておくれ」〕　　　（心中天の網島・2-413）

(56)　［河内屋 さは→夫 徳兵衛］「徳兵衛殿，まつぴら許してくだされ，これは内の掛の寄り，与兵衛めに遣りたいばかり，わしが五百盗んだ，二十年添ふ仲，隔心隔てのあるやうに情けない，……」〔「徳兵衛殿，どうか許してください。これは内にあった，回収した売掛金から，与兵衛めにやりたいばかりに私が五百盗んだ。二十年連れ添う仲に，隔てたうち解けない心があるようで情けない。……」〕　　（女殺油地獄・1-245）

(57)　［治兵衛→小春］「なう，あれを聞きや。二人を冥途へ迎ひの烏，牛王の裏に誓紙一枚書くたびに，熊野の烏がお山にて三羽づゝ死ぬると，昔より言ひ伝へしが，我とそなたが新玉の，年の初めに起請の書き初め，月の初め月がしら，書きし誓紙の数々，そのたびごとに，三羽づゝ殺せし烏はいくばくぞや，常にはかはい／＼と聞く，今宵の耳へは，その殺生の

恨みの罪，報い／＼と聞ゆるぞや，報いとは誰故ぞ，我故つらき死を遂ぐる，許してくれ」〔「のう，あれをお聞き。二人を冥途へ迎えの烏だ。牛王の裏に誓紙一枚書くたびに，熊野の烏がお山で三羽ずつ死ぬと，昔から言い伝えたが，私とお前が新年の初めに起請の書き初めをし，月の初めごとに書いた誓紙の数々，そのたびごとに三羽ずつ殺した烏はどれほどの数になろうか。いつもは，かわいかわいと聞いたが，今夜の耳には，その殺した恨みの罪の，報い報いと聞えるぞよ。報いとは誰のせいか，私のせいでお前は辛い死を遂げる。許してくれ」〕 　　　　　　　　　　　（心中天の網島・2-429）

(58) ［河内屋 さは→夫 徳兵衛］「……これも女の回り知恵，許してくだされ徳兵衛殿，……」〔「……これも女の浅はかな知恵，許してください徳兵衛殿，……」〕（女殺油地獄・1-245）

　許しの依頼として，他に(59)，(60)のような言い方も見られる。これらは，「自分の行為の叙述」((59)「人違へ」)，「自分の過ちの承認」((60)「怪我でござる」)，「自分の不本意の表明」((59)「面目なや」)と併せて行われている。

(59) ［森右衛門→遊客］「ヤア，こりや与兵衛でない，人違へ，まつぴら／＼，面目なや」〔「ヤア，これは与兵衛ではない，人違い。まっぴらご免，面目ない」〕　（女殺油地獄・1-255）

(60) ［与兵衛→侍］「ア，お侍様，怪我でござる。御免なりませ，お慈悲／＼」〔「アアお侍様，過ちでございます。お許しくださいませ。お慈悲，お慈悲」〕　　　（女殺油地獄・1-217）

3.8　相手への畏敬

　自分がこれからなす行為のために，相手が不快の感情を抱くことになるのがおそれ多いという意味の「もったいない」は，死を決意した者が，自分の死後を処理するであろう上位者に対して行う謝罪の表現である。この言葉は常に相手のいない所（心内の場合もある）で発せられ，実際に相手に届くことはない。(61)の「亡き跡までもとやかくと，ご難儀

かけん」, (62)の「後から後までご厄介」のような「自分の行為の叙述」や, (61)の「罪を許してくだされかし」のような「許しの依頼」と併せて行われている。

(61) ［徳兵衛→叔父］「我幼少にてまことの父母に離れ, 叔父といひ, 親方の苦労となりて人となり, 恩も送らずこのまゝに, 亡き跡までもとやかくと, ご難儀かけん, 勿体なや, 罪を許してくだされかし。……」〔「私は幼少のときに, 実の父母に離れ, 叔父でもある, 親方の世話になって成人し, 恩返しもせずこのままに, 死んだ後までもとやかくと, ご難儀をかけるであろう, もったいないこと。どうか罪を許してくださいませ。……」〕
(曽根崎心中・2-40)

(62) ［治兵衛→兄 孫右衛門］「十悪人のこの治兵衛, 死に次第とも捨ておかれず, 後から後までご厄介, 勿体なや」〔「極悪人のこの治兵衛を, 死ぬなら勝手に死ねと捨ててもおかれず, 後後までご厄介をかけ, 勿体ないこと」〕
(心中天の網島・2-422)

4．まとめ

　この論文では, 室町・江戸時代の感謝表現・謝罪表現における配慮について考えてみた。具体的には, 近松世話浄瑠璃を資料とし, 江戸時代の上方語について観察をおこなった。この論文では以下の点を明らかにした。

(63) 感謝表現においては,「よい」などによる〈相手の行為への評価〉や,「嬉しい」「かたじけない」のような「快」・「恐縮」の〈感情表明〉という要素が含まれていた。これらの諸要素は単独使用の場合も併用の場合も見られた。また,「御厚恩に受けまする」のように, 両者を含まない直接的な感謝の意思表明も見られた。

(64) 謝罪表現では,〈自己の行為叙述〉,「あやまつた」による〈過ちの承認〉,「面目ない」による〈不本意の表明〉,「もっ

たいない」「かたじけない」「もっとも」による〈相手への畏敬・憐憫・共感〉の表現、〈自分の行為叙述〉と共に用いられ、「御免あれ」などによって相手への許しを請う〈許しの依頼〉が見られた。これらの要素も、単独使用、併用の両方があった。

(65) 近松世話浄瑠璃には、いくつかの定型的な感謝表現、謝罪表現が見え始めている。それらは現代語の「ありがとう」「ごめんなさい」「すみません」などに通じるものであり、この論文で観察してきた江戸時代の上方語の状況は、近現代語において定型的表現が発達していく流れのなかで、萌芽的な段階を示すものと思われる。

調査資料

『近松門左衛門集』(新編日本古典文学全集74・75)、鳥越文蔵・山根為雄・長友千代治・大橋正叔・阪口弘之(校注・訳)、小学館、1997-2000.

引用文献

藤原浩史(1993)「平安和文の謝罪表現」『日本語学』12-12, pp.48-57, 明治書院.

藤原浩史(1994)「平安和文の感謝表現」『日本語学』13-8, pp.38-46, 明治書院.

明治・大正時代の配慮表現

木村義之

1. この論文の主張

　この論文では，明治・大正時代の対人配慮表現のうち，行為要求の場面において，発話の冒頭に用いられる前置きの表現がどのように定型化していくのかについて明らかにする。対人配慮表現が現れやすいとされる行為要求の場面は，現代語で依頼，許可求め，指示・命令，禁止，勧誘，助言・忠告，などの区分が考えられる。ただし，これらは連続的であり，表現形式だけを見て発話意図に単一のラベル付けをすることがむずかしい場合も少なくない。そこで，まずは現代語における断りの典型例を基準として，明治・大正時代との用例を対応させながらとらえる。当期の配慮表現に関しては，主に詫びと感謝の表現が前置きとして定型化していく様相を観察しながらまとめることにする。また，詫びと感謝が同一場面で用いられることに関して，恐縮の意識を重視すべきだということを主張する。

2. 行為要求の場面における現代語の発話モデル

　行為要求の場面では，発話意図として〈前置き〉や〈切り出し〉などと呼ばれる定型的な表現を用いることで，話し手が聞き手に対して配慮していることが認められることがある。たとえば，蒲谷宏・川口義一・坂本恵(1998: p.141)では，相手にとって負担の大きい事柄を依頼する際には，想定される表現の展開として，(1)のような例を示している。

（1）「すみません。」と「切り出し」て，
　　　「ちょっとお願いしたいことがあるんですが，今よろしいでしょうか。」と「依頼の可能性確認」し，
　　　「相手」の反応（「はい，何でしょう。」など）を確認した上で，
　　　「こんなことを先生にお願いするのは申し訳ないんですが，ほかにお願いできるような人がいないものですから……」などと「言い訳・お詫び」をして，
　　　「実は，今度留学することになったんですが，それで推薦状が必要になりまして」と「事情説明」し，
　　　「ご迷惑かとは思いますが，推薦状を書いていただけないでしょうか」と「依頼」する。

　また，多門靖容(2008: p.16)では，多門靖容・岡本真一郎(2005)を踏まえながら，現代語の定型の前置き表現に形式と機能の面から(2)のような規定を与えている。

（2）〈形〉ガ／ケドを除いた言い切り形が，定型的な，謝罪，非礼詫び，労い表現
　　　〈機能〉対人接触場面で，実質的な迷惑・負担，または感情に配慮するもの

　本論文で取り上げるのは，(2)の規定に見える〈形〉と〈機能〉の両面である。このような定型的表現の代表としては，現代語の「すみませんが，」がある。尾崎喜光(2006)は，現代語の依頼に対する断りの場面で(3)のようなモデルが期待されるとしている。

（3）すみませんが〈詫び〉，○○なので〈理由説明〉，△△できません〈断りの述部〉

　このように，「すみませんが」は(1)のように依頼する側でも使用され，(3)のように依頼に対する断りを述べる側でも使用される。これは「聞き手に対する心理的および実質的負担を詫びる意志の表明」であるとともに，「発話内容を予告することで聞き手の驚きを緩和しようとする配慮の表明」と考えられる。もちろん，依頼に対する〈断り〉の意図を伝える表現は多様であり，実際の発話では(3)を(4)のように組み替

えて，具体的な〈理由・事情説明〉が発話の冒頭に来る場合もありうる。
　　（4）　○○なので〈理由説明〉，△△できません〈断りの述部〉
　　　　　○○なので〈理由説明〉，すみません〈詫び〉
　しかし，これらは(3)のようなモデルが倒置されたもので，断りの典型例とはなりにくく，聞き手にとっても配慮を欠く表現としてとらえられそうである。定型的表現や典型的モデルが想定される場合，期待される表現形式から外れた形式を用いると，聞き手にとっては配慮を欠いていると考えてしまうからだと思われる。書き言葉では，特に書簡などで形式が重視される。話し言葉でも，公的で儀礼的な場合には同様の傾向が存在する。このような聞き手への配慮を示す前置きの表現の発達については，高山善行(2012)が，中世に萌芽が見られ，近世を通じて次第に発達し，明治以降に定型化していくという見通しを示しており，中世以前では，配慮を示す部分を主として述語が担っていたという。
　このような見通しに立って，本論文では明治・大正時代の前置き表現の定型化の様相を明らかにする。観察対象を広げるために，（2）に掲げた〈形〉の規定をより広くとらえ，「伝達内容に先行する部分に現れ，そこに対人配慮が認められる句以上の単位で，異なる発話者に共通して現れる表現形式」を〈対人配慮表現における発話導入部〉と規定する。そのため，他の論考で術語化している〈前置き表現〉とほぼ重なるが，それよりも範囲は広くとらえている。通時的な観点から何が定型で，何が典型であるかをとらえるためには多くの用例の蓄積が必要であり，そのためには観察の網を広げたほうが有効だと考えたからである。

3．明治時代初頭の発話導入部
3.1　人物に対する呼びかけ
　まず，明治時代初頭の『西洋道中膝栗毛』から，現代語の発話導入部と類似する機能をもつ表現として(5)から(8)のような例を取り上げる。〈　〉内は伝達内容，発話機能および発話意図を表している。
　　（5）　北「コウコウ弥次さん〈導入部〉，あんまり人の事は言はねへもんだぜ〈助言・忠告〉　（西洋道中膝栗毛・初・上・p.4）

(6) 弥「トキニ通さん〈導入部〉，親玉〔ひろざうをさしていふなり〕は何処へか出かけたといふから此方も市中をちつとぶらついて見やうじやねへか〈勧誘〉

(西洋道中膝栗毛・2・下・p.19)

(7) 北「……胸板が破たようだ。弥次さん〈導入部〉一寸見てくんねへ〈依頼〉　　　（西洋道中膝栗毛・2・下・p.20)

(8) 通「弥次さん〈導入部〉見なせへ〈指示・命令〉。……「アダムが峯」はアレアレむかふに見へる樹もくのしんしんと茂ツた高イ山に相違ねへぜ　（西洋道中膝栗毛・5・下・p.49)

(5)から(8)では人物に対する呼びかけが導入部となり，注目を喚起する切り出しとして使われている。ここには直接の対人配慮が認められるわけではないが，このような人物に対する呼びかけに続いて行為要求の表現が続く例は江戸時代から多く見い出すことができる。しかし，青木博史(2010: p.156)が述べるように，現代語の定型的表現「すみませんが」が断りの導入部に用いられる例は近世資料に見い出しにくい。

3.2　恐縮，慰労，懇請による導入部の表現

(3)のモデルにあるような「すみませんが」が導入部に用いられる例は明治初頭でも見出しにくいが，(9)のような例は注目される。

(9) 弥「モシ旦那へ〈導入部1〉。失敬ながら〈導入部2〉その繁盛記は土地案内にやアなりかねやせう〈助言・忠告〉。

(西洋道中膝栗毛・初・上・p.6)

(9)の〈導入部1〉は注意を喚起するための人物への呼びかけであり，続いて〈導入部2〉で「失敬ながら」という表現がみられる。「失敬」は，次の(10)のように詫びに連なる表現でも用いられる。

(10) 書「そんだらハア先生方は御当港の博識とぞんずるに，さいぜんより失敬のだん〈詫びの対象〉，まつぴら御免のウ下され〈詫び〉　　　（西洋道中膝栗毛・初・上・p.6)

(9)(10)の例をあわせて「失敬」の位置を考えると，(9)の「失敬ながら」は相手への非礼に対してあらかじめ詫びを伝える導入の機能を果

たしているが，一方では自身の恐縮の態度表明ともとらえられる。いずれにしても，(9)(10)には話し手の聞き手に対する配慮が認められる。現代語ならば，人間関係の結ばれていない見ず知らずの相手に話しかける際の切り出しとして，「すみません」や「失礼ながら」「失礼ですが」などの出現が期待されるところである。

そのほかには，依頼の場面で(11)から(13)のような表現が見える。

(11) 北「ヲイヲイ通次さん憚(はばか)りながら〈導入部〉亭主え行て三弦を一挺かりこんでくんせへナ〈依頼〉

(西洋道中膝栗毛・2・上・p.17)

(12) 弥「どうか御苦労(ごくらう)ながら〈導入部〉各方(みんな)に頼んで田舎道をモウ一遍たづねてもらつておくんなせへ〈依頼〉。

(西洋道中膝栗毛・2・下・p.23)

(13) 供「だれもゐるものはござらねへ。この竹へとりついてあがらツセへ 北「アアからだが綿を見るやうだ。後生(ごせう)だから〈導入部〉もツとこつちへ竿をのばしてくんなせへ〈依頼〉。

(西洋道中膝栗毛・5・上・p.46)

(11)の「憚りながら」は，差し障りのあることに対して遠慮する意だが，恐縮の表明として導入部に用いられている。(12)の「(どうか)御苦労ながら」は，現代語ならば「御苦労だが／御苦労(様)だけれど」のように定型化される慰労の意と考えられる。(13)の場面は，池に落ちた北八が助けを求める場面だが，「後生だから」は単なる依頼以上の深刻な依頼，すなわち懇請の導入部と言える。これは依頼表現の中でも，生命の危機や人生の大きな転機など，一般的な依頼場面とは異なる深刻な局面で発せられる表現であるため，特別な位置を占めると言えよう。

なお，「後生だから」のような表現は，現在では古めかしい語感をもつが，懇請の導入部に類似する形式として，明治後期には(14)から(16)のような遂行動詞またはその名詞形を使用する表現が見える。これらは現代語でも予告の表現として用いられている。

(14) 「宮(みい)さん，お前も自分の身が大事と思ふなら，又貫一が不便だと思つて，頼む！ 頼むから，もう一度分別を為直してく

れないか。」　　　　　　　　　（金色夜叉・前・8・p.156）
(15) 「実は，御願ひがあつて上りました。」と前置をして，級長は一同の心情(こころもち)を表白(いひあらは)した。　　　（破戒・21・7・p.149）
(16) 「私一生のお願が有りますが，叶へて下さいますか？」
　　　　　　　　　　　　　　　　　　（其面影・15・p.234）

　明治初頭の例を観察すると，機能としては，現代語の発話導入部と類似する例を求めることができるものの，その形式は近代以前の例に近い。特に，詫びの表現は少なく，現代語で一般的である「すみませんが」はほとんど見えない。それに代わって注目されるのは，恐縮，慰労の意を含む形式である。また，懇請の場合のように，依頼内容の深刻さによっても現れる形式に違いがあることが予想される。
　このように，明治時代初頭の状況を現代語と対比しながら観察するだけでも，導入部の様相記述からは重要な課題を見い出すことができる。

4．行為要求の場面に見える「すみませんが」
4.1　詫びと恐縮
　現代語の一般的な導入部である「すみませんが」形式を明治初頭に見いだすことはむずかしいことを述べたが，明治10年代末ごろになると，三遊亭円朝の落語速記に(17)のような例が見える。これは亥太郎という左官職人が，文治郎という侠客に借金をしようとする場面である。
(17) 文「外の事とも違ふから，……少々ぐらゐのことなら御遠慮なくお云ひなさい。亥「へえへえ……からビッショリ汗をかいて仕舞つた……実は金を借りに参つたので〈事情説明〉。文「道理でをかしいと思つた，一つ言(こと)ばつかり仰やるから，お正直です。亥「今まで身上(みじやう)が悪いから菓子屋も茶屋も貸さねえ，仕方がねえから旦那の所へ来たが，玄関の所へ来て這入り切れねえ……旦那〈導入部1〉済みませんが〈導入部2〉貸して下せい〈依頼〉。文「道理で……宜しい宜しいあなたが道楽に遣ふのでない立派なことです，……
　　　　　　　　　　　　　（業平文治漂流奇談・16・p.242）

ここで，〈導入部1〉の「旦那」は人物に対する呼びかけで，これまで見てきたとおり注意を喚起する切り出しとなっている。続く「済みませんが」は，下線部のみに注目すれば形式的に「（金を）貸して下せい」という依頼の，見かけ上の導入部となっている。しかし，その前に〈事情説明〉として「実は金を借りに参ったので」という依頼内容の核心を文治郎に告げているから，〈導入部2〉は現代語の「すみませんが，」と同じではない。しかし，聞き手に負担の大きい依頼をする場面に「すみません」の形式が現れることを示している。依頼が詫びと結びつきやすいことを示唆する例として注目される。このあたりに現代語の定型表現「すみませんが，」の萌芽が見られるのではないだろうか。

　西村啓子(1981)，山内良子(1986)によれば，幕末から明治初期にかけて「すみません」が謝罪の意で用いられる例が多くなるという。ただし，(17)で注意したいのは，借金という行為は相手の負担が大きい行為なので，そのことを相手に詫びる表現と考えるか，借金という行為をする自身の負い目を恐縮する表現ととらえるべきか，詫びと恐縮との境界は明確にしにくい。そのため，現代語のモデルと重ねて考えることには慎重を要する。ところが，明治後期の漱石作品には，(18)(19)のような例が見える。

(18) 「一寸失敬だが〈導入部〉待つて呉れ給え〈依頼〉。先つきから伺つていると○○子さんと云ふのが二返ばかり聞える様だが，もし差支がなければ承はりたいね，君」と主人を顧みると，主人も「うむ」と生返事をする。
（吾輩は猫である・2・p.70）

(19) 平岡が，失敬だが〈導入部〉鳥渡(ちよつと)待つて呉れ〈依頼〉と云つた間に，代助は行李(こり)と長襦絆と，時々行李の中へ落ちる繊(ほそ)い手とを見てゐた。　　　　　（それから・6・p.394）

　(18)(19)はいずれも発話者が男性であり，知識階層の人物であることから，「失敬」を使用する主体には位相的な偏りがあると予想されるものの，詫びと恐縮は依頼内容の相手に対する負担度にかかわらず緊密なものと考えられる。そこに「すみませんが」が行為要求の導入部として

定型化する要素があると考えられる。

4.2 行為要求場面における「すみませんが」の定型化

4.1では、「すみませんが」が定型化しつつある例を取り上げ、検討してきたが、19世紀末になると、現代語の「すみませんが」とほぼ等価と認められる(20)のような例が見える。場面としては、馭者が美人(=滝の白糸)に乗り合い馬車から降りるよう、依頼／指示している。

(20) 何思ひけむ、御者は地上に下立ちたり。乗合は箇抑甚麼と見る間に、渠は手早く、一頭の馬を解き放ちて、
「姉様〈導入部１〉済みませんが〈導入部２〉、一寸下りて下さい〈依頼・指示〉」
乗合は顔を見合せて、此謎を解くに苦めり。美人は渠の言ふがままに車を下りぬ。　　　　（義血侠血・5・p.7）

〈導入部１〉の「姉様」は乗り合い馬車に他の客もいることから、滝の白糸に対して注意喚起の機能を果たす呼びかけで、〈導入部２〉で「済みませんが」と切り出しがあり、「一寸(馬車を)下りて下さい」という依頼・指示の内容が続く。これは、現代語の依頼表現モデルときわめて近い例だと言えよう。

同様に、(21)は滝の白糸が馭者に対してたばこを求める場面であるが、呼びかけ、理由説明はないものの、依頼の導入部→依頼内容、という展開になっており、依頼内容は相手の負担度が比較的小さいと考えられる。(20)の例と合わせて考えれば、「すみませんが」が行為要求の場面で導入部として成立するのは、明治時代中期(19世紀末)ごろと見てよいのではないだろうか。

(21) 馭者は懐裡を捜りて、油紙の蒲簀莨入を取出し、いそがしく一服を吃して、直に物語の端を発かむとせり。白糸は渠が吸殻を撃くを待ちて、
「済みませんが、〈導入部〉一服貸して下さいな〈依頼〉」
馭者は言下に莨入と燐枝とを手渡して、
　　　　　　　　　　　　　　　（義血侠血・10・p.12）

(20)(21)以降になると,「すみませんが」の例を比較的容易に見い出すことができるようになる。

次の(22)は,2.でふれた蒲谷・川口・坂本のモデルにきわめて近く,呼びかけ(注意喚起)→詫び(導入部)→事情説明→依頼,と展開している。

(22) 月給の下りた時には,清三は屹度郵便局に寄つて,荻生君を誘つて,角の菓子屋で餅菓子を買つて来る。……清三の財布に金のない時には荻生君が出す。荻生君にもない時には,「和尚さん〈導入部1〉甚だ済みませんが〈導入部2〉,二三日の中におかへししますから〈事情説明〉,五十銭ほど貸してください〈依頼〉」などと言つて清三が借りる。
(田舎教師・15・p.162)

(23)から(25)は,話し手(依頼の主)と聞き手(依頼の受け手)の関係が身内またはそれに準じる関係である。

(23)は,話し手が娘,聞き手が父である。

(23) 「父さん,済みませんが,〈導入部〉この鞄を解いて見て下さいな〈依頼〉。 (家・下・3・p.206)

(24)は依頼の主(葉子)と依頼の受け手(倉地)は恋人どうし,(25)も依頼の主(行介)と依頼の受け手(高子)の関係は,夫婦恋人ではないものの,憎からず思う者どうしである。

(24) 葉子はしとやかにさう云つて寄り添ふやうに倉地に近寄つて……
「済みませんが〈導入部〉一寸脱いで下さいましな〈依頼〉」
「面倒だな,このままで出来ようが」 (或る女・38・160)

(25) 「すみませんが,〈導入部〉ぼくにうがいをくれませんか〈依頼〉。」
「はい。」 (波・子・2・8・p.64)

(26)は依頼内容が言語化されていないが,話し手(依頼の主)は女主人,聞き手(依頼の受け手)は小僧と女中である。ここは女主人が小僧に対して,殺した蛇の処理を依頼する場面である。

(26) 「そんなら小僧さん済みませんが〈導入部〉」と女主人が頼ん

だ。小さい女中が格子戸から小僧を連れて内へ這入つた。

(雁・19・p.122)

　(26)のように，雇う者と雇われる者という関係であれば，一般的には女主人が上，小僧や女中が下という立場にあったであろう。そのような関係の中で，「すみませんが」を用いたとしても，話し手の詫びの気持ちはかなり弱いと判断される。したがって，(24)から(26)のような間柄で用いられた「すみませんが」の部分は，(20)から(22)の例に比べると，本来の詫びや恐縮の意識がきわめて薄れており，依頼内容を導くための表現として形式化が進んでいると考えられる。そのため，現代語で一般的な「すみませんが」は明治中期から大正期(19世紀末から20世紀初頭)にかけて定型化し，定着していくものと見てよいだろう。

5．断り場面における感謝表現
5.1　断りと「ありがとう」

　相手の依頼，指示・命令，勧誘，申し出などを断ること自体が話し手にとっては心理的負担が大きいと考えられるので，〈断り〉の述部を明示することを避ける，といった配慮が働いたり，「すみません」のような詫びの表現が断りの導入部となることはすでに木村義之(2011)でも示した。ここでは，依頼・勧誘に対する断りの導入部に感謝表現が用いられることを見てみよう。

(27)　「ヲヤ誰方(どなた)かと思ッたら文さん………淋敷(さみし)ってならないから些(ちっ)とお噺(はなし)しに入(い)ッしやいな〈勧誘〉

　　　「エ多謝(ありがた)う〈感謝〉，だが最う些と後にしませう〈代案提示＝勧誘に対する断り〉　　　　　　　(新編浮雲・3・p.10)

(28)　「若し復職が出来れば此上も無いと云ツたやうなもんだらう。……がシカシ君の事たから今更直付(こつ)けに往き難いとでも思ふなら我輩一臂(いっぴ)の力を仮(か)しても宜しい。橋渡をしても宜しいが〈申し出〉如何だお思食(ほしめし)は〈意向確認〉

　　　「それは御信切(ごしんせつ)……難有(ありがた)いが〈感謝〉……

　　　ト言懸けて文三は黙してしまった，迷惑は匿しても匿し切れ

ない自ら顔色に現はれてゐる　　　（新編浮雲・9・p.44）
　感謝と断りが結びつくことについては，青木（2010：p.161）で，虎明本狂言の用例には「自分にとって恩恵のあることを勧められたことに対する断り（辞退）の場合，……感謝の気持ちを表明したうえで断る例もしばしば見られる」と述べている。このような断りの構造が，すでに室町末から江戸期にかけて見えることを明らかにしたものである。
　(27)(28)は明治前期における同様の構造をもつ例であるが，類例は，(29)(30)のように明治時代末から大正期にかけても見い出せる。
　　(29)　「君，煙草を呑むかい〈意向確認＝勧誘／申し出〉」と，どてらが「朝日」の袋を横から差し出した。……「難有う〈感謝〉，沢山です〈勧誘／申し出に対する断り〉」と断ると，どてらは別に失望の体もなく，自分でかたまつたうちの一本を，爪垢のたまつた指先で引つ張り出した。
　　　　　　　　　　　　　　　　　　　（坑夫・pp.446-447）
　　(30)　「もし御主人がやかましくなければ，今夜は此処に泊つて行つて下さい〈勧誘・申し出〉。それから僕のお母さんにも命拾ひの御礼を云はせて下さい。僕の家には牛乳だの，カレエ，ライスだの，ビフテキだの，いろいろな御馳走があるのです」「ありがたう。ありがたう〈感謝〉。だがおぢさんは用があるから〈事情説明〉，御馳走になるのはこの次にしよう。〈代案提示＝勧誘・申し出に対する断り〉――ぢやお前のお母さんによろしく」　　　　　　　　（白・3・p.158）
　特に(30)は，尾崎モデルの，詫び→事情説明→断りの述部，という展開と比べれば，導入部の詫びが感謝に入れ替わっている点以外，ほぼ同じ構成になっていることがわかる。その場合の感謝表現が「ありがとう」という近代以降に多用される表現を用いている，ということになる。

5.2　感謝と恐縮の間

　次に，感謝が詫びと入れ替えられることについて考えてみよう。
　同一の場面で，断りの導入部に感謝と詫びの両方が使われることがあ

ることについては，すでに佐久間勝彦(1983: pp.54-66)で「許しを乞う（ごめんなさい）｜自責（すみません）｜恐縮（恐れ入ります）｜喜び（ありがとう）」がそれぞれ重なり合い，「相手を思いやることが恐縮の念につながり，「すみません」の使用を生む」と述べられている。また，三宅和子(1993)では，indebtedness「借り」の有無が感謝と詫びの心理を左右すると説くCoulmas論文を援用し，考察を行っている。これらの研究をふまえて，断りの導入部に見られる詫びと感謝の選択は，次のようにまとめることができるだろう。

　　　相手の発話内容を〈恩恵的〉ととらえたとき＝かしこまりの態度
　　　　⇒感謝による導入部の使用
　　　話し手が断ることに〈負担〉を感じるとき＝自責・恐縮の態度
　　　　⇒詫びによる導入部の使用

一方で明治時代全般を見わたすと，「ありがとう」系の感謝表現以外には前代までの「かたじけない」がいまだに残存している。

次の(31)は，父が息子の忠告を〈恩恵的〉と考えるものの，現在の職業はやめられない，という考えを述べる場面である。ここでは「かたじけないが」の形式が導入部となっている。

(31)　「……子の情として親の身を案じてくれる，其の点は空（あだ）には思はん。お前の心中も察する，意見も解つた。然し，俺は俺で又自ら信ずる所あつて遣るんぢやから，折角の忠告ぢやからと謂うて，枉（ま）げて従ふ訳にはいかんで，のう。……」
はや言ふも益無しと観念して直道は口を開かず。
「そりや辱（かたじけな）いが，〈感謝〉ま，当分俺の軀（からだ）は俺に委（まか）して置いてくれ。〈((放任することの)依頼＝忠告に対する断り〉」
　　　　　　　　　　　　　　　（金色夜叉・後・1・2・p.211）

次の(32)でも，投資の勧誘・助言自体に対しては「御厚意辱（かたじけ）ないが」と感謝しているが，それを断ることに対しては「失敬だが」と詫びを述べている。

(32)　「其は惜しいもんだね。素寒貧の僕ぢや仕方ないが，武男君，如何（どう）だ，一肩ぬいで見ちやア〈勧誘・助言〉」……

「御厚意 辱 ないが〈感謝〉，吾輩の様に，何時魚の餌食になるか，裂弾，榴弾の的になるか分からない者は，別に金儲の必要もない〈不要の意志表明＝勧誘／助言 に対する断り〉。失敬だが〈詫び〉その某会社とかに三万円を投ずるよりも，吾輩は寧ろ海員養成費に献納する〈代案提示＝勧誘に対する断り〉」にべなく言放つ武男の顔，千々岩はちらと眺めて，山木に眴せし，　　　　　　　　　　（不如帰・2・2・pp.91-92）

　しかし，明治時代において「かたじけない」は詫びと明確に区別されて感謝の意に転じていたのかについては疑問が残るところがある。
　本来「かたじけない」は恐縮の意をもつが，相手の行為に恐縮を表明する点で感謝の意をもつようになったとされる。「ありがとう」が多用されるようになり，感謝専用の表現として自立していく一方で，「かたじけない」「すみません」のような表現は，明治時代でも恐縮の意を保存しつつ感謝の意を取り込んでいたと思われる。このことを考えるためには，「恐縮」という語そのものを観察する必要があろう。

6. 恐縮表明と行為要求場面における導入部

　これまで，明治・大正期の発話導入部について，主として詫びと感謝に分けてまとめながら，それらの例を見てきたが，ここでは「恐縮」という語そのものに注目し，通時的観点から今後の課題となるべき表現形式を考えてみたい。

6.1 「恐縮」の用法と恐縮の態度

　語としての「恐縮」は，佐藤亨(1980：p.19)が，『航米日録』(1860)に見えるサ変動詞の例として掲げ，『日本国語大辞典　第二版』(以下『日国』と略)では『航米日録』の例を初出とする。(33)は『日国』の挙例を底本にもどって引用したものである。
　　(33)　北風烈シク雨雪忽チ来リ忽チ止ミ，一日中頻リニ変ジ，波濤
　　　　　高ク船上ヲ飛騰ス。連日ノ風波人皆恐縮ス。
　　　　　　　　　　　　　　　　　　　　　　　（航米日録・1・p.15）

(33)は『日国』の語釈「①恐れて身がちぢむこと。恐怖で身がすくむこと。恐悚（きょうしょう）。」の例であるが，すでに現代語ではこの用法が見られない。現代語では「②相手に迷惑をかけたり，相手から厚意を受けたりして申訳なく思うこと。恐れ入って身を小さくすること。恐悚。」と理解するのが一般的だろう。『日国』では，(34)をこの用法の初出例として掲げており，同作品に(35)のような同じ用法の例も見える。
　　(34)　寔（まこと）に御他行のお妨を仕つりまして，実以て恐縮（きゃうしく）ではございますが。　　　　　　　　　　　　　　　（諷誡京わらんべ・2・p.262）
　　(35)　コレハコレハ御叮嚀（ごていねい）に。……わざわざ御柱車とは恐縮（きゃうしゅく）です
　　　　　　　　　　　　　　　　　　　（諷誡京わらんべ・6・p.276）
　また，近代辞書では，『改正増補　和英語林集成』(1886)に見えるので，明治以降に話し言葉で使用されるようになった和製漢語と考えられる。ただし，幕末の書状では，(34)(35)に先行すると考えられる例が19世紀半ばから末にかけて集中して見られる。
　(36)(37)は安政6(1859)年から万延元(1860)年，(38)は明治3(1870)年と推定される例（一部，筆者が読み下して示した）である。
　　(36)　当今の御場合，丹助御役替の旁ら役所内一同恐縮罷り在り
　　　　　　　　　　　　　　　　　　（井伊家史料・安政6年12月，p.185）
　　(37)　甚だ不束にて毎々申し上げ候も恐縮の至りに御座候得ども
　　　　　　　　　　　　　　　　　　（井伊家史料・万延元年正月，p.26）
　　(38)　此の上は恐縮乍ら謹しみ畏み存じ候
　　　　　　　　　　　　　　　　　　（醍醐寺文書・8・明治3年か，p.39）
　したがって，他の〈恐縮〉の意に連なる「かしこし」「おそる」「はばかる」などの語に比べれば，話し言葉での用法としては発生から歴史が浅い語である。本書の「室町・江戸時代の依頼・禁止に見られる配慮表現」（米田達郎）で，中世古記録にも前置き表現が見られることを述べているが，前置き表現として用いる例が話し言葉よりも書状に早く見えることは，「恐縮」の場合も同じである。そのため，通時的な意味変化と重ねて考えると興味深い。
　話し言葉で〈恐縮〉の意を表す表現としては，たとえば，江戸後期で

も広く用いられた「はばかり（さま）＋逆接」が，明治時代でも(39)のように見い出せる。

(39)　「酔はないと申上げ難い事なのですから，私少々酔ひますから貴方，憚様（はばかりさま）ですが〈導入部〉，最一つお酌（もう）を〈依頼〉」
　　　　　　　　　　　　　　　　　（金色夜叉・中・2・p.165）

「はばかる」自体は，本来，差し障りのあることに対する〈遠慮〉や〈恐縮〉を表明する語として使用されるが，明治・大正期の導入部に見られる例からはそのような意をくみ取ることはむずかしく，相手の負担度が軽い依頼にも使用されており，〈遠慮〉や〈恐縮〉の程度はかなり低と見てよいだろう。また，(40)の「恐れ入りますが」も，現代語の〈恐縮〉の表明に連なる表現と考えられる。このことは(40)の依頼の述部に見える丁寧度の高さによっても示唆されている。

(40)　烟草（たばこ）燻（くす）ゆらし居たる週報主筆行徳秋香（かうとくあきか）「渡部さん〈導入部1〉，恐れ入りますが，〈導入部2〉お序にお誦み下さいませんか〈依頼〉」　　　　（火の柱・7・2・p.285）

6.2 「恐縮」の変化

　もちろん，現代語でも「恐縮」には〈恐縮〉の意が保存されてはいるが，6.1に掲げた例に比べれば，使用される場面が次第に広がり，〈恐縮〉の意も薄れていくことがわかる。

(41)　女房「お帰んなさいまし，能く家を忘れなかったねえ」
　　　○「冗談いっちゃァいけねえやな，手前の家を忘れる箆棒（べらぼう）はありゃァしねえや。オヽ，奥方，甚（ひ）だ恐縮だが〈導入部〉お冷水（ひや）を一杯頂き度いね，水を一杯呉んなよ〈依頼〉」
　　　　　　　　　　　　　　　　　　　　（子別れ・p.372）

(42)　山男もしずかにおじぎを返しながら，
　　　「いやこんにちは。お招きにあずかりまして大へん恐縮です。」と云いました。　　（紫紺染について・p.169）

　(42)は，現代語で使用される〈恐縮〉の意を保ちつつも，〈感謝〉の意にも重なる例で，本来の〈恐縮〉の態度とは異なることがわかる。この

ような例を見い出すことは，現代に近づくにつれて比較的容易となる。

7.　まとめ

　近代語の中で発達してきたとされる発話導入部の表現は，明治・大正時代において，主に詫びと感謝の表現を用いて定型化してきたことが明らかになった。しかし，幕末から明治・大正という狭義の近代語の中で変化する「恐縮」という語に注目すると，語義が変化する中で，使用意識にも幅が生じていることがわかる。佐久間勝彦(1983)の分類にしたがえば，〈恐縮〉の意識は〈自責〉寄りであるものから〈喜び〉寄りであるものまで幅のあることがわかる。このことは，発話導入部の表現を用いる意識としての〈恐縮〉をどのように位置づけるかという次の課題を提起するように思われる。

　近代以降，詫びと感謝の表明は「すみません」と「ありがとう」に代表として表現の分化をみせるが，その根底にあるのは，次のような大きな流れではないかということである。

　　(43)　おそれ　→　かしこまり　→　恐縮　→　詫び
　　　　　　　　　　　　　　　　　　　　　　↘　感謝

　明治・大正時代にあっても，詫びと感謝の背景には，根源的な恐縮の意識は失われずに潜んでいるように思われる。

　本書の「奈良時代の配慮表現」(小柳智一)では，「古代語における配慮の中心は〈恐縮表明〉もしくは，〈畏慎〉がある」と述べるが，語としての「恐縮」の原義も〈おそれ〉から発しており，語義も(43)のように変化してきたと考えられる。5.2では詫び，感謝，恐縮の関連を指摘したが，古代語から近代語へという長い時系列で観察した結果と，狭義の近代語の中で起こった変化とが本質的に重なっている部分が大きいことが予想される。このような運用意識を証明するためには，さらに多様な用例の観察を積み重ねて検証し，帰納していくしかないと考える。

調査資料

「或る女」,有島武郎『有島武郎集』(現代日本文学全集21),筑摩書房,1954.

「井伊家史料」,東京大学史料編纂所(編)『大日本維新史料　類纂之部　井伊家史料25』,東京大学出版会, 2007.
「家」,島崎藤村『島崎藤村集』(現代日本文学全集60),筑摩書房, 1957.
「田舎教師」,田山花袋『田山花袋集』(明治文学全集67),筑摩書房, 1968.
「雁」,森鷗外『森鷗外集』(現代日本文学全集７),筑摩書房, 1956.
「義血俠血」,泉鏡花『泉鏡花集』(明治文学全集21),筑摩書房, 1966.
「坑夫」,夏目漱石『漱石全集３』,岩波書店, 1966.
「航米日録」,玉虫左太夫,沼田次郎・松沢弘陽(校注)『西洋見聞集』(日本思想大系66),岩波書店, 1974.
「子別れ」,柳家小せん,暉峻康隆・興津要・榎本滋民(編)『明治大正落語集成７』,講談社, 1981.
「金色夜叉」,尾崎紅葉『尾崎紅葉集』(明治文学全集18),筑摩書房, 1965.
「紫紺染めについて」,宮沢賢治『ポラーノの広場』(角川文庫),角川書店, 1996.
「白」,芥川龍之介『芥川龍之介全集６』,岩波書店, 1978.
「新篇浮雲」,二葉亭四迷,中村光夫(編)『二葉亭四迷・嵯峨の屋おむろ集』(明治文学全集17),筑摩書房, 1971.
「其面影」,二葉亭四迷『坪内逍遙・二葉亭四迷集』(現代日本文学全集１),筑摩書房, 1956.
「それから」,夏目漱石『漱石全集４』,岩波書店, 1966.
「醍醐寺文書」,東京大学史料編纂所(編)『大日本古文書　家わけ第19　醍醐寺文書之８』,東京大学出版会, 1974.
「波」,山本有三『山本有三集』(現代日本文学全集31),筑摩書房, 1954.
「業平文治漂流奇談」,三遊亭円朝『円朝全集４』,春陽堂, 1927.
「破戒」,島崎藤村『島崎藤村集』(現代日本文学全集８),筑摩書房, 1953.
「万国航海西洋道中膝栗毛」,仮名垣魯文,興津要(編)『明治開化期文学集』(明治文学全集１),筑摩書房, 1966.
「火の柱」,木下尚江『徳冨蘆花・木下尚江・岩野泡鳴集』(現代文学大系５),筑摩書房, 1977.
「諷誡京わらんべ」,坪内逍遥『坪内逍遥集』(明治文学全集16),筑摩書房, 1969.
「不如帰」,徳富蘆花『不如帰』(岩波文庫),岩波書店, 1938.
「吾輩は猫である」,夏目漱石『漱石全集１』,岩波書店, 1965.

引用文献

青木博史(2010)「近代語における「断り」表現―対人配慮の観点から―」『語文研究』108・109, pp.164-152, 九州大学国語国文学会.

尾崎喜光(2006)「依頼・勧めに対する断りにおける配慮の表現」国立国語研究所『言語行動における「配慮」の諸相』pp.89-114, くろしお出版.

蒲谷宏・川口義一・坂本恵(1998)『敬語表現』大修館書店.

木村義之(2009)「明治時代前期の「断り」表現―『一読三嘆 当世書生気質』『新編浮雲』を中心に―」『日本語と日本語教育』37, pp.7-25, 慶應義塾大学日本語・日本文化教育センター.

木村義之(2011)「発話導入部にみえる対人配慮について―明治・大正時代の謝罪・感謝系の表現を中心に―」 坂詰力治(編)『言語変化の分析と理論』pp.571-552, おうふう.

佐久間勝彦(1983)「感謝と詫び」水谷修(編)『講座日本語の表現3 話し言葉の表現』pp.54-66, 筑摩書房.

佐藤亨(1980)『近世語彙の歴史的研究』桜楓社.

高山善行(2012)「日本語の配慮表現行動の歴史的研究―これからの発展に向けて―」三宅和子・野田尚史・生越直樹(編)『「配慮」はどのように示されるか』(シリーズ社会言語科学1)pp.113-129, ひつじ書房.

多門靖容・岡本真一郎(2005)「定型の前置き表現分析のために」『人間文化』20, pp.426-410, 愛知学院大学.

多門靖容(2008)「定型の前置き表現のダイナミズム」, 森雄一・西村義樹・山田進・米山三明(編)『ことばのダイナミズム』pp.15-29, くろしお出版.

西村啓子(1981)「感謝と謝罪の言葉における「すみません」の位置」『日本文学ノート』16, pp.62-79, 宮城学院女子大学日本文学会.

日本国語大辞典刊行会(編)(2000-2002)『日本国語大辞典 第二版』小学館.

三宅和子(1993)「感謝の意味で使われる詫び表現の選択メカニズム―Coulmas (1981)のindebtedness「借り」の概念からの社会言語学的展開―」『筑波大学留学生センター日本語教育論集』8, pp.19-38, 筑波大学留学生センター.

山内良子(1986)「動詞「すむ」の語史―謝罪のことば「すみません」に至るまで―」『日本文学ノート』21, pp.77-94, 宮城学院女子大学日本文学会.

第4部　現代語の配慮表現の地理的・社会的変異

» 現代語の依頼・禁止に見られる配慮表現　　　　岸江信介
» 現代語の受諾・拒否に見られる配慮表現　　　　尾崎喜光
» 現代語の感謝・謝罪に見られる配慮表現　　　　西尾純二

現代語の依頼・禁止に見られる配慮表現

岸江信介

1. この論文の主張

　命令・禁止や依頼は，一般的には話し手が聞き手に対して何らかの行為を要求する手段である。現代において話し手が仮に命令・禁止や依頼を遂行するため，直接的な表現を用いたとすると，聞き手にとっては大きな負担となるばかりか，時には聞き手の面子を著しく傷つけることにもなりかねない。このようなリスクを回避するため，話し手は聞き手に対して常に気遣いながら働きかけようとするのが現代の対人コミュニケーションの大きな特徴であるといえよう。話し手は，命令・禁止表現や依頼表現の直接的な使用をできるだけ回避し，間接的な表現を用いて聞き手に行為を要求することになる。

　この論文では，このような状況をなるべく詳しく把握するため，特に現代における依頼と禁止に注目し，対人配慮表現という視点からこれらの表現の多様性について取り上げ，全国の大学生に実施した2種類のアンケート調査の結果をもとにその傾向と特徴について述べる。

　主張のポイントは，テキストマイニングにもとづく分析の結果，依頼・禁止にみられる配慮表現には回答者の属性によって差が生じることが判明したことにある。例えば依頼をするか否かという言語行動に関する地理的変異(地域差)や，呼びかける際に用いる前置き表現において性差(男女差)があるなどの点である。

2. 現代語の依頼・禁止における2種類の表現

　依頼・禁止における2種類の表現とは，直接的な表現と間接的な表現のことである。依頼表現や禁止表現は，話し手が聞き手への行為を要求するという点で共通しており，話し手の意図を依頼・禁止の表現をそのまま用いて表現する場合を直接的な依頼・禁止の表現と呼ぶことにする。(1)から(4)が，その例である。

　　(1)　写真を撮ってください。(依頼)
　　(2)　待ってくれよ。(依頼)
　　(3)　ここにゴミを捨てるな。(禁止)
　　(4)　一人で行ってはいけないよ。(禁止)

　ただし，通常の対人コミュニケーションではこのような直接的な表現が常に行われているわけではない。むしろ聞き手の負担にならないように気遣いを伴った間接的な表現が選択される方が現代では自然であるといえる。間接的な表現として，(5)から(8)を示す。

　　(5)　写真を撮ってほしいんですけど。
　　(6)　待ってもらってもいいでしょうか。
　　(7)　ここにゴミは捨てないようにしてくださいね。
　　(8)　一人で行かないほうがいいと思うよ。

　(5)は話し手の願望を述べたものであり，(6)は聞き手に許可を求めようとする表現である。また，(7)は依頼，(8)は助言をすることで，いずれも話し手の意図をこれらの表現に託して相手に伝えようとした間接的な発話行為であるといえる。

　直接的な依頼表現の使用を避けて，間接的な表現を選択する背景には，依頼や禁止を求められる聞き手の負担を少しでも軽減させたいという思いが働き，婉曲的な表現を選択することで，聞き手への配慮を表明しようとする話し手の意図があるためである。この意味で間接的な依頼・禁止の表現は，配慮表現の一種とみなすこともできる。ポライトネス理論では，FTA(Face Threatening Act：フェイス侵害行為)を回避しようとする行動とみることもできる。このような間接的な表現の使用の傾向は，依頼や禁止のみならず，現代の言語行動全般に及んでおり，

現代語の運用上の特徴の一つであるということができる。

　さて，歴史的な流れの中でこのような間接的な依頼・禁止の表現がどのような経緯を辿って現在に至っているか，現代語の視点から少し述べてみることにしたい。

3．命令・禁止・依頼各表現の歴史的変化

　上にみたように，現代の依頼表現の特徴として，間接的な依頼・禁止の表現を駆使する傾向が著しくなっている。このような傾向は，古い時代からみられたのであろうか。

　古代から近代に至るまでの身分制度による上下関係が明確な時代には恩恵を受ける場合や特別の依頼をする場合などを除き，目上から目下への配慮を行うことは少なく，本来，依頼よりも強力な行為要求である命令・禁止といった直接的な表現が採られることが多かったものと思われる。事実，古典作品では，依頼表現よりも命令や禁止などの表現を多く拾い上げることができる。逆の見方をすれば，命令や禁止を回避して依頼を行うという行動自体を配慮とみなせるが，歴史的に地位・身分の上下関係が固定した身分階級社会では，配慮は現代と比べてほとんどと言っていいほど，必要とされなかったものとみられる。

　一方，社会階層構造が大きく変化した現代においては，目上／目下といった関係よりもむしろ話し手と聞き手との親疎関係や社会的・心理的距離などが言語行動に大きく関与する。辻村敏樹(1981)，大石初太郎(1975)によると，このような歴史的変化が生じたのは，戦後からであるとしている。戦後，親疎関係や社会的・心理的距離をバロメーターとする言語社会が定着し，円滑な人間関係を維持するため，急速に発達した方略こそ対人配慮であったといえるであろう。このような流れの中で，間接的な依頼表現も次第に多用されるようになっていったと考えられる（図1参照）。

　以下では，現代語の依頼表現と禁止表現の特徴をさぐるため，現代における若者の依頼・禁止表現の運用に関する調査結果を取り上げ，主に性差・地理的変異の側面から言及する。まず，依頼表現からみていく。

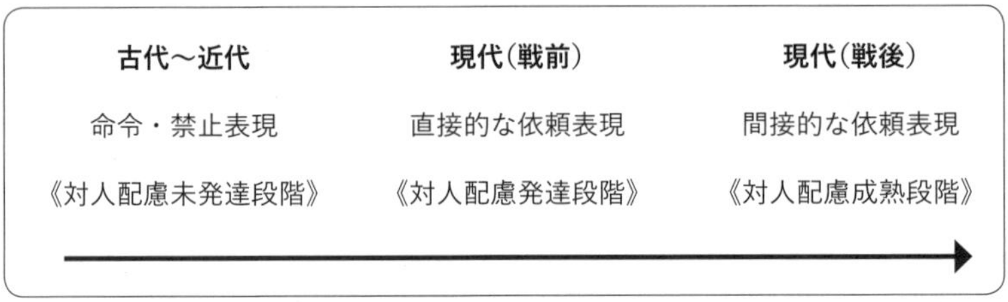

```
古代〜近代          現代（戦前）           現代（戦後）
命令・禁止表現      直接的な依頼表現       間接的な依頼表現
《対人配慮未発達段階》 《対人配慮発達段階》   《対人配慮成熟段階》
                                                              →
```

図1　依頼表現の変化過程（推定）

4. 依頼表現にみられる地域差と性差

通常，配慮の軽重は聞き手に要求する内容に左右されることが多く，同時にこれらの態度としての配慮に対応する配慮表現にも個人差が大きく影響するものと思われる。このような状況のもとで，依頼表現には多くのバリエーションが現れることが予想されるが，他方，話し手の属性によっても表現上のバリエーションに一定の傾向が見出されると思われる。

このような点を明らかにするためには，まず大量のデータが必要となるが，できるだけ日常のコミュニケーションで行われる発話行為を求めるため，自由回答形式でのアンケート項目を設定し，以下のような調査を企画した。

4.1　全国アンケート調査

全国の大学生を対象としたアンケート調査を実施した。調査は2007年6月から2010年1月にかけて行い，有効回答数は743名である。有効回答の内訳を表1に示す。なお，当調査は，配慮表現の地域差を解明するために行われた調査であり，依頼表現に関連する質問項目も依頼表現をとおして対人配慮のあり方を見出すとともに地域差が見られるかどうかを目指したものである。依頼表現に関する質問項目の内容を表2に要約して掲げる。

表1 アンケート有効回答者数

	近畿	中国	関東	中部	九州	東北	四国	北陸	全体
男性	64	16	56	7	6	18	35	10	212
女性	152	44	159	13	15	73	48	27	531
全体	216	60	215	20	21	91	83	37	743

表2 依頼表現に関する設問

【場面設定】 久しぶりに友達と行った自宅近くの名所で一緒に写真をとろうした時,ちょうどタイミングよく,〔3人の中学生グループ〕/〔中年の夫婦〕が近くにいた。そこで〔中学生グループの中の男の子〕/〔中年の夫婦の男性〕にシャッターを押してもらうよう,依頼しようと思った。

問1 それぞれのケースで実際に写真をとってもらうように頼みますか。
　　　{1.頼む(→質問2へ)・ 2.頼まない(→質問3へ)}
問2 この〔中学生の男の子/中年夫婦の男性〕に「頼む」とすると,どう言って頼むか,そのセリフを書いてください。
問3 それぞれの相手に写真を撮ってもらうよう依頼しようとした際,どの程度気をつかうか,その度合いについて記入して下さい。
　　　1.非常に気をつかう　2.かなり気をつかう　3.少しは気をつかう
　　　4.あまり気をつかわない　5.まったく気をつかわない

設問内容について少し説明を加えると,質問1で,この場面設定で実際に写真をとってもらうよう,頼むかどうかを尋ね,頼む場合は,質問2でどのような発話行為を行うか,自由回答を求めた。また,質問3では|頼む・頼まない|にかかわらず,依頼時の心理的負担(配慮)の度合いについて聞いた。

以下では,おもに性差や地理的変異の視点から調査結果にみられる特徴的な傾向についてみていくことにする。

4.2 依頼行動の東西差

　依頼表現の地理的変異についてみる前に，質問1の結果を取り上げることにする。上記のような場面設定で依頼をするかどうかについて，中学生の男の子の場合と中年夫婦の男性の場合とでは，頼むか頼まないかの回答の比率に差があるかどうかを確かめるため，それぞれ東日本と西日本の出身者，関東出身者と近畿出身者の回答者に対し，マクネマー検定を行った。なお，関東出身者は東日本出身者に含まれ，近畿出身者は西日本出身者に含まれる。結果は以下のとおりである。

表3　依頼相手に応じて写真撮影を頼むかどうか

全体	東日本出身者	関東出身者	西日本出身者	近畿出身者
χ^2=15.93	χ^2=7.76	χ^2=9.47	χ^2=9.47	χ^2=2.33
(p<0.01)	(p<0.01)	(p<0.01)	(p<0.01)	(p>0.01)
N=743	N=325	N=215	N=418	N=216

　全体としてみた場合，中学生の男の子に頼む場合と中年夫婦の男性に頼む場合とでは明らかな有意差がみられる。これは，中学生の男の子には頼みやすいが，中年夫婦の男性に頼むのはためらいがあるということを意味している。また，各出身地別に検定した場合，東日本出身者・関東出身者・西日本出身者では有意差がみられるが，近畿出身者にはそのような差が認められなかった。近畿出身者は依頼相手が誰であるかによって頼むかどうかを決めないということを物語っている。

　さて，上記の2場面において実際に写真撮影を頼むかどうか，地域差をみるため，近畿出身者と関東出身者との回答結果についてそれぞれ比較した。その結果を図2・図3に示す。

　この結果から写真撮影を申し出るか否かには，地域差があるとみられ，近畿出身者では，関東出身者に比べて，中学生の男の子・中年夫婦の男性いずれの場合にも依頼すると回答した者が多い傾向があり，有意差が認められた（p<0.05）。この傾向は，西日本出身者と東日本出身者の場合にもあてはまり，東日本出身者に比べ，西日本出身者に「頼む」と回答した比率が有意に高い結果となった（p<0.05）。

一般的に関西人は，誰にでも気軽に話しかけることが多いというようにみられているが，今回の結果は，このことを裏づけるものかもしれない。依頼行動を含めた配慮を伴うような行動において，この種の地域差が存在することは否めない。

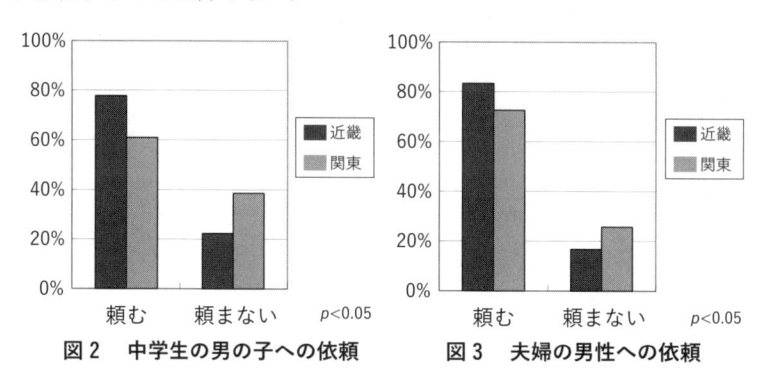

図2　中学生の男の子への依頼　　　図3　夫婦の男性への依頼

5. 依頼時の前置き表現の特徴

5.1 前置き表現の地理的変異

前掲，依頼表現の設問中の質問2では，質問1で「頼む」と回答した場合にどのように頼むか，その際の発話行為として自由回答を求めた。中学生の男の子，中年夫婦の男性，いずれの場合にも400前後の自由発話回答が得られた。また，その種類はともに70種類を超えた。そのいくつかの回答例を示す。

　　（9）　ちょっとすいません。シャッター押してもらえますか。
　　（10）　すみません。写真お願いしていいですか。
　　（11）　申し訳ありませんが，写真撮っていただけますか。

これらは多く集まった回答の代表的なパターンである。発話行為の地理的変異を考える場合，このような例文のままで処理するのは不可能である。そこで，熊谷智子・篠崎晃一（2006）を参考にまず，前置き（切り出し）部分である「ちょっとすいません」「すみません」「申し訳ありませんが」などに注目し，それぞれの依頼相手に応じてすべての回答からこの部分だけを取り出し整理し直してみた。その結果，中学生の男の子

では57種類，夫婦の男性では47種類の形式を認めることができた。前置き部分のこれらの形式がどのような地理的変異を示すかを知るために全国を便宜的に8つの地方にカテゴリー化した。回答が少なかった北海道，沖縄，甲信越地方はそれぞれ東北，九州，関東の各地方のデータとして扱った。8つの地方カテゴリーと，それぞれの前置きの形式(いずれも使用頻度4以上が対象)をクロス集計し，多変量解析の一種である対応分析(コレスポンデンス分析)にかけた結果が図4・図5である。

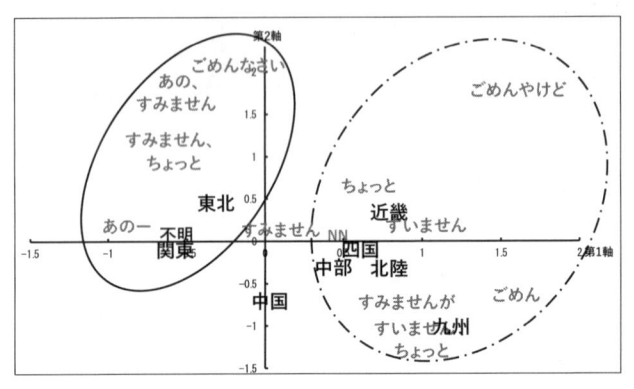

図4　前置き表現の地域差(中学生への依頼)

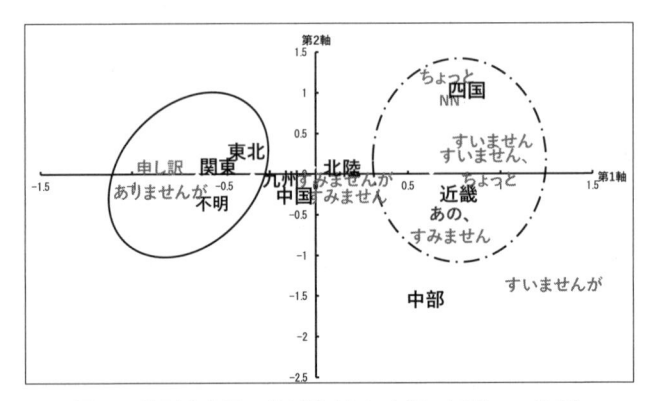

図5　前置き表現の地域差(中年夫婦の男性への依頼)

図4・図5ともに東西差がはっきりと出ている。両図の，それぞれの円内にポジショニングされているもの同士（地域・表現形式）は近い関係にあることを示している。このような東西差が表れた背景には，次の3つの理由が考えられる。

(12) 不明，すなわち少数派である「頼まない」場合が西日本と比較して東日本（東北・関東）に多い。

(13) 「すみません」という形式はほぼ全国で用いられるが，「すいません」は東日本で少なく，西日本，特に近畿圏に多い。

(14) 図4で，西日本には「ごめん」「ごめんやけど」など，「ごめん」系の形式の回答が多い。

なお，その他の特徴として，両図の原点付近に布置された「すみません」などは全地域からの回答が多かったことを示している。また，両図の四国付近のNNは，前置き表現形式がなかった回答を示し，いずれも四国出身の回答者に多かったことがわかる。

5.2 前置き表現の性差

前置き表現には，地域差のほか，性差がみられた（$p<0.01$）。まず，男性では，不明，すなわち「頼まない」の回答が多かったことと，前置き表現を用いない回答が女性に比して多かったことが指摘される。また，中学生に対する場合，近畿出身者に限られるが「ごめん」などの形式が多かった。一方，女性では，全体で使用頻度が高い「すみません」「すいません」の回答が多いという特徴がみられた。

6. 依頼時の文末形式の特徴

6.1 文末形式にみられる地理的変異

回答者全体の文末形式の数が多いので便宜的にいくつかの種類に分類する。例えば，「いただけますか」「いただいていいですか」などはITADAKU類としてまとめた。同様に「もらえますか」「もらっていいですか」などはMORAU類として整理した。この結果，おもに使用される授受表現形式には，地域差が認められる。図6では，近畿・東北・

中部・中国の各出身者ではMORAU類，関東出身者がITADAKU類，四国出身者がKURERU類といった傾向がある。また，北陸出身者には，ONEGAI類が目立った。ただ，MORAU類は原点直下に布置されているため，全域での使用が認められるわけであり，必ずしも西日本的だというわけにはいかない。

　図7でもほぼ同じ傾向が見出され，近畿・東北・中部・中国・北陸のMORAU類のグループと，ONEGAI, ITADAKU, KUDASAI各類の使用が特徴的な関東とが分かれる。KURERU類はやはり四国との関連が深い。

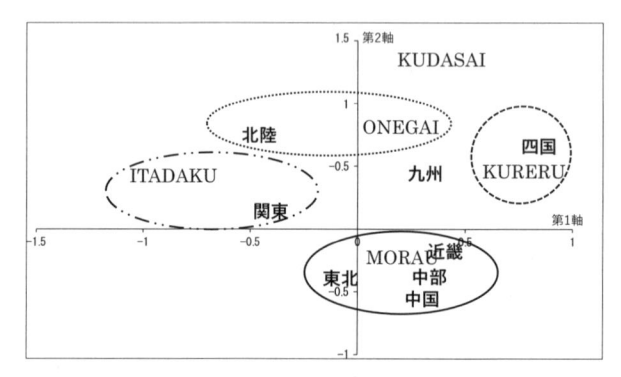

図6　文末形式の地域差（中学生への依頼）

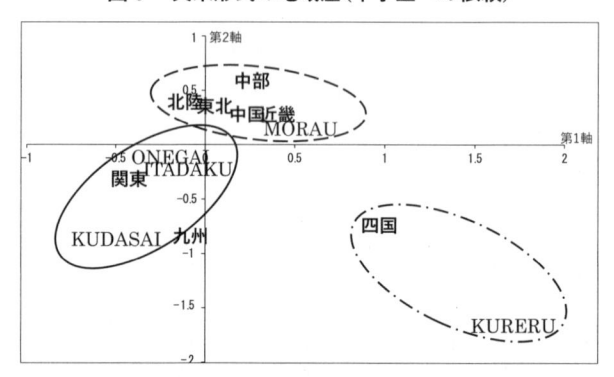

図7　文末形式の地域差（中年夫婦の男性への依頼）

6.2 文末形式にみられる性差

6.1では，言語形式のみに着目して地域差をみたが，つぎに機能面からバリエーションをみることにしたい。今回，設定した依頼表現に関する設問による回答を整理してみると，授受型，許可型，可能型，願望型，直接型の5つに分類(柳慧政(2005)を参照)ができそうである。

(15) 授受型
　　　例：「撮って頂けませんか」「撮ってもらえますか」など。
　　許可型
　　　例：「撮ってもらっていい」「撮っていただいてよろしいですか」など。
　　可能型
　　　例：「お願いできますか」「お願いできませんか」など。
　　願望型
　　　例：「撮っていただきたいのですが」「撮ってほしいんですけど」など。
　　直接型
　　　例：「撮って」「撮ってください」など。

まず，この機能別に分類した結果に地域差があるかどうかを確認するため，「5. 依頼時の前置き表現の特徴」で行った分析にかけてみた。地域差は認められなかったが，性差には有意な差がみられた。上記の分類のうち，授受型と許可型を合わせた割合は約90％であり，可能型，願望型，直接型は，いずれも5％にも満たない。男性は授受型が多く，女性に許可型の使用が多いという傾向がみられた($p<0.01$)。

ところで，許可型は，最近，若年層に多くみられる形式で，砂川有里子(2005)，山岡政紀ほか(2010)に本来，依頼の表現を用いるべきところに許可を求める表現が使われだしたものという指摘がある。若者独特の配慮意識が働き，この許可型が急速な勢いで使用され始めたものとみられる。今回のアンケート調査結果からおそらく女性がこの変化を先導した可能性が大きいことわかる。

授受型と許可型の具体的な形式が男女でどのように使われているか，

その実態を示すために図8・図9のネットワーク図を掲げておく。この図は，例えば女性が回答した形式が「女性」と結ばれ，男性・女性の両方が回答した形式は「男性」「女性」両方と結ばれている。使用頻度が高いほど，結ばれる線が太くなっている。図8・図9ともに許可型の「もらってもいいですか」の使用が女性と太い線で結ばれており，この形式が女性に多く使用されることがわかる。

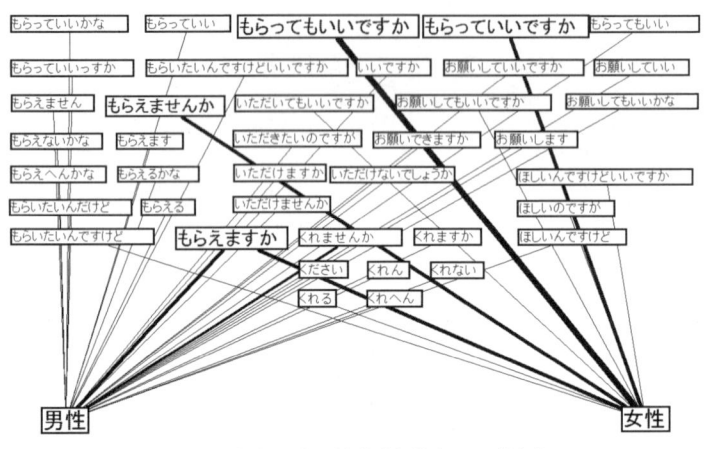

図8　文末形式の性差（中学生への依頼）

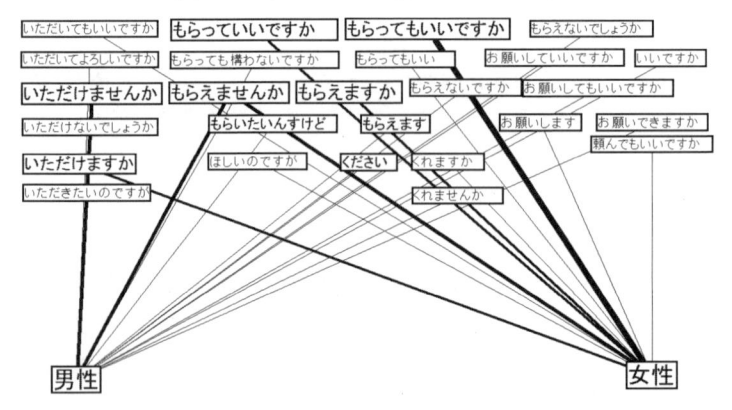

図9　文末形式の性差（中年夫婦の男性への依頼）

7. 依頼時の負担の度合いと文末形式の関係

表4　負担度に応じた文末形式の点数化（中学生への依頼）

中学生	1	2	3	4	5	合計	平均
いただけませんか	2	3	2	1	0	8	2.25
お願いできますか	0	3	3	1	0	7	2.71
くれますか	0	1	3	0	0	4	2.75
お願いしていいですか	0	1	3	0	0	4	2.75
お願いしてもいいですか	0	3	6	1	0	10	2.80
もらえますか	5	10	44	7	3	69	2.90
いただけますか	0	5	11	4	0	20	2.95
もらえませんか	2	10	32	14	0	58	3.00
もらえる	0	2	2	0	1	5	3.00
もらってもいいですか	0	17	49	12	3	81	3.01
もらっていいですか	1	7	37	12	0	57	3.05
くれませんか	1	1	11	4	0	17	3.06
ください	0	2	5	1	1	9	3.11
くれへん	1	0	2	1	1	5	3.20
もらえます	0	2	1	1	1	5	3.20
くれん	0	0	5	2	0	7	3.29
もらってもいい	0	1	4	4	0	9	3.33
						平均	2.98

表5　負担度に応じた文末形式の点数化（中年夫婦の男性への依頼）

中年夫婦の男性	1	2	3	4	5	合計	平均
いただけないでしょうか	6	7	3	0	0	16	1.81
もらえないでしょうか	1	4	1	0	0	6	2.00
もらってもよろしいでしょうか	1	3	2	0	0	6	2.17
お願いしてもよろしいですか	2	2	4	0	0	8	2.25
いただけませんか	8	27	20	3	0	58	2.31
お願いできますか	2	4	7	0	3	13	2.38
いただけますか	3	18	20	0	0	41	2.41
もらえますか	6	16	17	5	0	44	2.48
もらってもいいですか	8	23	38	3	0	72	2.50
もらえませんか	6	25	30	1	2	64	2.50
いただきたいのですが	1	2	6	0	0	9	2.56
いただいてもよろしいですか	1	2	3	1	0	7	2.57
もらっていいですか	1	10	22	4	0	37	2.78
お願いしてもいいですか	0	4	8	2	0	14	2.86
いただいてもいいですか	1	1	4	0	1	7	2.86
くれませんか	0	3	3	3	0	9	3.00
ください	0	0	7	0	1	8	3.25
						平均	2.48

　前掲の依頼に関する調査項目のうち，問3では，依頼の際，どの程度気をつかうか，その度合いを聞いたものである。この結果と，実際に回

答があった文末形式との相関から各形式間の傾向をみることにしたい。例えば，精神的負担度が高くなるにつれて，「頂けないでしょうか」「頂けませんか」などといった丁寧度の高い形式が選択される傾向がある。負担度を「1．非常に気をつかう」「2．かなり気をつかう」「3．少しは気をつかう」「4．あまり気をつかわない」「5．まったく気をつかわない」の 5 段階とし，気をつかう度合いが高い順に 1 点〜 5 点の得点を与えて集計し，表 4・表 5 に示したようにそれぞれの形式の点数化を行った。点数が低いほど，負担度が高くなり，それに応じた形式と，その平均を求めることができる。各形式の平均は，使用頻度を考慮して算出しており，中学生への依頼場面，中年夫婦の男性への依頼場面における比較も可能である。中学生への依頼場面では，各形式の総平均が2.98，中年夫婦の男性への依頼場面での総平均は2.48であった。比較すると，相手が中年夫婦の男性である方が，より相手に気をつかう場面だということがうかがえる。

　このように場面間で使用された表現形式を点数化することで，異なった場面での精神的負担度，すなわち配慮の程度を知ることができるとともに選択された形式の傾向をつかむことができる。

8．禁止にみる配慮表現

　禁止表現は聞き手に対する行為要求の度合いが依頼表現に比較して強いため，通常の対人コミュニケーションでは親しい間柄であったとしても用いられることが少ない。したがってこれに代わる配慮をともなう表現が用いられる方がむしろ自然である。直接的な禁止表現を回避する場合の方略としては，依頼のほか，助言や確認などの表現が用いられることが多い。以下では，先に依頼表現のところで取り上げた全国アンケート調査に先だって行った，配慮表現に関するパイロット調査で設定した禁止表現に関する質問項目の結果を紹介し，おもに機能面から地理的変異や性差等を中心にその特徴に触れてみたい。

8.1 パイロット調査

この調査は，2006年11月～2007年2月にかけて行い，6県の大学生を対象にアンケート形式で行ったものである。全体で488名から回答を得た。表6に出身地別の回答者数，その下に禁止表現に関する場面設定と質問文を掲げる。

表6　アンケート有効回答者数（出身地域別）

	群馬県	大阪府	兵庫県	岡山県	徳島県	宮崎県	全体
男性	23	33	41	37	105	13	252
女性	70	13	21	30	94	8	236
全体	93	46	62	67	199	21	488

表7　禁止表現に関する設問

【場面設定】　町内のゴミ捨て場に指定されたゴミ以外のものがよく捨てられることがあり，町内会でゴミの当番を決めて，ちゃんと決められたゴミが捨てているかどうかを監視することになりました。あなたが当番のとき，〔近所の小学生の男の子／ネクタイをした中年の男性〕が指定外のゴミを捨てに来ました。

問1　このとき，その〔近所の小学生の男の子／ネクタイをした中年の男性〕に対して何か言いますか？
　　　言わない　・　言う（→問2へ）}
問2　どんなことを言いますか。下の欄にそのセリフを記入してください。

8.2　禁止表現の地理的変異

指定外のゴミが捨てられないかを監視する当番という設定なので，指定外のゴミを捨てに来た人に対して遠慮なく注意できるという場面設定を行った。この結果，直接的な禁止表現は用いず，依頼表現などに代表される配慮表現が多く回答された。ただ，寄せられた自由回答には，比較的長いものが多く，形式間での比較はほぼ不可能であった。そこで上

述したように,機能面での分類を行い,各々の回答にラベリングを行うことにした。機能としては次の5つを立てた。以下に,その代表的な回答形式と回答毎の機能について取り上げる。

(16) ここにゴミを捨てないでください。→　　依頼
(17) 今日はそのゴミの日じゃないんですけど。→　助言
(18) そのゴミをここに捨てるんですか。→　　確認
(19) 持って帰れよ。→　　命令
(20) このごみは捨てちゃだめだよ。→　　禁止

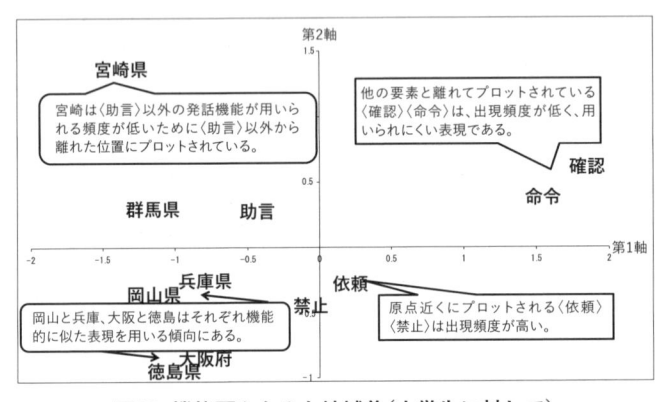

図10　機能面からみた地域差（小学生に対して）

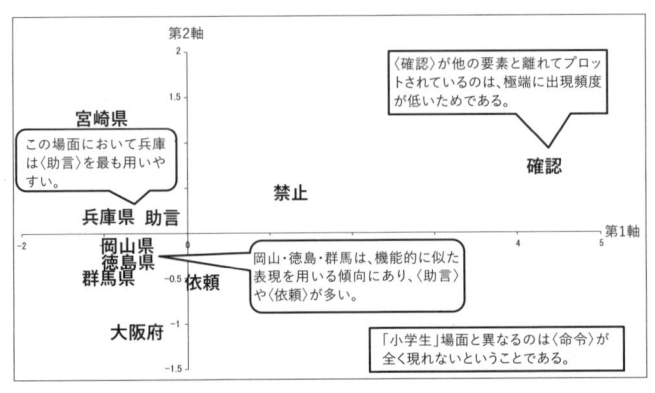

図11　機能面からみた地域差（中年夫婦の男性に対して）

この分類にもとづき，出身県と各回答（機能）を軸にしたコレスポンデンス分析の結果がそれぞれ図10・図11である。両図を比較して明らかになった点は，図10では地域差がみられ，大阪や徳島では直接的な表現として，禁止表現が使われる傾向にあるのに対し，群馬では配慮表現として助言が使われる傾向があるという点である。兵庫と岡山は厳密に言うと，群馬と大阪・徳島の中間的な位置にあるということができよう。一方，図11では兵庫・岡山・徳島・群馬はいずれも原点近くに集まっており，助言や依頼もその近くに布置されている。このことは，これら4県では助言や依頼の回答が多かったことを物語る。すなわち，小学生に対しては禁止表現を用いる地域も，中年男性に対しては助言や依頼などの配慮を伴った表現に切り替える傾向があることが判明した。

8.3　禁止表現にみられる性差

　男性では，小学生に対して禁止表現の使用が多いのに対し，女性は依頼や助言が多いという傾向がうかがわれる（$p<0.01$）。一方，中年の男性に対しては，男性で禁止表現のほか，何も言わない場合が多く，女性では依頼が多い。助言については，男女とも大きな差はない（$p<0.05$）。
　全体として，男性に比べ，女性の場合は直接的な禁止表現が少なく，配慮表現を多く使う傾向がみられる。

8.4　禁止表現回避時の依頼表現の特徴

　機能上の特色として，禁止を回避する際，依頼には，助言などと比較して理由説明が付加されることが多いようである。小学生に対する場合も中年男性に対する場合も，依頼では，理由説明を行う場合が多く，統計的に有意であることがわかった（$p<0.01$）。
　　（21）　<u>ここはごみを捨てる場所じゃないから</u>ちゃんと決まったところに捨てて。
　禁止を避け，依頼を選択するという配慮に加え，さらに理由を付加することで，行為要求をよりいっそう間接的に行おうとする配慮も加わっているものとみられる。

禁止表現を忌避し，依頼表現を用いる背景には，配慮のあり方にこのような特徴があることを付言しておきたい。

9. まとめ

対人コミュニケーションにおける配慮のありようは，固定的ではなく，つねに流動しており，その変化は現在も進行中である。地域，世代，性差などといった属性を比較しても，その違いは一目瞭然である。

ここでは，依頼・禁止場面において配慮表現にどのような特色がみられるか，特に大学生を対象にしたアンケート調査結果をもとに地域差や性差に言及した。その結果，地域差や性差が随所にみられたが，一方で全体として，若者世代には配慮表現が増加していることがうかがえた。

このことは，現代社会において家族関係や友人関係を含めて，対人関係自体が変化してきていることと無縁ではないと思われる。人間同士の関係が希薄になることによって，配慮を意識し，親から疎へ向かおうとする言語行動が目立つことになっているのかもしれない。解明すべき今後の課題である。

引用文献

大石初太郎(1975)『敬語』筑摩書房.

熊谷智子・篠崎晃一(2006)「依頼場面での働きかけ方における世代差・地域差」国立国語研究所『言語行動における「配慮」の諸相』pp.19-54, くろしお出版.

砂川有里子(2005)「ご住所書いてもらっていいですか」北原保雄(編)『続弾！問題な日本語』pp.84-89, 大修館書店.

辻村敏樹(1981)「敬語の歴史学」『國文學　解釈と教材の研究』26-2, pp.48-58, 學燈社.

柳慧政(2005)「韓国語と日本語の依頼表現の対照研究―依頼表現の使い分けを中心に―」『日語日文学研究』pp.269-288, 韓国日語日文学会.

山岡政紀・牧原功・小野正樹(2010)「日本語の配慮表現」『コミュニケーションと配慮表現』pp.138-232, 明治書院.

現代語の受諾・拒否に見られる配慮表現

尾崎喜光

1. この論文の主張

　良好な関係が形成されている他者からの要求を受け入れたり(受諾)断ったり(拒否)する際，どのような表現が他者への配慮表現として現在機能しているかについて，700人を超える全国の大学生から得たセリフ記述式による発話回答を対象に分析した。

　回答データを観察したところ，受諾では(a)積極性明示表現，(b)自分の動作への授受表現が，また拒否では(c)詫び表現，(d)理由説明，(e)不可能表現，(f)強調表現「どうしても」，(g)別の協力の申し出表現が他者への配慮表現として機能していそうだという見通しを得た。

　調査では上下2種の話し相手を想定させたが，このうち下位者よりも上位者に対し頻出する表現や，受諾や拒否をする際に相手への負担を強く感じる回答者たちの間で使用が高くなる表現が配慮表現として機能しているという考え方から，この見通しを検討した。その結果，これらはいずれも他者への配慮表現として機能していることが確認された。また，回答者を男女別，出身地別に分析したところ，一部の表現については性差・地域差が認められることも確認された。

2. 受諾場面に見られる配慮表現

2.1 受諾場面の調査概要

　他者からの要求や勧めを受け入れる受諾場面は，後出の断り場面ほど

他者に気をつかう状況ではないが，尾崎喜光(2006a)が指摘するように，相手が低姿勢で依頼してきた場合は，応じ方によっては相手の低姿勢を肯定してしまったり恩着せがましい印象を与えてしまうこともありうる。日本語の敬語運用システムに，自分を低め相手を高くするという謙譲語Ⅰがあるが，それとも齟齬する。そのような印象を与えることは回避しなければならない。そのための配慮が，言葉でいろいろとなされているのではないかと考えられる。

もっとも，本節の冒頭で述べたように，後出の断り場面と比べれば受諾場面はあまり気遣いがいらないことは，それを述べる際の負担度が両者でおおいに異なる点からも確かである(後出の図1の受諾の負担度と図4の断りの負担度の数値を比較)。そのため，「受諾」が研究対象とされることは従来あまりなかった。

そうした状況にあって，高木美嘉(2003, 2006)は「受諾」を分析対象に含む数少ない研究の1つである。しかし，その研究では，会話のやりとりにおいて受諾がどう実現されるかの解明や，受諾の表現群についての言語行動上からの整理分類が中心的な関心であったため，受諾する際のどの表現が依頼者への配慮として機能しているかは十分明らかにされていない。本研究ではそれを明らかにすることをめざす。

本節では，すでに良好な関係が形成されている他者からの要求を受諾する状況において，発話中のどのような表現が他者への配慮として機能しているかについて，地域差や性差等も考慮しつつ，本書の研究グループが大学生を対象に収集したデータを分析することにより検討する。

アンケートで設定した受諾場面は次のとおりである。

　　＜別の日での引越しの手伝いを頼まれ，可能なので引き受ける＞

調査票では，後出の「断り場面」をまず質問した。そこでは，「引越しの手伝いを頼まれたがその日は法事があるので断る」という場面を設定したが，これに続くストーリー仕立てで「受諾場面」を設定したことから「別の日での引越しの手伝いを頼まれ」としたものである。

回答者に想定させた受諾の相手(＝依頼した人物)は，「いつもたいへん世話になっている先輩」(以下「先輩」)と，「子供の時からずっと親し

くしている後輩」(以下「後輩」)の２種とし，ふだんの発話をそれぞれセリフとして該当欄に記入してもらった．後述するように，受諾する際に気をつかう度合は先輩の方が強いことから，後輩よりも先輩で多く現れる表現が「配慮」として機能していると考えられる．

アンケートの回答者は大学生743人であるが，本設問への無回答者や，発話ではなく説明として回答した者，さらに30代以上の回答者を除く720人の回答を分析対象とする．

全ての発話回答(セリフとしての回答)を読んで確認したところ，次の２つの表現が，受諾場面において配慮として機能していそうだ，あるいは表現に性差や地域差がありそうだという見通しを得た．

（１）　積極性明示表現
（２）　自分の動作への授受表現

これらの他，「手伝います」に対する「手伝いますよ」，「手伝いに行きます」に対する「手伝いに行きますね」のように，先輩に対し丁寧語とともに終助詞「よ」「ね」を使用することも，目上に対し距離を置きつつも親しみも同時に示すという，ある種の配慮表現として機能していると考えられる．分析したところ，確かにそうであることが確認された．しかし，これらは他と異なる方向への配慮と考えられることから，稿を改めて論じることにする．さらに，依頼に対し肯定の応答詞を伴って応じる場合，「うん」「ああ」等に対する「はい」も配慮表現として機能していることが考えられるが，これについてはすでに国立国語研究所(編)(2003)が明らかにしているので分析を省略する．

以下，本節ではこれら２つの表現について分析した結果を検討するが，それに先立ち，相手の依頼を受諾する際の気遣い，すなわち受諾の負担度に，「先輩」と「後輩」で違いがあるのかないのかを確認する．

2.2　設定した受諾場面の負担度

「先輩」と「後輩」に対する受諾の負担度(気遣いの度合)を確認するため，回答者には，自分で気をつかうと思う度合いを次の５つの選択肢からそれぞれ１つ選ばせた．

1．非常に気をつかう
2．かなり気をつかう
3．少しは気をつかう
4．あまり気をつかわない
5．まったく気をつかわない

　選択肢の番号を数値として用い，それぞれの相手に対する負担度の平均値を示したのが図1である。「1.0」に近いほど負担度が高い。

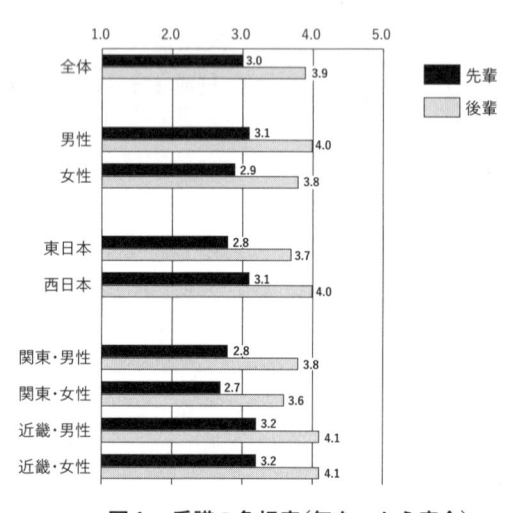

	先輩	後輩
全体	3.0	3.9
男性	3.1	4.0
女性	2.9	3.8
東日本	2.8	3.7
西日本	3.1	4.0
関東・男性	2.8	3.8
関東・女性	2.7	3.6
近畿・男性	3.2	4.1
近畿・女性	3.2	4.1

図1　受諾の負担度（気をつかう度合）

　「全体」を見ると「先輩」が3.0，「後輩」が3.9であり，先輩に対する方が数値が低く，負担度(気をつかう度合)が高いことが確認される。つまり，後輩よりも先輩で多く現われる表現は「配慮表現」として機能しているものと考えられる。

　男女別に見ると，先輩へも後輩へも，数値は女性の方がやや低い。女性の方が受諾を述べることを負担と感じる傾向がいくぶん認められる。

　回答者を出身地により東日本と西日本に分けたり，関東地方と近畿地方の出身者を抽出して男女別に分析したところ，東日本や関東地方で数値が低く，それらの地域出身者は他の地域出身者よりも受諾を述べるこ

とに気をつかい，負担と感じる傾向が認められる。
　以上の結果をふまえながら，2つの表現の出現状況を分析する。

2.3　積極性明示表現

　相手の依頼を受諾することに積極的であることを示す「ぜひお手伝いします。」や「喜んで。」のような副詞ないしは副詞相当句を用いることは，相手への配慮として機能している可能性が考えられる。
　該当する表現を分類し，出現状況を集計した結果が表1である。数値は縦の構成比である。

表1　積極性明示表現の出現状況

積極性明示表現 (「喜んで／ぜひ」のみ) の使用	先輩	後輩	先輩		後輩	
			男性	女性	男性	女性
(出現不可能)	61.9%	71.9%	68.6%	59.3%	78.9%	69.2%
φ	27.8%	27.6%	24.0%	29.3%	21.1%	30.2%
ぜひ。	0.1%	0.0%	0.0%	0.2%	0.0%	0.0%
ぜひ〜	6.4%	0.1%	2.9%	7.8%	0.0%	0.2%
喜んで。	0.7%	0.0%	1.0%	0.6%	0.0%	0.0%
喜んで〜	3.1%	0.3%	3.4%	2.9%	0.0%	0.4%
総計	720人	720人	204人	516人	204人	516人

　「いいですよ」や「その日なら大丈夫です」のように，そもそもこうした表現が出現しえない回答を「(出現不可能)」とした。先輩で6割，後輩で7割が該当する。それを除いた回答が実際の検討対象となる。
　「ぜひ」と「喜んで」が実際の表現である。全体的に数値は高くないものの，後輩にはほとんど使われないのに対し先輩では数値が高くなることから，こうした表現は配慮表現として機能していると考えられる。
　ある程度使用が見られる先輩について性差の有無を検討すると，「ぜひ〜」の使用は女性に傾く。また，先輩について関東と近畿に分けると，近畿男性では「ぜひ〜」が少ないこと，代わりに使用者率が相対的に高いのは「喜んで〜」や「喜んで。」である点が注目される。
　受諾を言うことの負担度(図1)との関係から分析すると，先輩に対し「非常に気をつかう」「かなり気をつかう」と回答した人は，「ぜひ〜」

「喜んで～」の数値が上昇する。この点からも，積極性明示表現は他者への配慮を示す表現として機能していると考えられる。

2.4 自分の動作への授受表現

依頼を受諾して自分の「手伝う」という動作を表現する際，「ぜひ手伝わせてください」「お手伝いさせてもらいます」のように授受表現を用いることがある。言葉の上だけではあるが，手伝うことは相手の恩恵によるのだと相手を立てて述べることは，配慮表現と密接に関係する。

該当する表現を分類し，出現状況を集計した結果が表2である。

表2　自分の動作への授受表現の出現状況

自分の動作への授受表現の使用	先輩	後輩	先輩		後輩	
			男性	女性	男性	女性
(該当表現なし)	61.4%	70.1%	69.1%	58.3%	77.5%	67.2%
φ	26.7%	26.5%	21.1%	28.9%	18.1%	29.8%
～てください	3.8%	0.1%	2.5%	4.3%	0.0%	0.2%
～ていただく	4.7%	0.1%	2.5%	5.6%	0.0%	0.2%
～てもらう	3.5%	0.4%	4.9%	2.9%	0.0%	0.6%
～てあげる	0.0%	1.0%	0.0%	0.0%	0.0%	1.4%
～てやる	0.0%	1.7%	0.0%	0.0%	4.4%	0.6%
総計	720人	720人	204人	516人	204人	516人

回答の中には，「いいですよ」「大丈夫ですよ」のような形容詞・形容動詞を述語とするものや，「行けますよ」のような可能動詞を述語とするものなど，そもそも授受表現が出現しえないものもある。それらを「(該当表現なし)」とした。先輩で6割，後輩で7割の回答が該当する。これらを除いた回答が実際の検討対象となる。

授受表現が含まれる回答のうち，「～てください」「～ていただく」「～てもらう」と分類される表現は話し手が恩恵の受け手である「受恵表現」，「～てあげる」「～てやる」は話し手が恩恵の与え手である「授恵表現」である。この2つに分けて結果を検討する。

「～てください」等の受恵表現を見ると，後輩に対しての数値は低いが，先輩に対しては計12%で使用が見られる。授受表現が出現しうる回

答を母数とすると，およそ1/3の回答で使われている。後輩に対してはほとんど用いられない一方で先輩に対しては数値が高くなることから，こうした表現は配慮表現として機能していると考えられる。

受恵表現がある程度見られる先輩について性差の有無を検討すると，尊敬語・謙譲語を含む「〜てください」「〜ていただく」は女性に，それらを含まない「〜てもらう」は男性に傾き，敬語使用に男女差が見られる。また，東西で分けた場合，「〜てもらう」の使用は西日本に傾く点が注目される。この傾向は関東と近畿に分けた場合にも認められ，「〜てもらう」は近畿に傾く。相手が先輩であっても，受恵表現に尊敬語や謙譲語までは使わないのが近畿や西日本の傾向だと言える。図1で確認した先輩に対する負担度の地域差が反映されている可能性がある。

受諾することの負担度（図1）との関係から見ると，先輩に対し「非常に気をつかう」「かなり気をつかう」と回答した人たちは，受恵表現の数値が大きく上昇する。この点からも，受恵表現の使用は配慮として機能していると考えられる。

一方，「〜てあげる」等の授恵表現を見ると，先輩に対しては使用が全くないのに対し，後輩に対しては計3％近くある。授受表現が出現しうる回答を母数とすると約1割の回答で使われている。先輩に対しては皆無であるのに対し後輩に対しては数値が高くなることから，授恵表現を回避することは先輩への配慮として機能していると考えられる。年上の相手が話し手から恩恵を受ける援助申し出場面で授恵表現が回避される傾向は，尾崎喜光（2008）の全国多人数調査でも確認されている。

後輩について性差を検討すると，謙譲語を含む「〜てあげる」は女性に，それを含まない「〜てやる」は男性に傾き，授恵表現でも敬語使用に男女差が見られる。また，東西で分けた場合や関東と近畿に分けた場合，「〜てやる」の使用は西日本・近畿に限られる点が注目される。典型的には「行ったるわ」のような表現であり，特に近畿男性は使う人が多い。謙譲語のない授恵表現を使うのが近畿や西日本の特徴と言える。

受諾を言うことの負担度（図1）との関係から見ると，後輩に対し「まったく気をつかわない」で授恵表現の数値が上昇する。この点から

も，授恵表現を回避することは他者への配慮につながっているものと考えられる。

3. 拒否(断り)場面に見られる配慮表現
3.1 拒否(断り)場面の調査概要
　他者からの要求や勧めを断る場面は，自分の要求を他者に求める依頼場面とともに大変気をつかう状況である。それだけに，こうした場面では発話のさまざまな部分に他者への配慮が現れていると考えられる。
　アンケートで設定した断り場面は次のとおりである。
　　＜引越しの手伝いを頼まれたが，その日は法事があるので断る＞
「拒否」ほど強い状況ではないことから以下では「断り」と呼ぶ。
　想定させた断る相手は，受諾場面と同様の「先輩」と「後輩」である。断ることの申し訳なさは先輩に対する方がより強いことが確認されている(後出の図2を参照)。ここから，後輩よりも先輩で多く現れる表現が「配慮」として機能していると考えられる。
　アンケートの回答者は大学生743人であるが，本設問への無回答者や，発話ではなく説明として回答した者，さらに30代以上の回答者を除き，先輩は717人，後輩は718人の回答をそれぞれ分析対象とする。
　全ての発話回答(セリフとしての回答)を読んで確認したところ，次の5つの表現が，断り場面において配慮として機能していそうだ，あるいは表現に性差や地域差がありそうだという見通しを得た。
　　（3）　詫び表現
　　（4）　理由説明
　　（5）　不可能表現
　　（6）　強調表現「どうしても」
　　（7）　別の協力の申し出
　この他，「(手伝いに)行けない」に対する「行けそうにない」のような「不可能の推量表現」や，「手伝い<u>たい</u>」「(手伝いに)行き<u>たい</u>」のような状況としては手伝えないがその気持ちはあることを表明する「協力意志表現」についても同様の見通しを得て分析し，それぞれ配慮表現と

してある程度機能していることを確認したが,いずれも使用はそれほど一般的ではないことから分析結果の報告は省略する。

　以下,本節では,これら5つの表現の分析結果を検討するが,それに先立ち,相手の依頼を断ることの申し訳なさ,すなわち断りの負担度に,「先輩」と「後輩」で違いがあるのかないのかを確認する。

3.2　設定した拒否(断り)場面の負担度

　先輩と後輩に対する断りの負担度を確認するため,申し訳ないと思う度合いを,次の5つの選択肢からそれぞれ1つ選ばせた。

　　1．非常に申し訳なく思う
　　2．かなり申し訳なく思う
　　3．少しは申し訳なく思う
　　4．あまり申し訳なく思わない
　　5．まったく申し訳なく思わない

　選択肢の番号を数値として用い,それぞれの相手に対する負担度の平均値を示したのが図2である。「1.0」に近いほど負担度が高い。

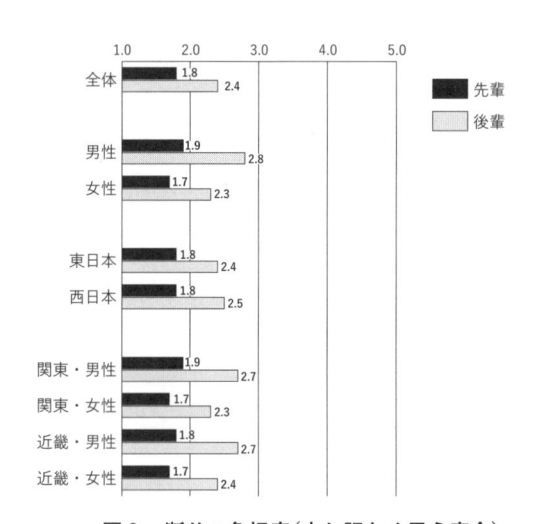

図2　断りの負担度(申し訳なく思う度合)

	先輩	後輩
全体	1.8	2.4
男性	1.9	2.8
女性	1.7	2.3
東日本	1.8	2.4
西日本	1.8	2.5
関東・男性	1.9	2.7
関東・女性	1.7	2.3
近畿・男性	1.8	2.7
近畿・女性	1.7	2.4

「全体」を見ると「先輩」が1.8,「後輩」が2.4である。先輩に対する方が数値が低く,負担度(申し訳なく思う度合)が高いことが確認される。これは日常の感覚とも一致する。つまり,後輩よりも先輩で多く現われる表現は「配慮表現」として機能していると考えられる。なお,受諾場面の分析結果(図1)と比較すると,先輩も後輩も数値は低くなり,受諾場面よりも負担度が大きくなることもあわせて確認される。

男女別に見ると,先輩・後輩いずれも,数値は女性の方が低い。男性よりも女性の方が,断ることを負担と感じる傾向が強い。回答者を出身地により東日本と西日本に分けたり,関東地方と近畿地方の出身者を抽出して男女別に分析したところ,負担度に関する地域差はほとんど認められなかった。

以上の結果をふまえながら,5つの表現の出現状況を分析する。

3.3 詫び表現

詫び表現を分類し,出現状況を集計したところ表3の結果が得られた。数値は縦の構成比である。該当する回答がない場合は空欄とした。

表3 詫び表現の出現状況

詫びの表現	先輩	後輩	先輩 男性	先輩 女性	後輩 男性	後輩 女性
φ	4.5%	7.1%	8.9%	2.7%	18.6%	2.5%
ごめんなさい系	5.9%	2.1%	3.0%	7.0%	1.0%	2.5%
ごめんなさい系＋申し訳ない系	2.0%	0.3%	0.5%	2.5%	0.5%	0.2%
ごめん系	0.4%	77.2%		0.6%	52.9%	86.8%
ごめん系＋ごめんなさい系		0.7%			0.5%	0.8%
ごめん系＋すまん系		0.6%			1.5%	0.2%
ごめん系＋悪い系		1.9%			2.9%	1.6%
ごめん系＋申し訳ない系		2.2%			1.5%	2.5%
ごめん系＋申し訳ない系＋悪い系		0.1%			0.5%	
すまん系		1.8%			6.4%	
すみません系	59.7%	1.1%	63.5%	58.2%	1.5%	1.0%
すみません系＋ごめんなさい系	5.4%		1.5%	7.0%		
すみません系＋悪い系	0.3%			0.4%		
すみません系＋申し訳ございません系	0.3%		1.0%			
すみません系＋申し訳ない系	11.0%		8.9%	11.9%		
すみません系＋申し訳ない系＋ごめんなさい系	0.3%			0.4%		
悪い系	0.3%	3.6%	0.5%	0.2%	10.8%	0.8%
悪い系＋ごめんなさい系		0.1%				0.2%
申し訳ございません系	0.3%		0.5%	0.2%		
申し訳ない系	9.6%	1.1%	11.3%	8.9%	1.5%	1.0%
申し訳ない系＋申し訳ございません系	0.1%		0.5%			
総計	717人	718人	203人	514人	204人	514人

最初の「φ」は詫び表現がない回答である。「先輩」で4.5%,「後輩」で7.1%と数値はいずれもきわめて小さく,良好な関係が形成されている相手に対し断りを言う場合は,相手が先輩であれ後輩であれ,詫びを言うことはほぼ必須となっている。なお,「φ」の数値は後輩よりも先輩で一層小さいことから,詫びを言うことは配慮として機能していると考えられる。

　「φ」の数値について男女別に見ると,先輩・後輩いずれも女性の方が数値が小さい。女性はほぼ全員詫びを言うのに対し,男性は,先輩でも8.9%,後輩に至っては18.6%と数値は相対的に大きく,男性は詫びを言わない人も一定の割合はいる。

　先輩と後輩の「差」に注目すると,女性はほとんど差がないのに対し,男性は8.9%と女性よりも大きい。相手による差が大きいということは,その表現や言語行動がそれだけ積極的に配慮表現として機能しているということである。つまり,男性においては女性以上に,詫びを言うことは配慮表現としてより積極的に機能していると考えられる。なお,この考え方は,複数場面の数値の差の大小から待遇表現としての機能負担量を分析した国立国語研究所(編)(2002)にもとづいている。

　何らかの詫びが含まれる「φ」以外の回答について,具体的表現の分布を分析したところ,次のような傾向が見られた。

　先輩では「すみません系」,後輩では「ごめん系」の数値が高い。詫び表現の中でも「すみません系」は,「ごめん系」との対比において,上位者への配慮を示す表現として機能していると言える。数値は低いが「申し訳ない系」にも同様の傾向が認められる。

　男女別に見ると,後輩に対する場合に男女差がやや大きくなる。「ごめん系」は女性に,「すまん系」や「悪い系」は男性に傾く。

　その他の傾向を見てみる。

　東日本と西日本を比べると,先輩への「申し訳ない系」は東日本に傾く点,「ごめんなさい系」は東日本では後輩に対しても用いられている点に地域差が認められる。関東と近畿の間には大きな違いはないが,後輩への「ごめん系」は特に近畿女性で数値が高い点,後輩への「すまん

系」は近畿男性に限られる点が注目される。

　断ることへの負担度(申し訳なく思う度合)(図2)との関係で見ると，相手が後輩の場合，負担度が小さいほど「φ」の数値が大きくなる。つまり，後輩への断りに負担を感じない人は詫びを言わないという傾向が認められる。逆に，後輩への断りに負担を感じる人ほど「ごめん系」の数値が大きくなる。ここから，この表現は後輩への配慮表現として機能していると考えられる。

3.4　理由説明

　相手からの依頼に対し断りを述べる場合，依頼に応じられない理由を述べることが多い。それを述べないこととの対比で，理由説明は相手への配慮として機能していることが考えられる。

　理由説明の内容と表現は非常に多様であったため，ここでは理由説明の有無という観点からのみ分析した。結果は表4のとおりである。

表4　理由説明の出現状況

理由説明	先輩	後輩	先輩		後輩	
			男性	女性	男性	女性
なし	2.2%	6.5%	5.4%	1.0%	13.7%	3.7%
あり	97.8%	93.5%	94.6%	99.0%	86.3%	96.3%
総計	717人	718人	203人	514人	204人	514人

　「あり」の数値に注目すると，先輩に対しても後輩に対しても数値は非常に高く，ほとんどの人が何らかの理由を述べている。理由説明も，断りを言う際のほぼ必須の要素となっていると言ってよい。「行けません。」とだけ言うのはつたない述べ方ということになる。なお，後輩に対する場合よりも先輩に対する場合の方が「あり」の数値は一層高くなる。このことから，理由説明は配慮表現として機能していると考えられる。ただし，理由を述べることは，相手との関係を良好に保つだけでなく，断ることを相手に納得して受け入れてもらいやすくすること，すなわち話し手の目的達成にもつながる言語行動ともなっていると考えられる。そうした複合的な目的によるものであろう。

「あり」の数値を男女別に見ると，先輩・後輩ともに女性が高い。

回答者を東西に分けて分析すると「あり」は東日本に一層多い。また，関東と近畿に分けて分析すると，特に後輩に対する場合，近畿男性は「あり」が約8割にとどまり，他よりも1～2割低い点が注目される。絶対値としては近畿男性も後輩に理由を述べる人は多いが，相対的には少ない。

断ることへの負担度（申し訳なく思う度合）（図2）との関係で見ると，先輩に対しても後輩に対しても，「あり」は「あまり申し訳なくない」で9割程度にまで減じる。このことからも，理由説明は，先輩に対しても後輩に対しても配慮表現として機能していると考えられる。

3.5 不可能表現

相手からの依頼に応じられないことを述べる際の，断りの核心部分の表現について，その有無と表現を分析した。調査で設定した依頼内容は「(引っ越しの)手伝いに来てほしい」であるので，「行けない」や「手伝えない」が典型的な表現として想定される。

該当する表現を分類し，出現状況を集計した結果が表5である。

表5　不可能表現の出現状況

不可能表現	先輩	後輩	先輩		後輩	
			男性	女性	男性	女性
φ	34.7%	27.7%	35.0%	34.6%	20.6%	30.5%
だめだ	0.6%	3.1%	1.0%	0.4%	2.5%	3.3%
行けない	27.9%	29.5%	26.1%	28.6%	20.6%	33.1%
手伝いに行けない	12.3%	4.7%	9.4%	13.4%	5.9%	4.3%
手伝えない	14.2%	8.1%	11.3%	15.4%	5.4%	9.1%
無理だ	8.6%	26.3%	15.8%	5.8%	45.1%	18.9%
その他	1.7%	0.6%	1.5%	1.8%	0.0%	0.8%
総計	717人	718人	203人	514人	204人	514人

「φ」は不可能表現が現れない回答である。「法事で家を空けられない」等の回答は微妙であるがそれは「理由説明」と考え，ここではその先の「法事で家を空けられないので行けない」等の「行けない」にあた

る箇所，すなわち不可能であることを明示的に言う箇所を問題にする。

まず「φ」の数値に注目すると，先輩に対しても後輩に対しても3割前後見られる。全体としては不可能表現を言う人の方が多いものの，言わない人も一定の割合いる。同様の傾向は，役員依頼への断りや訪問販売への断りを分析した尾崎喜光(2006b)でも認められる。

数値的な開きは大きくないが，「φ」の数値は先輩に対する場合の方が大きくなることから，不可能表現を言わないことは先輩への配慮として機能していると考えられる。この結果は，親しい相手からの依頼を断る状況では話し手との上下関係が関与し，率直に言う大学生の割合は目上で小さくなることを示した森山卓郎(1990)の調査結果と一致する。現在の日常の感覚とも一致することから，一般性の高い現象だと考えられる。

不可能表現が現れた回答では，「行けない」「手伝えない」「手伝いに行けない」「無理だ」と分類される表現が大半を占めた。このうち「無理だ」は後輩への使用に大きく傾く。先輩に断る際は「無理だ」(実際には「無理です」など)を回避することは，先輩への配慮につながる。これに代わり，先輩に対する場合どのような表現が増えるかというと，「手伝えない」「手伝いに行けない」といった，手伝うことを提示した上でそれが不可能であると述べる表現である。依頼内容との対応関係で見ると，きちんと対応させつつ断りを述べることが配慮につながるようである。

男女別に見ると，「φ」の数値は男女とも先輩で高くなるが，後輩との差は男性で著しい。後輩に対しては何らかの不可能表現を述べる人が男性で多くなることが，その要因となっていると考えられる。不可能表現を回避することは，女性よりも男性において，配慮表現として一層積極的に機能していると言える。

具体的な表現に注目すると，「無理だ」は，先輩に対しても後輩に対しても，女性よりも男性の方が数値がかなり高くなっている点が注目される。特に後輩に対しては半数近くの男性が使っており，「無理だ」は典型的な不可能表現となっている。

表は省略するが，東西に分けて分析すると，「無理だ」は，先輩に対しても後輩に対しても，使用は西日本に大きく傾く。地域を関東と近畿に分けた場合も，使用は近畿に傾く。とりわけ後輩に対する近畿男性の数値は6割を超え，非常に一般的な不可能表現となっている。

断ることへの負担度(申し訳なく思う度合)(図2)との関係から「無理だ」を見ると，先輩に対する場合も後輩に対する場合も，「あまり申し訳なく思わない」で数値が大きく上昇する。この点からも，「無理だ」を回避することは相手に対する配慮につながっているものと考えられる。

3.6 強調表現「どうしても」

「どうしても行けない」「どうしても家にいなければいけない」のように強調表現「どうしても」を付加することで，手伝いに行ける可能性を検討したことや，手伝いに行けないのは自分の意志の及ばない状況によるのであって気持ちとしては協力したいことを暗示することは，相手への配慮として機能しうる。

この「どうしても」の有無に注目して分析した結果が表6である。

表6　強調表現「どうしても」の出現状況

強調表現「どうしても」	先輩	後輩	先輩		後輩	
			男性	女性	男性	女性
(出現不可能)	27.2%	25.2%	27.6%	27.0%	19.6%	27.4%
どうしても	16.7%	8.1%	15.8%	17.1%	3.4%	9.9%
φ	56.1%	66.7%	56.7%	55.8%	77.0%	62.6%
総計	717人	718人	203人	514人	204人	514人

回答の中には，「日曜日法事なんですよ。」のようにそもそも「どうしても」が現れえない回答もある。それらを「(出現不可能)」として示したが，先輩も後輩も4人に1人はそうした回答であった。

それ以外は「どうしても」が現れうる回答であった。このうち，「どうしても」を含む回答の数値はそれほど大きくなかったが，先輩では16.7%であるのに対し後輩では8.1%であった。数値は小さいものの，後

輩よりも先輩において数値が高くなることから，この表現は配慮表現として機能していると考えられる。

　男女別に見ると，後輩への「どうしても」は男女差が大きく，男性での使用は少ない。先輩への数値との差も男性の方が大きく，「どうしても」は，女性よりも男性において，配慮表現として一層積極的に機能していると言える。

　表は省略するが，「どうしても」の使用に東西差はほとんど認められない。ただし，関東と近畿に分けた場合，近畿男性の先輩への数値が2割を超える点が注目される。先輩に対し「どうしても」を使う割合が多いグループである。

　断ることへの負担度(申し訳なく思う度合)(図2)との関係から「どうしても」を見ると，先輩に対しても後輩に対しても，「非常に申し訳ない」で数値が大きく上昇する。この点からも，「どうしても」の使用は相手への配慮につながっているものと考えられる。

3.7　別の協力の申し出

　相手の依頼に対し「手伝い」という形では応じることができないが，別の形でなら協力することを申し出ることは，相手への配慮として機能していることが十分考えられる。

　こうした「代案」は，「断り」研究において注目されつつある。正面から論じたものに吉田好美(2011)がある。誘いに対する断りに含まれる「代案」を分類・分析している点は興味深い。任炫樹(2004)も，勧誘や勧めへの断りの分析の一環として「代案提示」に注目し，日本でも一定の頻度で使われていることを示している。施信余(2005)も，頻度は少ないものの断りの構成要素として使われていることを示している。ただ，配慮との関係は，いずれの研究でも十分明らかではない。

　該当する表現を分類し，出現状況を集計した結果が表7である。

表7　別の協力申し出の出現状況

別の協力の申し出表現	先輩	後輩	先輩		後輩	
			男性	女性	男性	女性
φ	90.2%	95.1%	91.1%	89.9%	97.5%	94.2%
当日の状況	1.3%	0.6%	2.0%	1.0%	0.5%	0.6%
別の協力	2.2%	1.4%	1.5%	2.5%	0.5%	1.8%
別の日	2.5%	1.7%	0.5%	3.3%	0.5%	2.1%
別の機会	2.9%	1.3%	3.9%	2.5%	1.0%	1.4%
(別の機会の暗示)	0.8%	0.0%	1.0%	0.8%	0.0%	0.0%
総計	717人	718人	203人	514人	204人	514人

　全体として「φ」が多く，別の協力を申し出ることはそれほど一般的ではないが，後輩に比べ先輩で「φ」の数値が下がることから，こうした申し出も配慮表現として機能していると考えられる。突出して用いられる表現はないが，「また別のときに何でも言って下さい」のような「別の機会」や，「別の日で何か御手伝い出来る事はありませんか？」のような「別の日」といった，＜当日以外＞での提案が比較的多い。なお，「(別の機会の暗示)」とは「今回はごめんなさい」のような表現のことである。

　表を示すことは省略するが，「φ」以外の数値が相対的に高い先輩について，性差と地域差の有無を検討したところ，具体性の高い「別の日」は女性や東日本に傾くのに対し，具体性が低い「別の機会」は男性や西日本に傾く。この傾向は関東と近畿の間にも多少認められ，「別の日」は関東女性で高い。

4．まとめ

　以上の検討から，受諾においては(a)積極性明示表現，(b)自分の動作への授受表現が，また拒否(断り)においてでは(c)詫び表現，(d)理由説明，(e)不可能表現，(f)強調表現「どうしても」，(g)別の協力の申し出表現が，それぞれ他者への配慮表現として機能していること，また一部の表現には性差や地域差があることが確認された。

　上位者への配慮表現として気づかれにくいのは，授恵表現で分析したような，特定の表現を＜使わない＞ことによるものである。上位者に対

しては使わないのだから，上位者への表現だけを見ていたのではそのことが分からない。下位者を中心に使われると目される表現に着目し，上位者と下位者を対比しつつ，上位者に対してはある表現を＜使わない＞という方向からも，今後配慮表現を解明してゆくことが望まれる。

引用文献

任炫樹(2004)「日韓断り談話におけるポジティブ・ポライトネス・ストラテジー」『社会言語科学』6-2, pp.27-43, 社会言語科学会.

尾崎喜光(2006a)「依頼・勧めに対する受諾における配慮の表現」国立国語研究所『言語行動における「配慮」の諸相』pp.55-88, くろしお出版.

尾崎喜光(2006b)「依頼・勧めに対する断りにおける配慮の表現」，国立国語研究所『言語行動における「配慮」の諸相』pp.89-114, くろしお出版.

尾崎喜光(2008)「援助申し出場面における授恵表現「～てやる／～てあげる／～てさしあげる」の使用」『待遇コミュニケーション研究』5, pp.83-94, 待遇コミュニケーション学会.

国立国語研究所(編)(2002)『学校の中の敬語1―アンケート調査編―』(国立国語研究所報告118)三省堂.

国立国語研究所(編)(2003)『学校の中の敬語2―面接調査編―』(国立国語研究所報告120)三省堂.

施信余(2005)「依頼に対する「断り」の言語行動について―日本人と台湾人の大学生の比較―」『早稲田大学日本語教育研究』6, pp.45-61, 早稲田大学大学院日本語研究科.

高木美嘉(2003)「依頼に対する「受諾」と「断り」の方法」『早稲田大学日本語教育研究』2, pp.137-149, 早稲田大学大学院日本語研究科.

高木美嘉(2006)「行動を促す会話における「受諾表現」の選択について」『国語学研究と資料』29, pp.31-42, 国語学研究と資料の会.

森山卓郎(1990)「「断り」の方略―対人関係調整とコミュニケーション―」『言語』19-8, pp.59-66, 大修館書店.

吉田好美(2011)「勧誘場面における断りのコミュニケーションに見られる代案について―日本人女子学生とインドネシア人女子学生の比較―」『群馬大学国際教育・研究センター論集』10, pp.17-32, 群馬大学国際教育・研究センター.

現代語の感謝・謝罪に見られる配慮表現

西尾純二

1. この論文の主張

　この論文では，現代日本語の感謝・謝罪の言語行動について，次のようなことを論じる。

　まず，相手から受けた利益や厚意，相手に負わせた負担や与えた過失は，感謝・謝罪行動の契機に過ぎず，感謝・謝罪の言語行動を常に引き起こすものではないことを指摘する。そして，この指摘をもとに，感謝行動の契機を含む状況で用いられる「すみません」などの謝罪表現は，感謝の気持ちを含意するが，言語表現として感謝の意味を持たないことを述べる。

　次に，定型表現を言語行動上の特徴から定義づける。そして，感謝・謝罪行動の契機が存在する状況では，家族外の人物に対しては，定型表現の使用が丁寧体・普通体の選択よりも重要であること，家庭内では家庭外ほどは重視されないことを指摘し，家庭の内外という観点が対人関係による言語行動の変化を観察するうえで重要であることを指摘する。

　さらに，利益供与を受けた際にとるべき社会的行動のルールを，理論や解釈ではなく，調査結果から帰納し，そのルールと感謝の言語行動との関係を捉える方法を提示する。

2. 感謝・謝罪行動の契機と表現の選択
2.1 感謝・謝罪行動の契機と対人配慮

感謝行動は，話し手が利益・厚意を受けたと認識した場合(図1)に，謝罪行動は，話し手が話し手自身の過失や相手に負担を与えたと認識した場合(図2)に生じうる。

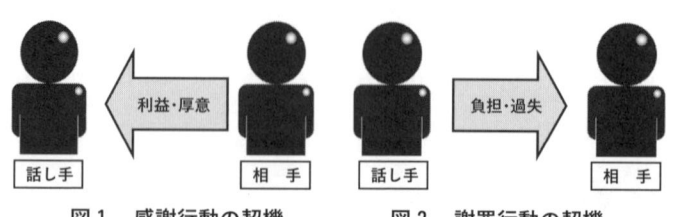

図1　感謝行動の契機　　図2　謝罪行動の契機

ただし，図1，図2のような状況は，感謝・謝罪行動を行う「契機」に過ぎず，常に感謝や謝罪の言語行動を引き起こすものではない。感謝や謝罪の契機に言及したとしても，(1)(2)のように，その事態を客観的に描写したり，過去に起こった事実を回想したりするような場合，その発話は感謝・謝罪の言語行動としては認識されにくい。

(1)　あなたは，私の食事の支払いをした。
(2)　私は，自分の傘とあなたの傘を間違えた。

いっぽう，(3)(4)では，それぞれを感謝・謝罪の発話として捉えやすくなる。

(3)　あなたは，私の食事の支払いをしてくれた。
(4)　私は，自分の傘とあなたの傘とを間違えた。軽率だった。

(3)では，相手の利益供与や厚意を恩恵として認識していることが表示され，(4)では，話し手の自身の過失を認め，問題解決に向かう姿勢が表示される。(1)(2)がそれぞれ感謝・謝罪と捉えにくいのに対して，(3)(4)が感謝・謝罪と捉えられるのは，話し手が契機に言及し，かつ契機への配慮を示していることを，聞き手が発話から読み取るからである(図3)。

このような感謝・謝罪の言語行動の性質から浮かび上がってくる考察

の観点は，日本語社会では「感謝・謝罪の契機に対して，どのような対処をし，どのように配慮を示そうとするか」というものである。

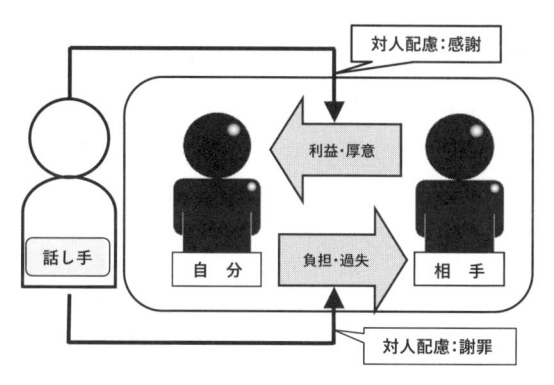

図3　感謝・謝罪の言語行動

2.2 感謝の契機に対して謝罪表現を用いる配慮

しばしば日本語の感謝・謝罪の言語行動では「感謝場面で謝罪表現が使用される」ことが注目される。この点について，感謝の契機への対処という観点から考察を試みる。

三宅和子(2011: p.31)は，「「すみません」をはじめとする謝罪表現が感謝の意味で使われるのは，「相手に負担を生じさせる／相手に負担を生じさせたと話し手が解釈する場合」であることを指摘した。この指摘は感謝行動の契機（図1）が存在する状況に，話し手が謝罪行動の契機（図2）を見出しているということを意味する。

さらに三宅(2011: p.30)は，「祝福」「お悔やみ」など，相手の負担や不利益が存在しない厚意を受けた場合は，感謝表現は用いても，謝罪表現は用いられないという重要な指摘をしている。(5)のような「すみません」の使用には感じられない強い違和感が，(6)のような祝福に対しては持たれるのである。

　　(5)　［相手に食事の支払いをしてもらって］　すみません。
　　(6)　［結婚の祝いを述べられて］　?すみません。

この論文でも，三宅の指摘を重要視し，(7)として掲げておく。
　　(7)　感謝行動の契機をもつ状況での謝罪表現は，その状況に謝罪行動の契機が認識されなければ出現しない。

　話し手が利益を受ける多くの場合，利益を与えるための負担が相手に生じる。(5)ならば，相手の出費という負担が生じている。このように，感謝行動の契機(図1)は，謝罪行動の契機(図2)を同時に発生させることが多い。現代の日本社会で，(5)のように，感謝行動の契機に対して，「すみません」が違和感なく使用されるのは，感謝行動の契機を有する状況に，謝罪行動の契機を見いだす習慣が根付いているからであると考えられる。

　いっぽう，(6)のような「祝福」や，「お悔やみ」などの場合は，謝罪行動の契機(図2)が見つからない。このため，「すみません」などの謝罪の言語行動や謝罪表現が使用されないのである。

2.3　「感謝の気持ち」と謝罪表現

　先に掲げた(7)は，「すみません」などの謝罪の「言語表現自体」が，感謝の意味を持たないことを示している。しかし，感謝行動の契機が存在する状況で「すみません」が使用された場合，その表現に「感謝の気持ち」が込められていないという判断は，観察者にはできない。「すみません」などの謝罪表現自体が「感謝の意味」を持たなくても，その表現の使用によって「感謝の気持ち」は表出できるからである。

　「2.2 感謝の契機に対して謝罪表現を用いる配慮」で述べたように，感謝行動の契機(図1)を有する状況に，謝罪行動の契機(図2)を見いだす習慣が社会に根付いているならば，聞き手はその謝罪表現が感謝行動の契機に注目して使用されたことを，容易に推論することができる。逆に話し手は，謝罪表現を使用することによって，感謝の契機に対する配慮を含意できる。

　このような事態把握と語用論的な慣習のため，「すみません」などの謝罪の定型表現は，言語表現として感謝の意味を担っていないが，感謝の契機を有する状況では，感謝の「気持ち」を含意させやすいとこの論

文では捉える。

3. 感謝・謝罪表現の調査と場面設定

ここまで述べた,感謝・謝罪の表現や言語行動についての性質を踏まえ,この論文では,2つのアンケート調査によって得られた回答を分析する。分析の対象とする感謝行動の契機が含まれる調査Aでは,全国で926件,謝罪行動の契機が含まれる調査Bでは徳島県内で449件の有効回答を得た。有効回答件数の内訳は表1のとおりである。

表1　2つの調査の対象者数と地域（人数）

調査A（全国）				調査B（徳島県内）			
	男性	女性	計		男性	女性	計
中年層	202	227	429	中年層	110	97	207
大学生	225	272	497	若年層	91	151	242
計	427	499	926	計	201	248	449

なお,調査Aは西尾が協力者を得て2008年から2009年にかけて実施し,調査Bは岸江信介が2007年に企画した。両調査のデータベース構築は西尾が中心となって行っている。

設定場面の概要は次のとおりである。調査Aでは感謝行動の契機（相手からの利益供与）を含む3つの受益場面,調査Bでは謝罪行動の契機（話し手の過失）を含む過失場面を設定している。

受益場面1（調査A：以下,醤油場面）
　家族での食事中,「相手」の手元にある醤油差しを取ってもらった。
　〈相手〉　義理の父,実の母,息子,娘

受益場面2（調査A：以下,財布場面）
　自宅で財布が見つからず探していたところ,近所の人（非子供）が自宅に届けてくれた。どう応対するか。

> 受益場面3（調査Ａ：以下，支払い場面）

二人で昼食をともにした「相手」が，あなたが誕生日であるという理由で，あなたの支払いをするという申し出をしてきた。
〈相手〉目上（中年層：職場の上司・年上，大学生：学校の教員）
　　　　友人（中年層：同僚・主婦仲間，大学生：親しい同学年の友人）
　　　　目下（中年層：職場の後輩・主婦仲間のかなり年下，大学生：後輩）

> 過失場面（調査Ｂ：以下，傘過失場面）

レストランから出ようとした時，自分の傘と「相手」の傘とを間違えて取りそうになった。そのとき，「それ，私の傘ですけど」と言われた。
〈相手〉中年の紳士，小学校4,5年生の子供，父親，家族の目下（弟妹など）

　財布場面以外は，同じ状況で異なる相手が設定されている。醤油場面と支払い場面では，上に示した以外の相手も設定されているが，この論文の分析で用いる相手のみを示した。両調査では，これらの設定で相手に何かを発言する場合，どう言うかを記入してもらった。
　また，支払い場面では「相手の申し出を受けるか断るか」を尋ねており，これも分析の対象とする。

4. 現代日本語の感謝・謝罪の言語行動における定型表現
4.1 「定型表現」の諸タイプ
　たとえば，調査Ａの支払い場面では「ありがとうございます」「すみません」「お言葉に甘えて…」などの決まり文句が，多数出現する。「契機への対応」という観点から見た，これらの決まり文句の特徴は，「特定の対人配慮を表現する」「契機への配慮を端的に表出する」ということである。「ありがとう＝感謝」「すみません＝謝罪」「お言葉に甘えて…＝慎み」など，決まり文句は特定の配慮を表出する。また，決まり文句であるがゆえに，言語表現上の創意工夫や複雑な操作を必要としない端的さがある。これらのフレーズを発話にそのまま埋め込むか，あるいは単独で用いても，契機に対する配慮を明確に示すことができる。
　本節では，この点に着目した決まり文句を「定型表現」として，その

特徴の広がりを以下で確認していく。

　対人配慮を表わす定型表現には，表現される「対人配慮のあり方」と，「決まり文句」としての性質に，いくつかの違いがある。まず，対人配慮のあり方の違いについて述べる。「ありがとうございます」などの感謝の定型表現は，もっぱら感謝の気持ちを表現する。そして，嫌味などの修辞的な用法でなければ，感謝以外の表現態度を示せない。「ありがとう」は，＜態度非派生の定型表現＞である。

　これに対して，支払い場面での「ごちそうさま」「すみません」「お言葉に甘えて」などは，それぞれが恩恵の認定，謝罪，慎みなどの表現態度を表わしうるが，同時に相手からの利益供与に対する感謝の気持ちをも表わしうる。これらは感謝の気持ちを派生的に表現することができる，＜態度派生可能な定型表現＞として位置づけられる。

　また，「ありがとうございます」は，様々な種類の利益供与・厚意に対して使用される，＜汎用的な定型表現＞である。いっぽう，「ごちそうさま」は，恩恵のなかでも「食事の提供」という恩恵に，ほぼ限定して用いられる＜限定的な定型表現＞である。出会いの挨拶の「おはよう」「こんにちは」「こんばんは」なども，それぞれ，朝・昼・夜に使用される，限定的な定型表現として位置づけることができる。

　次に，決まり文句の性質について述べる。「お言葉に甘えて」や「恐縮です」「悪い」などの定型表現は，決まり文句ではあるが，「ありがとう」「すみません」ほどは，文字どおりの意味が失われていない。長谷川頼子(2001)では，これを「実質的表現」として定型表現と区別するが，この論文では言語表現上の複雑な操作を必要としないことと，端的に特定の態度を表わすことに注目しているので，これらも定型表現とする。この論文では，「お言葉に甘えて」や「恐縮です」などを＜文字どおりの意味を残した定型表現＞とし，「ありがとう」「すみません」などは，＜文字どおりの意味を失った定型表現＞とすることになる。

　中西太郎(2009)では，朝の出会いの挨拶で用いられる「早いなー」「どこ行くか」を非定型としている。これら，「早いなー」「どこ行くか」なども，文字どおりの意味が残っている。しかし，これらの発話が出会

いの挨拶として決まり文句化しているならば，この論文ではこれらを定型表現として捉えることになる。また，「お疲れ様です」は，慰労の挨拶から別れの挨拶に変化していることが報告されている(塩原淳平(2006))。「お疲れ様です」は，文字どおりの意味の喪失と機能拡張とが，同時に進行しつつある定型表現と捉えることができる。

以上のような広がりをもつ決まり文句を，この論文では，(8)のように定義づけ，「定型表現」とする。

(8) 複雑な表現の操作を必要とせずに，特定の対人配慮や表現態度を示しうる決まり文句。

このような定義を採用するのは，決まり文句の使用によって，端的に契機への配慮を示すという言語行動のあり方を考察するためである。

4.2 定型表現使用と丁寧体・普通体の選択

藤原浩史(1993, 1994)や本書の「平安・鎌倉時代の感謝・謝罪に見られる配慮表現」(森山由紀子)などで指摘されるように，古代の日本和文においては，定型的な感謝・謝罪表現がほとんど見られない。しかし，現代日本語では，前節で定義した定型表現を用いることが重視されている。その様相を以下の調査結果から示していきたい。

表2は，調査Aの支払い場面における，中年層(30代〜50代)の発話回答で，定型表現が一つでも含まれるものの出現率を，相手ごとに整理して示したものである。定型表現が出現する機能的要素は，感謝・謝罪・恩恵認定・慎み表明のみであった。

表2 支払い場面の定型表現含有発話の出現率

	申し出を受けた回答者数	定型表現含有発話(実数)	定型表現含有発話の出現率
目上	323	317	98.5%
友人	281	260	92.6%
目下	74	69	93.3%

支払い場面では，いずれの相手にも，定型表現は90％以上の出現率を見せる。相手からの利益供与に対する配慮を，端的に定型表現で表出するという対処が，極めて頻繁に行われていることが分かる。後に示すが，支払い場面の各機能的要素の出現率と比べると，定型表現の出現率は非常に高い。定型表現を用いて，感謝・謝罪行動の契機への配慮を端的に示すことは，言語行動上の様々な規則のなかでも，強い遂行義務性（西尾純二（2000））を帯びているとも言えるだろう。

このような定型表現の使用傾向は，支払い場面のみにおいて見られるものであろうか。また，上下関係以外の様々な相手との関係によって，定型表現使用の重要性は変動するものであろうか。

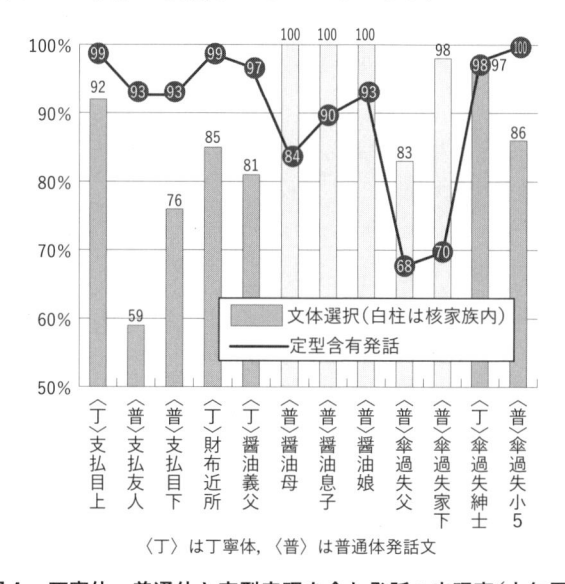

図4　丁寧体・普通体と定型表現を含む発話の出現率（中年層）

図4は，先述した調査A，Bの全ての場面で，定型表現を1つでも含む発話回答（折れ線グラフ）と，丁寧体・普通体文のみで構成される発話回答（棒グラフ）とを，比較する形で示したものである。棒グラフの数値で，横軸の項目に〈普〉とあるものは普通体のみの発話回答の出現率，

〈丁〉とあるものは丁寧体文のみの発話の出現率を示す。混合体や中止体の発話は，出現率に含めてない。なお，受益場面をグラフの左側に，過失場面を右側に配置し，父・母・息子・娘といった家族内の相手を設定したものを中ほどに配置し，棒グラフを白色にしている。

　発話における丁寧体と普通体の使い分けは，対人関係に強く影響を受ける言語行動である(西尾純二(2007))。その丁寧体・普通体の発話と定型表現の使用とを比較して，両者の言語行動上の重要性を分析する。

　まずは，家族以外の人物が相手として設定された場合に注目する。感謝や謝罪行動の契機は，場面に臨時的な恩恵関係上の上下関係を生み出す。感謝であれば利益供与する方が，過失であれば不利益を被った方が，上の立場となる。よって，図4では，支払い場面の相手が友人や目下の場合であっても，普通体発話の回答は，それぞれ59.2%，76.1%と，他の家族外の相手よりもやや低く，徹底されていない。

　いっぽう，支払い場面の目上，傘過失場面の紳士風の人，財布場面の近所の人，醤油場面の義父，小学校4，5年生の児童の場合は，80%以上もが丁寧体か普通体のどちらかのみで発話している。児童は目下というよりは「こども」と見られ，「目下」とは異なる普通体の使用規則が働いているのかもしれない。

　図4で注目されるのは，家族外の人物が相手の場合，丁寧体と普通体の使い分けよりも，定型表現の使用のほうが徹底されていることである。定型表現の出現率は，家族以外の相手である場合，全ての場面において90%を超える。また，この90%以上という出現率は，「5. 契機に対する行動選択と機能的要素の選択」で示す，支払い場面の各機能的要素の出現率に比べてもはるかに高い。家族外の感謝や謝罪の契機を有する場面では，定型表現を使用して契機への対人配慮を端的に示すことが，丁寧体と普通体の使い分けや，支払い場面での機能的要素の選択よりも，徹底される言語行動なのである。

　これに対して，家族内の人物が相手である場合は，普通体を使うことの方が，定型表現の使用よりも徹底される。醤油場面で母が相手の場合，普通体発話の出現率は99.7%，息子，娘に対しては100%である。傘

過失場面でも，父親に対しては83.5%とやや低いが，家族目下に対しては97.7%と徹底している。

　家族内の相手に対する定型表現の出現率は，それぞれの普通体発話の出現率よりも低く，家族外の相手の場合とは，文体選択の徹底の度合いと定型表現の出現率の関係が逆になっている。そして，定型表現を含む発話の出現率自体も，醤油場面で娘相手の場合のみ90%を超えるが，その他の場面では家族外の相手の場面よりは低い。

　先に述べたような理由で，受益場面の「支払友人」「支払目下」では，普通体の出現率が低くなった。しかし，家族内の相手への普通体選択には，受益場面であっても過失場面であっても，強い影響を与えないことが分かる。そして家族内では，家族外に対してよりも，定型表現の使用が徹底されないことを指摘できる。

　このような，家族内外による言語行動の大きな違いは，対人関係のウチソト論のウチの関係に，さらに内側の関係性，「家庭」を設定しうることを示唆する。今後，「家庭」の内外での言語行動の相違は，さらに注目されてよいだろう。

5. 契機に対する行動選択と機能的要素の選択

　感謝行動の契機に直面して，利益供与・厚意を拒絶したり，受諾したりする判断には，当該社会の行動規範が関与する。ここでは，その社会行動規範と言語行動とを関係づけながら，支払い場面の言語行動を分析することを試みる。

5.1 支払い場面における契機に対する行動の選択についての分析例

　調査Aの支払い場面において，相手が目上，友人，目下であった場合，それぞれの相手からの支払いの申し出を断る，という回答の出現率は，表3のとおりであった。

　回答者の世代を問わず，目下からの支払い申し出を断るとする回答の出現率が有意に高く（残差分析 $p<0.05$。以下同様），目上・友人との差も大きい。目上と友人との間には，大学生には有意な差が見られなかっ

たが，中年層には有意な差が見られた．つまり，中年層では目下＞友人＞目上の順で，申し出を断るとする回答が多くなるが，大学生では目下＞友人・目上という順になる．

表3 「支払いの申し出を断る」とする行動選択の出現率

	中年層	大学生
目上	24.8%(110/443)	33.2%(167/503)
友人	34.5%(152/441)	28.1%(141/502)
目下	82.7%(364/440)	80.8%(407/504)

（ ）内は「断る」の回答件数／有効回答件数

　中年層は，上下関係による申し出への受諾と断りという行動選択の違いが明確である．以下では，その中年層における機能的要素の上下関係による出現状況の違いを分析し，感謝行動の契機への配慮のあり方を考察する．

5.2　上下関係のなかでの「利益の連鎖システム」と機能的要素の選択

　相手からの支払いの申し出を受けるとした中年層の発話における，主要な機能的要素の出現率を図5に示した．

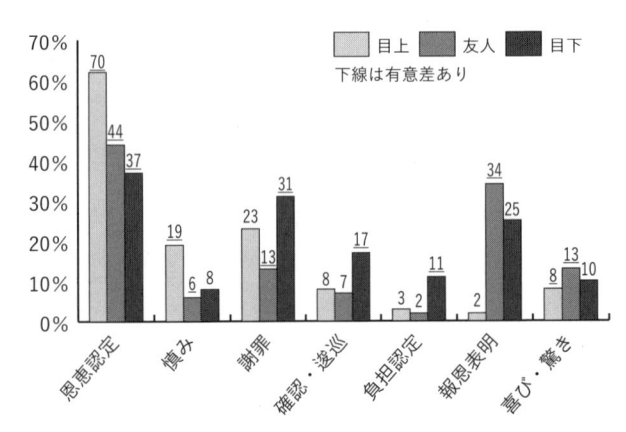

図5　上下関係の違いによる主要な機能的要素の出現傾向（中年層）

「ありがとう」などの感謝の定型表現は，どの相手にも60％程度出現するが，相手による出現率の変化はほとんどないため，図から省いた。図5で注目されるのは，目上の相手に対しては，相手から受けた恩恵に報いることを表明する「報恩表明」(「次は私にご馳走させてください」など)が，2％と他の相手よりも顕著に出現率が低いことである。つまり，この支払い場面では(9)のような傾向がある。

　　(9)　目下は，目上からの利益を返すことを表明しない。

いっぽう，相手が目下に設定された場合，「支払いの申し出を断る」とする回答は，中年層の有効回答数のうち82.7％であった(表2)。この場合，回答者は目上の立場なので，(10)のように言える。

　　(10)　目上は，目下からの利益供与を受け入れにくい。

逆に，現代日本社会では，目上の人物が食事の支払いを持つなど，目上が目下に対して進んで利益供与することがある。以上から，調査Aの支払い場面(目上・目下相手)では，図6のように，利益供与は場面の当事者間で循環せず，目上の人は目下の人に，目下の人はさらに目下の人に利益供与するという連鎖のなかで行われることが分かる。

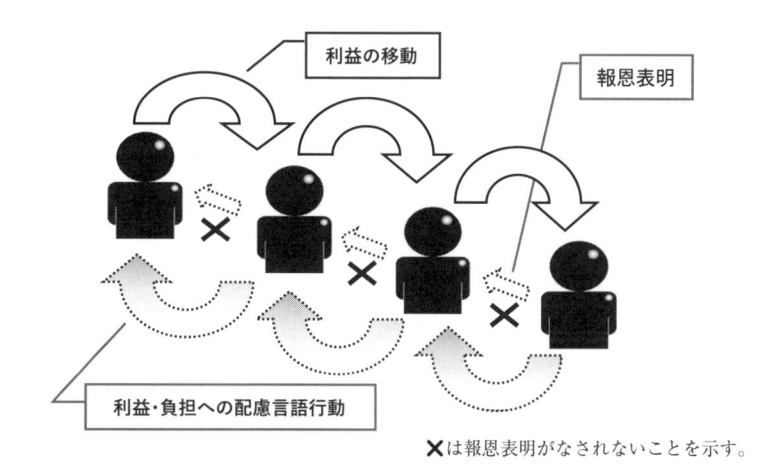

図6　利益の連鎖システムと配慮言語行動(上に位置する人物ほど目上)

調査Aの支払い場面(目上・目下相手)では，このシステムが作動していることが調査結果から窺える。このような利益供与の連鎖を，ここでは「利益の連鎖システム」と呼ぶ。このシステムのなかの一個人は，目下に利益を供与する代わりに，目上から利益を享受する。目下への利益供与と目上からの利益享受によって，利益の供与と享受のバランスが保たれるのである。

　このように，利益の連鎖システムでは，目上は常に目下に利益を供与し，その負担を負う立場である。したがって，(9)のように，目下は報恩表明を行わない。むしろ目下からの利益供与(たとえば，目下が目上に小遣いを与えるなどの行為)は，相手が目上の立場であることを否定することになりえるため，目上に対する報恩表明には規制がかかる。

　また，表3の中年層のデータでは，目上が相手のときには，友人相手のときよりも支払いを断るとする回答が少ない。このことも，目上からの申し出を断ると，相手が目上であることを否定しかねないことが関係すると考えられる。

　このシステムでは，一個人の利益の供与と享受のアンバランスを解消するのは，発話現場の当事者間ではない。発話現場の当事者間では，利益の供与と享受のアンバランスを解消できない。このことに対して目下は目上への配慮を示す必要がある(図6，点線グレー矢印)。

　この力学が顕在化した例が，先述した，報恩表明の要素がほとんど使用されないことである(図5)。目下から目上への利益供与は受け入れられにくいため，報恩表明はほとんど使用されない。利益供与にいかに報いるかということよりも，むしろ，利益を受けること自体への評価的態度を表明する機能的要素の出現が多くなる。

　具体的には，「ごちそうさまでした」など，報恩表明しなくとも，せめて恩を受けたという立場を明示することが，友人や目下よりも多くなる(図5：恩恵認定)。また，「お言葉に甘えます」「恐縮です」のように，利益を享受する際に慎みの態度を表明することも，友人や目下が相手のときより多い(図5：慎み)。ただし，目上に対する「謝罪」が友人に対してよりも多い(図5：謝罪)が，この傾向は，これまでにも報告が

あり，利益の連鎖システムと関連付けるには慎重を要する。

なお，「**2.3**「感謝の気持ち」と謝罪表現」で述べたように，この謝罪には感謝の気持ちが込められている可能性がある。「ごちそうさまでした」のような恩恵認定にも同様のことが言える。しかしその可能性は，相手が友人や目下の場合にでも等しく存在するものである。にもかかわらず，目上に対する謝罪・恩恵認定が友人や目下に対するときよりも出現率が高い。よって，謝罪表現の選択は，感謝の気持ちを表出すること以外に，目上への配慮のあり方を考慮しているものであると考えざるをえない。

次に，目下からの利益供与を受けるという状況での機能的要素の選択について考察を加える。表3では，目下からの利益供与は，80％以上の割合で断られている。このことから，目下から目上の支払いを申し出るという場面設定自体が，図6の利益の連鎖システムから逸脱するものであると考えられる。

それゆえに，相手が目上の場合と比べて，機能的要素の出現傾向が異なる。目下からの支払いの申し出という規範外の特異な状況に，「え，いいの？」「(ごちそうになって)いいのかなあ」など，驚きをもって状況を確認したり，利益供与を受けるに逡巡を表明したりする機能的要素が，目下や友人の2倍程度出現する(図5：確認・逡巡)。また，この状況は，目上は，社会的な利益のやり取りのあり方から逸脱して利益を得て，目下に負わせるべきではない負担を負わせることになる。

このため，目上は目下に対して，「気を使わせて(悪いね)」などと相手の負担に注目する要素を目上や友人に対してよりも多く用いる(図5：負担認定)。友人に対してよりも目下に謝罪が多いことも，この一方的な目下の負担への配慮が働いているものと考えられる。

5.3 親しい間柄での利益の循環システムと機能的要素の選択

図5の友人相手の場面では，「報恩表明」(「次は私がおごるね」など)が，34.5％の出現率となり，目上や目下よりも有意に高い。「**4.2** 定型表現使用と丁寧体・普通体の選択」で述べたように，定型表現を用い

て，端的に感謝・謝罪行動の契機に対する対人配慮を示すことが重視されるなかにあって，報恩表明ではまったく定型表現が使用されない。その定型表現をもたない報恩表明が，34.5％もの出現率を見せることは，友人相手の場面の大きな特徴である。

また，「報恩表明」は，発話現場で相手から享受した利益を，いつか返すことを表明する機能的要素である。相手から受けた利益供与は，利益の連鎖システムとは異なり，同じ相手に返されることになる。ここで得られた分析結果から，図7のように，発話の当事者間で利益供与の循環が成立することが示されるのである。この利益供与の循環を，この論文では「利益の循環システム」と呼ぶ。

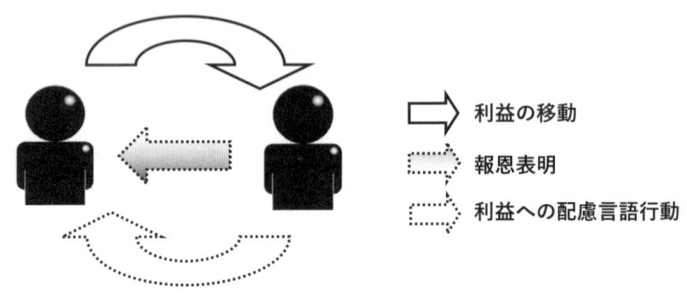

図7　利益の循環システムと配慮言語行動（両者は友人関係）

利益の循環システムが作動している場合，発話の現場ではどちらかの人物が一方的に利益を供与・享受するというアンバランスを，当事者間で解消することができる。よって，支払いの申し出を断る理由は小さく，利益の連鎖システムが作動している目下相手の場合よりも，申し出を断るとする回答は，はるかに少ない（表3）。

また，利益の循環システムのなかでは，いずれ相手からの利益享受に報いることができるため，相手の負担に注目する「謝罪」は，目上や目下よりも出現しにくくなる（図5：謝罪）。そして，友人同士では，利益享受に報いることが許され，目上であるときに生じる恐縮の気持ちも小さい。このため，友人相手の場合，「慎み」も目上の3分の1程度であ

る(図5：慎み)。

　むしろ，利益を享受するにあたって，友人からの厚意や利益供与を，自分にとって価値あるものとして表現する，「喜び・驚き」(「うれしい」「楽しかった」など，喜びの感情を言語表現化して表明する要素)が，ほかの相手よりも出現率が高い(図5：喜び・驚き)。

　さらに，いずれは利益供与を返すことができる立場にあるため，「ごちそうさまでした」などの恩恵認定の機能的要素の出現率も，目上よりも低くなる。

6. まとめ

　この論文では，感謝・謝罪行動の契機と言語行動との関係を整理した。相手からの利益供与や厚意，自身の過失や相手への負担を，言語表現からいったん切り離し，両者の間に話し手の評価的態度が存在することを指摘した。これにもとづいて，利益供与を受けたときに謝罪表現が出現するプロセスを説明した。

　そして，端的に対人配慮を示すことができる決まり文句という観点から，定型表現の広がりを捉え，感謝・謝罪行動の契機に対する定型表現の使用が重視されること，また，その重要度が家族の内外で変動することを指摘した。

　さらに，この論文では，言語行動以前の行動選択と関連付けて機能的要素の使用状況を説明し，現代日本語の感謝・謝罪における対人配慮を分析した。その結果，感謝行動の契機に対する社会的行動規範として，利益供与の連鎖システムと循環システムとが存在し，それらに沿って機能的要素が選択される傾向が明らかになった。

　この試みは，調査結果から言語行動・社会行動の原理を導く，帰納的な方法であり，個別の言語社会の言語行動を解明するために有益である。また，単なる上下・親疎などの対人関係のあり方だけではなく，言語社会ごとのコミュニケーションのシステムと関連付けて，言語行動の特徴を捉える試みでもあった。ほかに利益供与や厚意の種類，そして多様な言語社会(都市・非都市，地域の違い，言語の違いなど)において，

どのようなシステムが働き，どのような言語行動が行われるか，関心が持たれるところである(西尾純二(2012))。その際には，言語外の行動，言語行動，言語表現の特徴といった多面的な観点から，現代日本語行動における配慮のあり方が明らかにされることが期待される。

引用文献

金田一秀穂(1987)「お礼とお詫びのことば」『言語』16-4, pp.75-83, 大修館書店.

塩原淳平(2006)「大学のサークルにおけるスラングの浸透とそれにかかわる待遇性―別れの場面で使われる「おつかれさま」を例に―」『言語文化学研究 言語情報編』1, pp.75-100, 大阪府立大学人間社会学部言語文化学科.

中西太郎(2010)「東北地方のあいさつ表現の分布形成過程―朝の出会い時の表現を中心にして―」『東北文化研究室紀要』51, pp.144-127, 東北大学大学院文学研究科.

西尾純二(2000)「言語行動における遂行義務と回避義務」『阪大日本語研究』12, pp.57-69, 大阪大学大学院文学研究科日本語学講座.

西尾純二(2007)「罵りとその周辺の言語行動」, 岡本真一郎(編)『ことばのコミュニケーション―対人関係のレトリック―』pp.194-208, ナカニシヤ出版.

西尾純二(2012)「日本語の配慮言語行動の社会的多様性」三宅和子・野田尚史・生越直樹(編)『『配慮』はどのように示されるのか』(シリーズ社会言語科学1), pp.71-90, ひつじ書房.

長谷川頼子(2001)「出会いの場面にみられるあいさつ語と実質的表現」『筑波応用言語学研究』8, pp.71-84, 筑波大学大学院人文社会科学研究科文芸・言語専攻応用言語学領域.

藤原浩史(1993)「平安和文の謝罪表現」『日本語学』12-12, pp.48-57, 明治書院.

藤原浩史(1994)「平安和文の感謝表現」『日本語学』13-7, pp.38-46, 明治書院.

南不二男(1987)『敬語』(岩波新書), 岩波書店.

三宅和子(2011)『日本語の対人関係把握と配慮言語行動』ひつじ書房.

第5部　現代語の配慮表現の多様性

» 談話の構成から見た現代語の配慮表現　　　　　　日高水穂
» 携帯メールにみられる配慮表現　　　　　　　　　三宅和子

談話の構成から見た現代語の配慮表現

日高水穂

1. この論文の主張

　この論文では，現代日本語の配慮表現を見るにあたり，対人行動を言語的に実現した談話レベルの配慮のあり方について考える。

　この論文で見ていく「談話レベルの配慮のあり方」とは，現代日本語における一般的な会話のやりとりに見られる言語的な配慮の示し方である。我々の対人行動は，当該の社会・時代に共有される「型」を備えている。現代日本語における配慮の関わる談話展開の型，およびそこに定型的に現れる談話構成要素を見いだすことがこの論文の目的である。

2. 配慮の関わる対人行動の類型と連鎖パターン

　配慮が必要とされる対人行動のうち主要なものを類型化して示すと，表1のようになる（日本語記述文法研究会編（2009, p.289）参照）。

表1　対人行動の類型

持ちかけ系	命令・禁止　依頼　勧め　助言・忠告　誘い　許可求め　申し出
応答系	受諾・許可　断り・不許可
調整系	感謝　謝罪

　「持ちかけ系」「応答系」「調整系」の対人行動は，それぞれ単独で成

立するものではなく,たとえば「依頼-受諾-感謝」「依頼-断り-(関係修復のための)謝罪」のように,連鎖して生じるのが普通である。つまり,こうした「対人行動の連鎖」によって,「配慮表現の連鎖」が生じ,一つのまとまった談話が構成されるのである(「行為の連鎖」については前田泰樹・氷川喜文・岡田光弘(編)(2007, pp.132-139)等を参照)。

「対人行動の連鎖」とそれによって言語的に実現する「配慮表現の連鎖」は,たとえば「手伝ってください-いいですよ-ありがとう」(依頼-受諾-感謝),「手伝ってください-いやです-わかりました」(依頼-断り-了解)というような単純な構造を示さないことが多い。「依頼」の切り出し方,「依頼」に対する「受諾/断り」の意向の示し方,「受諾」によって「依頼」の目的が達成された場合の対人関係の強化,あるいは「断り」によって目的が達成されなかった場合の対人関係の修復には,対人関係保持のためのさまざまな配慮表現が駆使される。

特に,対人関係に亀裂を生じかねない「断り」の場面では,上記のような直接的な「断り」(いやです)やそれに対する「了解」(わかりました)の表現のみで談話が展開することは,現実にはほとんどないだろう。断る側においては相手の期待に応えられないことに対する「謝罪」を行い,依頼する側においては相手に気をつかわせてしまったことに対する「謝罪」を行うといったように,関係修復の表現が交わされるのが,少なくとも現代日本語では,一般的なやりとりであると思われる。

この論文では,「持ちかけ系」「応答系」「調整系」の対人行動が連鎖する談話のうち,「依頼」から展開する例を中心に,ロールプレイ会話調査(あらかじめ指示した場面設定に従って行う会話収録調査)によって得られたデータを分析する。調査の詳細については,ウェブサイト「ロールプレイ会話データベース」を参照されたい。なお,この論文では会話の文字化に際し,以下の記号を用いる。

　　　／／:後の発話が次の番号の発話と同時に発せられたことを示す。
　　　…:意図的もしくは不自然だと感じられる沈黙が生じた箇所。
　　　{笑}:笑いが生じた箇所。

3. 「依頼－受諾／断り」の談話展開

　ここで，配慮の関わる対人行動の連鎖のパターンの具体例として，「依頼－受諾」と「依頼－断り」の会話例を見ていく。
　表2，表3の会話は，友人同士である学生2人（A：女性・関東出身，B：女性・東北出身）を話者として収録したロールプレイ会話である（2009年・秋田大学にて実施）。話者には，以下の場面設定に沿って会話を進めるように指示した。

　　（1）　BがAに電話をかけ，サークルの新入生歓迎会の案内状作成を代わってほしいと頼む。Aは受諾する（表2）／断る（表3）。

　表2，表3に示したように，電話の会話であることから，会話全体は「開始部」「主要部」「終了部」から構成されている（ポリー・ザトラウスキー（1991）参照）。「主要部」は，「持ちかけ（依頼）」のやりとり，「応答（受諾／断り）」のやりとり，「調整（関係強化／関係修復）」のやりとりという展開で進んでいる。

表2　「依頼－受諾」の会話例

開始部		01 A：もしもーし 02 B：もしも／／しー 03 A：はいはいー 04 B：あのさー，今ちょっといーいー 05 A：うん，いーよ
主要部	持ちかけ	06 B：あのね，今日の午後空いた，空いてる 07 A：今日の―午後 08 B：うーん 09 A：うん。何もないよ 11 B：あっ，ほんとー 12 A：う／／ん 13 B：あのーさ，実は夕方までにあた，し，（A：うん）サークルのー，（A：うん）新入生歓迎会の案内状作らなきゃいけないのね 14 A：ほう，ほう，ほ／／う 15 B：でーも，わたし今日ちょっと（A：うん）バイト入っちゃってー

	16 A：あっ，ほんと／／にー｛笑｝ 17 B：よかったらー（A：うん）代わりに作って（A：うん）もらえないかなと思って
応答	18 A：あ，今日の午後でいいんだ／／よね 19 B：うんうん 20 A：うん，わかった，いいよー 21 B：あっ，ほんとにー 22 A：／／うん
調整	23 B：ありがとー，助かったー 24 A：うん｛笑｝／／よいよ，うん 25 B：ありがとうございます。また，あの，お礼するんで 26 A：マージで。やったね｛笑｝ 27 B：はい。お願いします 28 A：うん，大丈夫，／／いいよー 29 B：うーん，ありがとー。／／じゃーねー
終了部	30 A：うん，はーい，んじゃねー。／／はーい 31 B：はーい

表3　「依頼－断り」の会話例

開始部		01 A：はいはーい 02 B：あー，A 03 A：うん
主要部	持ちかけ	04 B：あのねー 05 A：うん 06 B：今日の午後空いてる 07 A：今日の一午一後 08 B：うん 09 A：何で 10 B：あの，（A：うん）実は夕方までに，サークル（A：うん）のー新入生歓迎会の案内状作らなきゃいけないんだけどさ 11 A：うん，う，うん 12 B：あたしバイト入っちゃってー 13 A：うん 14 B：もしよかったらー，代わりに作ってもらえないかーと思って

応答	15 A：うーん，今日の午後かー 16 B：うーん 17 A：あのねー，（B：うん）なんと今日の午後は授業が入って／／いるのです 18 B：あー，そっかー，（A：うん）じゃーダメだねー
調整	19 A：わーるい 20 B：うう／／うん 21 A：ごめん，ごめん 22 B：ごめ／／ん 23 A：うん 24 B：ありがとー 25 A：いや／／いや，すまんね 26 B：はい，はい 27 A：うん
終了部	28 B：／／はーい 29 A：じゃねー，はーい

「持ちかけ(依頼)」のやりとりにおいて依頼する側(B)は，まず相手の状況を確認し(表2の06B・表3の06B)，次に自分の状況を説明し(表2の13B・表3の10B)，最後に依頼のことばを述べている(表2の17B・表3の14B)。用件の切り出しの部分で「相手の状況の確認」を行うことにより，電話の用件が何らかの「持ちかけ」であることが伝わる。「自分の状況の説明」は，「持ちかけ」を行う理由を述べるものだが，これによって，相手には「持ちかけ」の内容が「依頼」であることが伝わる。このように「持ちかけ」のやりとりでは，用件の「核心」を伝えるまでに段階的に意向を伝えていくという方略が取られる。相手に負担を強いる対人行動である「依頼」を，一方的・強制的に進めることを避けるための配慮の表れであると言える。依頼の意向を具体的に述べることばも「よかったら」「作ってもらえないかなーと思って」という相手に選択の余地を残す表現が用いられている。

一方，依頼される側(A)は，「状況の確認」に対して「うん。何もないよ」(受諾：表2の09A)／「何で」(断り：表3の09A)，「状況の説明」

に対して「ほう,ほう,ほう」(受諾:表2の14A)・「あっ,ほんとに―｜笑｜」(受諾:表2の16A)／「うん,う,うん」(断り:表3の11A)・「うん」(断り:表3の13A)のように,「受諾」の場合と「断り」の場合で異なった応じ方をしている。「受諾」の場合には「快さ」を示す応じ方になっているのに対し,「断り」の場合は「慎重さ」を示す応じ方になっていると言えるが,このことは,依頼される側が,「持ちかけ」のやりとりの段階で,すでにのちの「応答(受諾／断り)」のやりとりにつながる態度で応じていることを示している。

次にその「応答(受諾／断り)」のやりとりを見てみよう。依頼される側(A)は,「受諾」の場合は「あ,今日の午後でいいんだよね」(表2の18A)とまず条件の確認をし,「うん,わかった,いいよー」(表2の20A)と受諾のことばを発している。一方,「断り」の場合は,まず条件の確認を「うーん,今日の午後かー」(表3の15A)という「困惑」を帯びた発話によって示し,「今日の午後は都合が悪い」ということを婉曲的に伝えている。

これに続く「あのねー,なんと今日の午後は授業が入っているのです」(表3の17A)は,「今日の午後は都合が悪い」ことを述べる内容であるが,これが談話展開上「断り」として機能する発話となっている。このように「断り」を「いやだ」「だめだ」「できない」のような直接的な表現によって行わないのは,対人的配慮の表れである。また,この発話において,「なんと〜のです」のような「際立たせ」の表現を用い,ここだけ丁寧体にシフトしていることも,対人的配慮という点で意味がある。この発話は,相手の意向に沿えないことの「心苦しさ」を伝えようとするものであると同時に,過剰で演出的な表現を用いることで,会話が平坦なものにならないように工夫し,2人の「友人関係」(冗談を言い合える親しい関係)を保持することが意図されたものだと言える。

「応答(受諾／断り)」のやりとりにおいて,依頼する側(B)の発話で注目されるのは,「受諾」の意向が示された直後の「あっ,ほんとにー」(表2の21B)と「断り」の意向が示された直後の「あー,そっかー,じゃーダメだねー」(表3の18B)が発されるタイミングである。表2の

21Bは先行するAの発話が終わってから発されているが，表3の18Bは先行するAの発話が終わる前に発されている。つまり，「断り」の場面では，「断り」の意向をいち早く察し，「断り」を明言させないことが，対人関係に亀裂を生まないための配慮であると言えるのである(日高水穂(2012))。

依頼される側の「受諾／断り」の意向が伝えられ，依頼する側がその意向を受け入れたあとは，対人関係の「調整」が行われる。「受諾」の場合，依頼する側(B)は，「ありがとー，助かったー」(表2の23B)，「ありがとうございます」(表2の25B)，「うーん，ありがとー」(表2の29B)のように「感謝」のことばを繰り返し，さらに「また，あの，お礼するんで」(表2の25B)のように対価を約束して，依頼する側と受諾する側の間に生じた一時的な対人的不均衡を補おうとしている。

受諾する側(A)は「うん{笑}」(表2の24A)，「マージで。やったね{笑}」(表2の26A)のように笑いをともなう発話で応じることで，依頼する側が感じている「引け目」を解消しようとしている。この一連のやりとりは，情報のやりとりとしては中身のあるものではない。もっぱら，対人関係の強化を図るために行われていると理解されよう。

「断り」の場合の対人関係の「調整」は，亀裂が生じかけた関係を修復することに注がれる。断る側(B)が「わーるい」(表3の19A)，「ごめん，ごめん」(表3の21A)，「いやいや，すまんね」(表3の25A)のように「謝罪」のことばを重ねるだけでなく，依頼する側(A)も相手に気をつかわせたことに対し「ごめん」(表3の22B)と「謝罪」のことばを発している。また，表3の24Bには「ありがとー」という「感謝」のことばが見えるが，これは相手が気づかいを示してくれること，あるいは，自らの「持ちかけ」に時間を割いて対応してくれたことへの感謝であろう。ここに現れる「謝罪」や「感謝」のことばは，もっぱら関係修復のために発されているものと理解できる。

このように，「持ちかけ系」「応答系」「調整系」の対人行動は連鎖する。そして，これらの対人行動を実現する言語表現は，対人関係の保持のために配慮された一定の型に沿って展開するのである。

4. 対人的距離と配慮の談話構成要素

配慮表現の選択基準に，上下，親疎といった対人的距離が関わることに異論はないだろう。それでは，対人的距離の違いは，配慮の関わる談話展開にどのような影響を及ぼすものであろうか。

ここでは，リーグ戦式ロールプレイ会話調査のデータを分析する（2007年・秋田大学にて実施）。ここで紹介するリーグ戦式ロールプレイ会話とは，大学生4人で1グループと成し，4人のうち2人ずつ，総当たりでロールプレイ会話を行うというものである。組み合わせは，表4に示すように12通りになる。4人のうち1人（A）は他の3人（B・C・D）よりも学年が上であるのに対し，B・C・Dは同学年の友人同士で，お互いの個性をよく知っている関係である。一方，A・B・Cは同じゼミの所属であるのに対し，Dは異なるゼミの所属である。

表4 リーグ戦式ロールプレイ会話・メンバー表

発話者（話し手）		発話の受け手（聞き手）		
A（先輩）	4年生・女性・東北出身	B	C	D
		1	2	3
B（後輩）	3年生・女性・東北出身	A	C	D
		4	5	6
C（後輩）	3年生・女性・東北出身	A	B	D
		7	8	9
D（後輩）	3年生・女性・東北出身	A	B	C
		10	11	12

場面設定は，以下のものである。

（2） 甲が乙に電話をかけ，今日，一緒に英語検定の試験官のバイトをする予定だった友人が，電車の運休のため来られなくなってしまったため，乙に代わりにバイトをしてくれるように頼む。乙は甲の依頼に対し，今起きたばかりであることや，友人と遊ぶ約束をしていることを理由に断る。甲は説得し，乙は説得に応じて受諾する。甲は時間と場所を伝え，乙は了解する。

談話の構成から見た現代語の配慮表現　269

電話のかけ手（甲）の依頼を，受け手（乙）がいったん断り，それに対してかけ手が説得を試み，受け手は最終的には受諾する，という会話の流れになっている。以下では，対人的距離の違いが現れていると見られる談話構成要素と，対人的距離にかかわらず「依頼－断り－説得－受諾」の談話に定型化して現れる談話構成要素について見ていく。

4.1 「依頼」の切り出し

まず，「依頼」の用件を切り出す部分での，依頼する側の最初の発話を表5にあげる。なお，以下では，丁寧体の形式に下線を付して示す。

表5　「依頼」の切り出し

	B	C	D
A	あ，あのー，ちょっと今日お願いがあって電話したんですけれどもー《依頼予告》	あのー，ちょっと…とお願いがあるんですけどー《依頼予告》	とー，えーと，今日ちょっと予定がありますか《状況確認》

	A	C	D
B	えっとー，あの，実はー，あー，折り入ってー，A先輩にお願いがあって，電話したん…ですよー《依頼予告》	あのねー，ちょっとー実は，今日…すごい急なんだけどー，どうしてもー，お願いがあってー，電話したんだ《依頼予告》	あのねー，今日ちょっとー，実はすっごい急でー申し訳ないんだけどー《謝罪》，お願いがあって電話したんだー《依頼予告》

	A	B	D
C	あの，ちょっとすみません《謝罪》。あのー，ぶしつけなんですけど，ちょっとお願いがあるんですけどー《依頼予告》	あのねー，あたしすっごい，あのー，いきなりでー，ぶしつけなお願い…なんですけどー《依頼予告》	なんかねー，今日ねー，あたし(D：うん)英検のねー，なんか試験官のバイトするはずだったんだけど《状況説明》(以下状況説明が続く)

	A	B	D
D	ちょっと…今日，お願いがあってー，電話したんですけどー《依頼予告》	んとねー，今日…ね，あたしー，英検の試験官のバイ…トする予定だったんだけどー《状況説明》(以下状況説明が続く)	あのね(C：うん)ちょっと急で申し訳ないんだけどー《謝罪》

表5に示したように，依頼の切り出し部分には，「お願いがあるんですけどー」（A→C：Aが電話のかけ手，Cが電話の受け手。以下同様）のような「依頼予告」（8例），「今日ちょっと予定がありますか」（A→D）のような「状況確認」（1例），「急で申し訳ないんだけど」（D→C）のような「謝罪」（3例）が現れ，これらが現れたのちに「状況説明」「依頼」の発話が続くパターンが多い。一方，「状況確認」「依頼予告」「謝罪」を介さないで，「状況説明」から切り出している例も，C→D，D→Bに見られる。

ここで，対人的距離という観点で4人の選択した表現を見てみよう。

Aは，同じゼミに所属するB・Cに対しては「依頼予告」で切り出し，異なるゼミに所属するDには「状況確認」で切り出している。いずれに対しても丁寧体を用いており，対人的距離では「疎の関係」にあることを示しているが，B・Cに対しては依頼を前提とした切り出しを行えるという点で，Dに対するよりも「気安さ」を示していると言える。

Bは，A・Cに対しては「依頼予告」で切り出し，Dに対しては「謝罪」と「依頼予告」で切り出している。同じゼミに所属するA・Cと，異なるゼミに所属するDとで選択する表現が若干異なる点に注意したい。先輩であるAには丁寧体，同輩であるC・Dには普通体で遇しており，上下関係は明確に意識しているようである。

Cの発した配慮の関わる談話構成要素の現れ方には特徴がある。以下にCからA・B・Dへの「依頼の持ちかけ」部分の談話をあげる。

（3）CからAへの「依頼の持ちかけ」

06C：あの，ちょっとすみません。あのー，ぶしつけなんですけど，ちょっとお願いがあるんですけどー。…あたし（A：はい）今日あのー，ちょっと英検のー試験官のバイトーする予定だったんですけどー。…一緒に（A：はい）バイトーするー友達がですね，ちょっと電話のー運…電車の運休でー来れなくなっちゃったんですよー。…それで（A：はーい）っと，一緒にーバイトしてくれる人を探さなきゃ…ならなくてー，ちょっと

(A:はい)先輩に一緒にやっていただけないかなと思って…電話したん<u>です</u>けどー

(4) CからBへの「依頼の持ちかけ」

08C：あのねー，あたしすっごい，あのー，いきなりでー，ぶしつけなお願い…なん<u>です</u>けどー（B:うん）あの<u>で</u><u>す</u>ね，あたしちょっと…試験官…英検のねー，試験官のバイトをー今日やるんだけどー（B:うんうんうん）なんか，本当はー，もう一人友達と一緒に…やるはずだったんだけどー，なんか，その子がー電車がとまって来れなくなっちゃったのねー

09B：…あー，そーなんだー

10C：うーん。それで，あたし…ちょっと一人だけじゃできなくてー。もひとり（B:うん）一緒にやってくれる人さがさなきゃいけないのね…それでちょっと，Bちゃん…に一緒にやっていただけないかなと思ったん<u>で</u><u>す</u>けどー，ちょっと，どーで<u>しょー</u>

(5) CからDへの「依頼の持ちかけ」

04C：なんかねー，今日ねー，あたし(D:うん)英検のねー，なんか試験官のバイトするはずだったんだけど，なんか一緒にやる友達がなんかねー，電話のー…電車の運休でねー，来れなくなっちゃってー。だから(D:あー)ちょっと，代わりにバイトしてくれる人探してるんだけどー，Dちゃん一緒にやってくんないかな

　Cは，A・Bに対しては「依頼予告」で切り出し，Dに対しては「状況説明」で切り出している。先輩であるAだけでなくBに対しても丁寧体を用いているが，Bに対して丁寧体を用いるのは「持ちかけ（依頼）」の意向を示す部分で，「状況説明」等は普通体となっている。一方，Dには一貫して普通体を用いている。Cは，Aには一貫して遠慮のある丁寧な表現で接し，Bにはくだけたなかにも丁寧さを含む表現で接し，D

には遠慮のない単刀直入な表現で接している。同輩であるBとDに対してこうした差がでるのは，CがBを同輩ながら「敬愛の対象」としていること，Dを「気安い相手」と見なしていることを窺わせる。

Dは，Aには「依頼予告」で切り出し，Bには「状況説明」で切り出し，Cには「謝罪」で切り出している。Aには丁寧体を用い，B・Cには普通体で遇している。Dにとって，Aは「遠慮のある相手」，Bは「気安い相手」，Cは「気をつかう相手」であることが窺われる。

4.2 「受諾」に対する反応

次に，依頼される側の「受諾」が示されたあとの談話展開を見てみる。表6に，「受諾」の直後から次の話題(依頼する側が時間と場所を伝える)に移るまでに，依頼する側が発した発話をすべて抜き出して示した。また，表6では，依頼する側の反応に注目して，《　》内にそれぞれの談話構成要素の機能(発話意図)を示し，特に注目すべきものとして，「確認」の意図のある談話構成要素を太字で示している。

表6　「受諾」に対する反応

	B	C	D
A	いいですかー《**確認**》 本当ですかー《**確認**》	あ，本当ですかー《**確認**》 あー，ごめんね《謝罪》 眠いのにー{笑}《相手の状況への気づかい》 ごめーん《謝罪》 あー，本当，友達と…も約束あるってゆってたのに《相手の状況への気づかい》 あー，ごめんなさい《謝罪》	あ，本当ですか《**確認**》 あ，じゃ，ありがとうございますー《感謝》

	A	C	D
B	え,本当ですかー《確認》 あー,すいません《謝罪》 すごく助かりますー《安堵》 あ,どうもすみません《謝罪》 あの,え,でも…今日友達と約束されてたんですよね《相手の状況への気づかい》 あー,本当にすいません《謝罪》 ありがとうございますー《感謝》	あ,本当《確認》 あ,本当《確認》 あ,すっごい助かる《安堵》 ごめんねー《謝罪》 ありがとう《感謝》 あー,すごい助かったぁー《安堵》	あ,本当ー《確認》 え,すごい助かるー《安堵》 あー,ごめんねー《謝罪》 ありがとー《感謝》

	A	B	D
C	あ,いいですかー《確認》 あ,すいません《謝罪》 本当にありがとうございますー《感謝》 いやー,助かりますー《安堵》	本当に《確認》 あ,ありがとー《感謝》 うれしー《喜び》 本当ありがとねー《感謝》 Bちゃんはいい人だよ。 うん《賞賛》	あ,おっけ《確認》

	A	B	C
D	あ,本当ですか《確認》 ありがとうございます《感謝》	あ,本当に《確認》 ありがとう《感謝》 あー,ありがとう。本当に《感謝》	あ本当に《確認》 ありがとー《感謝》

　「依頼の受諾」に対する応答表現として,最初に現れるのは,「本当ですかー」「本当に」等の「驚き」を含んだ「確認」の表現である。これらが単なる「確認」ではなく「驚き」を伝えるものであることは,「あ」

「え」という「気づき」の感動詞を伴って現れることが多いことからもわかる。以下に，実際の会話例をあげる。

(6) Cの「受諾」に対するAの反応

17C：じゃあ，はい。じゃあ，はい。わかりました。やりますー　受諾

18A：あ，本当ですかー《確認》
　　　あー，ごめんね《謝罪》
　　　眠いのにー｜笑｜《相手の状況への気づかい》

19C：はい。やります。いえ，全然大丈夫です

20A：ごめーん《謝罪》
　　　あー，本当(C：はい)友達と…も約束あるってゆってたのに《相手の状況への気づかい》

21C：いえ。いえ，大丈夫ですよー｜笑｜

22A：あー，ごめんなさい。《謝罪》

(7) Aの「受諾」に対するBの反応

19A：えー，じゃあ，じゃあ，あたし行きますよ　受諾

20B：え，本当ですかー《確認》

21A：…はーい

22B：あー，すいません。《謝罪》
　　　すごく助かりますー《安堵》

23A：…｜笑｜は，はい，大丈夫ですよー

24B：あ，どうもすみません《謝罪》
　　　あの，え，でも…今日友達と約束されてたんですよね《相手の状況への気づかい》

25A：…あ，大丈夫，大丈夫

26B：あー，本当にすいません。《謝罪》
　　　ありがとうございますー《感謝》

27A：…はーい。大丈夫でーす

　先に見た表2の「依頼-受諾」の談話も，「受諾」の直後の発話は「あっ，ほんとにー」(表2の21B)であった。「依頼の受諾」に，「驚きを

ともなった確認」で応じるという談話展開は，現代日本語では，かなり定型化したものとなっていると言える。

なお，「受諾」に対するこうした反応には，配慮言語行動に付随する「演技性」を読み取ることもできる。ここで分析対象としているロールプレイ会話では，最終的に依頼される側が「受諾」することを，実際にはお互いに知っているわけであるが，それでも依頼する側は「受諾」に対して瞬時に「驚き」を表明する。こうした「心の動き」を目に見える言語行動に示す「演技」が定型化していることは，少なくとも現代日本語において，「心の内をあらわにする表現」が配慮表現として機能することを示している。

「確認」の表現のあとには，「謝罪」や「感謝」の表現が続く。「謝罪」と「感謝」がともに現れる場合は，「謝罪」のほうが「感謝」に先だって現れる傾向がある。まず，相手に対する申し訳なさ(遠慮)を示し，そのうえで，相手の厚意をプラスに評価する表現が現れる，というのが，典型的な談話展開であると言える。

このように配慮の関わる談話構成要素は，表現そのものも，現れる順番も，ある程度定型化している。その一方で，表現の選択には，対人的距離が複雑に反映することがわかる。

5. 「断り」に対する関係修復の談話展開

「持ちかけ－応答－調整」へと展開する談話のうち，「受諾」以上に「調整」のやりとりが重要となる対人行動が「断り」である。「断り」には通常，関係修復のやりとりが続く。関係修復のやりとりに焦点をあてることのできるデータの収集のため，話者Ａ・Ｂに対し，それぞれ以下の指示をし，会話を収録した(2008年・大阪府立大学および秋田大学にて実施)。

（８）　断りの談話の場面設定

　　　Ａへの指示：Ｂさんから電話がかかってきます。Ｂさんの持ちかける用件を断ってください。説得されても断り続けてください。

　　　　　Bへの指示：Aさんに電話をかけ，バイトを代わってもらえるよう頼んでください。Aさんは断り続けるので，説得を試みつつ，適度なところで終わってください。

　この調査では，電話のかけ手の「依頼」と「説得」に対し，受け手は最後まで断り続ける，という設定になっている。つまり，「断り」が成立するのは，最終的に依頼する側が説得を諦め，「依頼」を取り下げた時点であり，そこを起点に関係修復の談話が展開する。

（9）関西出身女性ペア（A＝断る側，B＝依頼する側）
　　14B：うううー，うう，わかった｛笑｝　依頼の取り下げ
　　15A：ほんまごめんな《謝罪》
　　16B：またちょっとなんかいろんな人に頼んでみる《代替措置の表明》
　　17A：うん
　　18B：は／／いはい
　　19A：ほんまごめん《謝罪》
　　20B：ううん，ごめん，ごめん《謝罪》

（10）東北出身女性ペア（A＝断る側，B＝依頼する側）
　　16B：そっかー…わかったー。　依頼の取り下げ
　　　　　（A：…うーん）うん。ありがとう，ごめんねー《感謝・謝罪》
　　17A：あ，大丈夫《心配》
　　18B：うん，大丈夫，大丈夫《前向きな気持ちの表明》
　　19A：えー，じゃあほかの人にもちょっと（B：うーん）頼んでみて《代替措置の提案》
　　20B：うん，かけてみる。（A：うん）うん《代替措置の表明》
　　21A：ごめんね，本当に《謝罪》
　　22B：ううん，ありがとう。（A：ううん）うん…それじゃあねー。ありがと，ごめんね《感謝・謝罪》
　　23A：うん，それじゃあねー，（B：はーい）ごめんねー《謝

罪》

（9）では，依頼する側が，「代替措置」として，他の人にあたってみることを表明している(16B)。(10)では，断る側が他の人にあたってみることを提案し(19A)，依頼する側もそれを受け入れている(20B)。このように，「断り」が成立した後の談話では，問題解決につながるような「代替措置」にいずれかが言及することで，会話全体が「円満な」終結に向かうように方向づけられる。

さらに，「謝罪」と「感謝」のことばが重ねて発せられるのも特徴と言える。まず，（9）では，「依頼の取り下げ」のあと，断る側が「謝罪」をしている(15A)。そして，依頼する側が他の人にあたってみることを表明した後，断る側は重ねて「謝罪」をし(19A)，それに対して依頼する側も「謝罪」で返している(20B)。

一方，(10)では，依頼する側が「依頼の取り下げ」に続けて「感謝」と「謝罪」のことばを述べたことにより，断る側は「あ，大丈夫」と相手の状況を案じることばを発している(17A)。依頼する側がいち早く関係修復の談話に転じたのに対し，断る側はまだ前向きな展望が得られていないことへの心苦しさにとまどっている様子が窺える。そのため，断る側は自ら「代替措置の提案」を行い，それを依頼する側が受け入れたことにより，はじめて「謝罪」のことばを発する(21A)，という展開になっている。その後，依頼する側の「感謝」と「謝罪」(22B)，断る側の再度の「謝罪」(23A)が交わされて，談話が終了へ向かう。

このように，断る側においては，相手の意向に沿えなかったことへの「謝罪」，依頼する側においては，断る側に対し無理な要求をしたこと(および断る側の精一杯の「誠意」)への「謝罪」と「感謝」を行うわけであるが，これが談話の最後に，掛け合いのように行われているところに，関係修復の談話構成の双方向性が認められる。

6. まとめ

ここまでの観察からわかることは，配慮を必要とする場面においては，談話展開に一定の型があるということである。この論文で見てきた

「依頼」の談話の場合,「依頼-応答」に続けて「調整」のやりとりが生じていた。対人関係の強化もしくは修復を意図した「調整」のやりとりは,「依頼」という対人行動を円滑に展開するために,少なくとも現代日本語では,必須のものとなっている。

一方,個々の談話構成要素にも,配慮に関わるものが多数存在する。特に,今回の場面設定においては,定型化して現れる「驚きをともなった確認」の表現に特徴が見られた。「依頼」の受諾に対する反応として現れる「あ,本当に」などの定型化した表現には,一種の「演技性」が認められる。こうした「驚きの演技」は,日本語の配慮表現において,普遍的なものと言えるのだろうか。

この論文で分析した事例は,まずは,現在の若年層(大学生)の言語行動として理解されるべきものであろう。今後の調査においては,さまざまな社会集団に属する各世代の談話を観察することによって,配慮を必要とする場面の談話展開と,そこに現れる言語表現の集団差を検証していくことが課題となる。

調査資料

日高水穂「ロールプレイ会話データベース」(http://hougen.sakura.ne.jp/hidaka/kaiwa/)

引用文献

日本語記述文法研究会(編)(2009)『現代日本語文法7　談話・待遇表現』くろしお出版.

日高水穂(2012)「「察し合い」の談話展開に見られる日本語の配慮言語行動」三宅和子・野田尚史・生越直樹(編)『「配慮」はどのように示されるか』,pp.91-112, ひつじ書房.

ポリー・ザトラウスキー(1991)「会話分析における「単位」について」『日本語学』10-10, pp.79-96, 明治書院.

前田泰樹・氷川喜文・岡田光弘(編)(2007)『エスノメソドロジー　人びとの実践から学ぶ』新陽社.

携帯メールにみられる配慮表現

三宅和子

1. この論文の主張

　この論文ではまず，携帯メールという電子メディアを介したコミュニケーションの特徴を概観する。ついで日本とイギリスで行った謝罪メール調査の結果を，謝罪の評価，態度，表現の3つの側面から分析する。分析結果からは，言語的・社会文化的・メディア的な特徴が，携帯メールの配慮表現に影響を及ぼしていることが明らかになった。遅刻をするというメールを受けたとき，日本語話者は英語話者よりも厳しい評価をするが，2言語間には返答の際の態度やメールの表現にも異なりがみられる。日本語ではメールの言語表現で配慮が示されるほか，4種類の文字や多様な絵記号の使用，丁寧体と普通体の使い分けなどを通して，主に情緒的な情報が補足される。一方，イギリス英語では，文字操作で表現されるものは主に話しことば性であり，情緒的情報ではないことから，メールの言語表現には配慮や不満がより明瞭に示される傾向がある。

2. 携帯メールのコミュニケーション

　携帯メールの言語は，これまでの話しことばとも書きことばとも異なるハイブリッドな性格をもっている。mailという名称からも分かるように，当初は「手紙」をイメージしたPC上のコミュニケーション手段であった。そのため，連絡や気軽なやりとりにメールが使われることが一般的になった今日でも，「手紙」の書きことば的な要素が多分に残っ

ている。文字を使い，相手の顔や動作がみえない状態でメッセージを送り，やりとりの場を相手と共有せず，時間もずれる一方向のコミュニケーションである。ただし，「メールで話す」という表現を耳にすることがあるように，話しているような感覚がある。これは常時持ち歩いて身体に密着していることや，頻繁に送受信を繰り返し，応答表現やあいづち的な表現を使ったり，くだけた表現や流行語などを加えたりすることで，会話のような感覚が創出されるからである。また，漢字，ひらがな，カタカナ，ローマ字の4種の文字のほか，絵記号などを駆使して，音声や感情の表現，雰囲気などの要素が補完されるだけでなく，対面では表現できない要素までも埋め込まれる。小文字＋誤表記を使った「ぉはよぉ(おはよう)」，絵記号(絵文字「☀ ☖」，顔文字「。・ﾟ・(*ﾉД*)・ﾟ・。」，記号「☆ ♪」)などがその代表例だが，ギャル文字「走己(‡τちょぅナ＝〃〜レ丶)(起きてちょうだ〜い)のように，日本語の文字種の多さを生かした遊び感覚の強い表記も一時的に流行した。こういった視覚に訴える脱規範的表記は，話しているような気分を演出するとともに，送り手の情緒的情報をも伝えている(三宅和子 2014)。

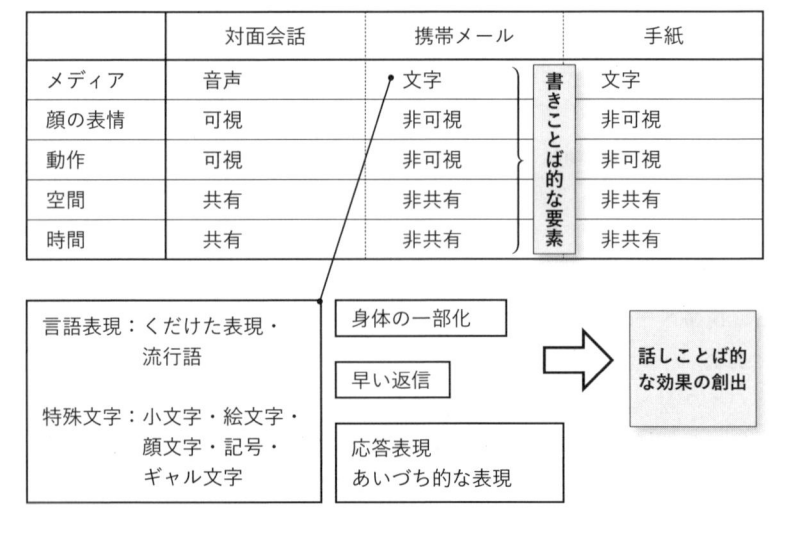

	対面会話	携帯メール		手紙
メディア	音声	文字	書きことば的な要素	文字
顔の表情	可視	非可視		非可視
動作	可視	非可視		非可視
空間	共有	非共有		非共有
時間	共有	非共有		非共有

言語表現：くだけた表現・流行語

特殊文字：小文字・絵文字・顔文字・記号・ギャル文字

身体の一部化

早い返信

応答表現 あいづち的な表現

⇒ 話しことば的な効果の創出

図1　携帯メールのハイブリッド性

ただし、「話しことば的な効果」が創出されるといっても、あくまでも効果であり現実ではない。対面会話の情報として重要な、相手の声質、イントネーション、リズムなどのパラ言語や、表情やしぐさなどの非言語が欠落している。これを逆手にとれば、対面時ならみえてしまう感情や行動を隠蔽したり、相手に伝わる情報をコントロールしたりすることができる。しかし、配慮が必要な場面での言語行動には、これが有利なこともある。例えば、謝罪メールを受けて不快に感じた場合でも、メールでは怒りを和らげて書いたり、相手を傷つけないように表現を推敲したりもできる。不快感をまったくみせずに陽気な雰囲気を醸し出すことさえできる。ということは、受け取ったメールからだけでは、相手の真意はつかみにくいということでもある。そこでこの論文では、言語表現のみではなく、相手をどう評価したか、どう返答しようと思ったかの過程を含めて日本語と英語で調査し、携帯メールに現れる配慮を多角的に解明することをめざす。

3. 携帯メールにおける配慮言語行動
3.1 携帯メールにおける配慮

若者が友人に携帯メールを送るときに気をつけていることを調査した三宅和子(2003)によると、対人関係に注目した配慮の仕方に言及しているもの(対人関係の配慮)と、言語形式に注目した配慮に言及しているもの(言語形式の配慮)に大きく別れた。「対人関係の配慮」とは、「相手に不快感を与えないように」「冷たく取られないように」「暗くならないように」といった配慮であり、「言語形式の配慮」とは、「間違った表現をしないように」「誤字がないように」「意味がはっきり分かるように」といった配慮である。興味深いのは、「〜されないように／〜にならないように」という、相手からどう思われるかを心配したりトラブルになることを避けようとしたりする回答が、配慮をするとした回答の54％に達していたことである。相手による評価に敏感で、相手が不快になる恐れのある要因を極力避けたいとする姿勢がうかがえる。

「対人関係の配慮」には、相手との関係を良好に保っていきたいとい

う欲求があり，「言語形式の配慮」には，語句や表記の的確な選択を通して明確な意図の伝達をしたいという欲求がある。相手との関係を良好に保つために，言いたいことを我慢したり，オブラートに包むように話したりして本意が伝わらないことがある。明解な話し方をして相手の気持ちを傷つけたり人間関係を悪くしたりすることもある。2つのバランスは難しい。この調査では，「対人関係の配慮」が「言語形式の配慮」と同程度の割合で回答に現れていた。一見気軽にみえる若者間でも，対人関係に敏感なやりとりが行われていることが垣間みえる。

3.2 受け手の配慮言語行動

ここからは，携帯メールの謝罪に関する日本語と英語の調査内容に入るが，まず前提として，謝罪が「謝罪する側」と「謝罪される側」のやりとりで成立することを確認しておきたい。自分では謝罪したつもりでも，相手がそれを謝罪と受け取らなければ謝罪は成立しない。従来は「謝罪する側」に研究が集中し，「謝罪される側」についてはほとんど顧みられなかった。この論文では，受け手側からみた謝罪を考える。

謝罪の受け手の配慮行動を，本研究では大きく3つの過程に分けて考察する。謝罪をされた場合，まずその謝罪の言語行動に関する評価（事態評価）を行う。次にどのように返答すべきかを考え（表現態度），最終的に返答（言語表現）をする。この論文では，この3過程を別々に検討し，相互の関連をみながら論を進める。これは言語行動を「心理／事態」と「言語表現」に分けて分析した三宅和子(1993)の考え方に，「表現態度」という概念を加えて発展させたものである。謝罪をどう評価するかと，その気持ちをどのように表現したいと思うかと，実際にどう表現したかは，相互に一致するとは限らないからだ。言語行動をいくつかの段階に分けて分析する研究は，これまでにも試みられている。例えば西尾純二(2001)は，南不二男(1974)，杉戸清樹(1983)，菊地康人(1994)のモデルを参考に，マイナスの敬意表現の表現過程を3段階に分けて説明している。それによると，発話主体がある状況をマイナスか否かに評価し（段階1），その評価を表明するか否かの態度を決定し（段階2），言

語表現の選択に至る(段階3)としている。

　遅刻するという謝罪メールへの応答の言語行動の場合，相手の謝罪メールには「遅刻することを報告する」ことと「謝る」という二つの機能がある。あらかじめ遅刻を報告され，謝られているため，返答を返すことがほぼ義務的である。返さなかった場合，送受信のトラブルでもない限り，「返答したくないほど怒っているに違いない」と憶測されてしまう。事態を不快に思っている場合，何らかの形で不快感を表明したり，怒りをぶつけたりしたい場合もあるだろうが，不快感が文面になるべく現れないように気をつけることもあるだろう。このような過程は「言語表現」だけをみていてはわからない。「事態評価」，「表現態度」も含めて相互の関係を考察する必要がある。

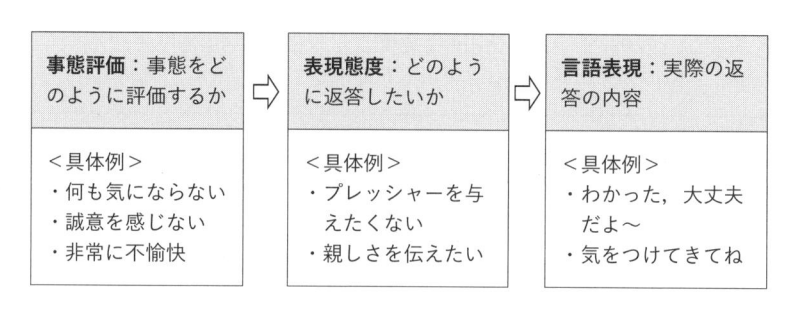

事態評価：事態をどのように評価するか	表現態度：どのように返答したいか	言語表現：実際の返答の内容
<具体例> ・何も気にならない ・誠意を感じない ・非常に不愉快	<具体例> ・プレッシャーを与えたくない ・親しさを伝えたい	<具体例> ・わかった，大丈夫だよ～ ・気をつけてきてね

図2　謝罪の受け手の配慮言語行動

　なお，「事態評価」と「表現態度」は通常は表面に現れない。そのため，この研究ではアンケートによる意識調査を行っている。「事態評価」，「表現態度」，「言語表現」ともに，言語社会の規範や慣習の枠組みに左右される。また，それぞれの言語の特徴や制約，メディアの特性をも反映する。これらを分析で明らかにしていく。

4.　調査の概要

　友人から「待ち合わせに30分遅れる」という謝罪メールを受け取った場面を想定したアンケート調査を，日本語話者とイギリス英語(以下「英

語」)話者の大学生に実施した。友人との親疎の差、文体の丁寧度の差で4場面を設定し、メールの受け手の「事態評価」、「表現態度」、「言語表現」の3過程における言語行動を比較した。調査概要は以下の通りである。

 日本語：2006年　東京
    平均年齢 20.2歳 189人（女性111人　男性78人）
 英　語：2008年　オックスフォード、エディンバラ、カーディフ
    平均年齢 20.2歳 187人（女性110人　男性77人）

設定状況

> あなたはゼミ委員です。同じゼミ委員の鈴木さん（女性）とゼミ飲みをする居酒屋に下見にいくことになりました。駅のホームで待ち合わせしていたところ、約束の時間になって30分遅れるというメールが入りました。すでにホームにいるので時間をつぶせる売店もありません。鈴木さんのメールへのあなたの反応を聞かせてください。

設定場面
 A場面：親しい友人からくだけた謝罪メールがくる
 B場面：親しい友人から丁寧な謝罪メールがくる
 C場面：あまり親しくない友人からくだけた謝罪メールがくる
 D場面：あまり親しくない友人から丁寧な謝罪メールがくる

文　体
 日本語
  丁寧な文体：　すみません。寝坊して電車に乗り遅れました。30分遅れます。本当にごめんなさい。
  くだけた文体：ごめ〜ん寝坊しちゃった😭電車に乗り遅れたんで30分遅れます…ほんとーにゴメンね‼️

 英語
  丁寧な文体：　I'm sorry but I overslept and missed the bus. I will be 30 min late. I'm really sorry.
  くだけた文体：SORRY!!! Overslept n missd bus, wil b there 30 min l8... so sorry!! xxx

なお，この英語文の逸脱法に関して，以下に若干の解説を加える。詳しくは Crystal(2001, 2008)などを参照されたい。

 SORRY!!! ：主語の脱落＋文頭以外も大文字＋複数の感嘆符
 Overslept ：主語と be 動詞の脱落
 n   ：and
 missd ：母音の脱落(missed)
 bus ：定冠詞(the)の脱落
 wil b ：子音の脱落＋母音の脱落(will be)
 l8   ：発音の代替(l+eight=late)
 so sorry!! ：主語と be 動詞の脱落
 xxx ：キス(kisses)の略

5. 調査結果
5.1 事態評価

「事態評価」，「表現態度」，「言語表現」の3過程における日本語と英語の調査結果を比較する。まず，「事態評価」では，A～Dの4場面を「不快度」「不誠意度」「不信頼度」で評価してもらい点数化した。

 不快度 ：大変不快＝2，やや不快＝1，不快ではない＝0
 不誠意度：全く誠意が感じられない＝2，やや誠意が感じられない＝1，誠意がないとは感じない＝0
 不信頼度：信頼感が大変下がった＝2，信頼感がやや下がった＝1，信頼感は下がっていない＝0

図3，図4に日英の結果を示す(棒グラフは3つの評価を積み上げた数値)。日本語話者はC場面「あまり親しくない友人からのくだけた謝罪メール」に対して評価が最も厳しく，他の場面との間に有意差がある。親疎の差と文体の丁寧度の差の双方が，評価に影響を与えているのである。一方，英語話者では「不快度」，「不誠意度」，「不信頼度」ともに日本語と比べて数値が低く，評価が比較的穏やかなことが分かる。また，A・B場面とC・D場面との間に違いがある。相手との親疎差が評価に影響を与えているが，文体の丁寧度はさほど影響を与えていない。

なお，この「事態評価」の結果は，両文化における「待つこと／待たされること」の意識差や，駅やバス停の環境の違いなどは考慮に入れていない。親疎の差と文体の差のほうが，少なくともこの状況下では，評価により強く影響を与えると判断している。

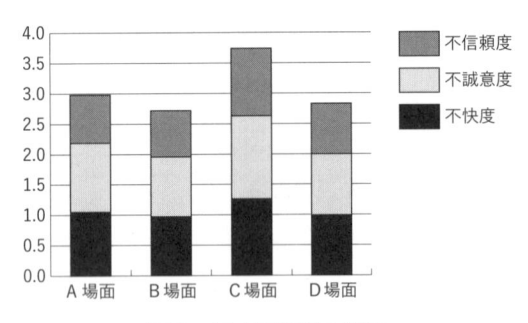

図3　日本語話者の評価

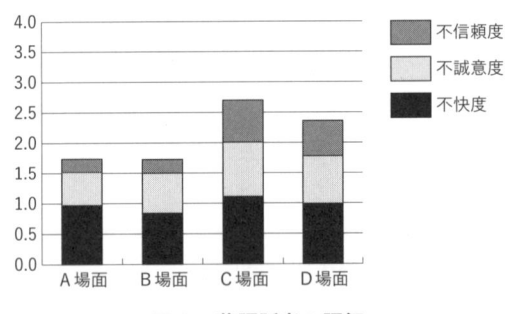

図4　英語話者の評価

5.2　表現態度

次に，「表現態度」については，予備調査の自由回答で多く現れた文言をもとに作成した以下の選択肢から選んでもらった。

（1）　非圧力：相手にプレッシャーを与えたくない
（2）　関係保持：相手との関係を壊したくない
（3）　怒り表示：さりげなく怒っていることを伝えたい

（4）　怒り非表示：怒っていないことを伝えたい
　（5）　合わせる：相手の雰囲気に合わせたい
　（6）　親しさ：親しさを表したい
　（7）　その他：その他

　図5と図6に日本語と英語の結果を示す。まず図5の日本語話者を概観すると，C場面（▲マーカーの実線）とA・B・D場面との違いが目につく。前節の「事態評価」と同様，C場面の「表現態度」が他場面と対立している。A・B・D場面の場合，（1）「相手にプレッシャーを与えたくない」が非常に多く選ばれており，次いで（4）「怒っていないことを伝えたい」，（2）「相手との関係を壊したくない」と続く。一方，C場面では，（3）「さりげなく怒っていることを伝えたい」が非常に多くなっている。それとは逆に，（1）「相手にプレッシャーを与えたくない」は他の場面よりかなり少なく，（4）「怒っていないことを伝えたい」が非常に少ない。他の場面とさほど変わらないのは，（2）「相手との関係を壊したくない」と（5）「相手の雰囲気に合わせたい」だけである。

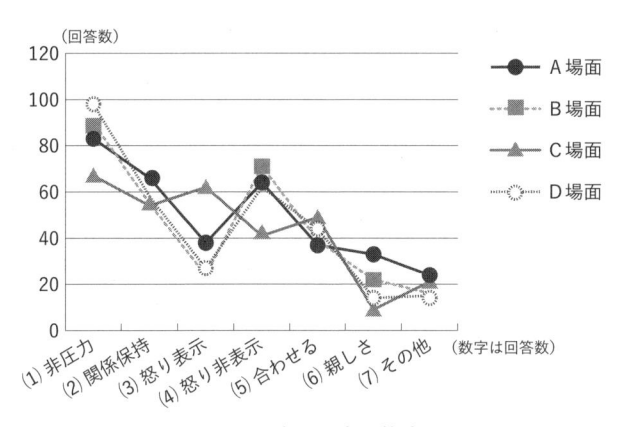

図5　日本語の表現態度

　この結果からはまず，日本語話者がA・B・D場面のようにあまり良く思っていない場合でも相手に配慮した態度をとろうとすることが分か

る。ただしC場面のように厳しい評価になると、関係保持や相手に合わせる配慮をしつつも、さりげなく怒っていることを伝えたい、親しさをあまり示したくないという態度が強くなると考えられる。

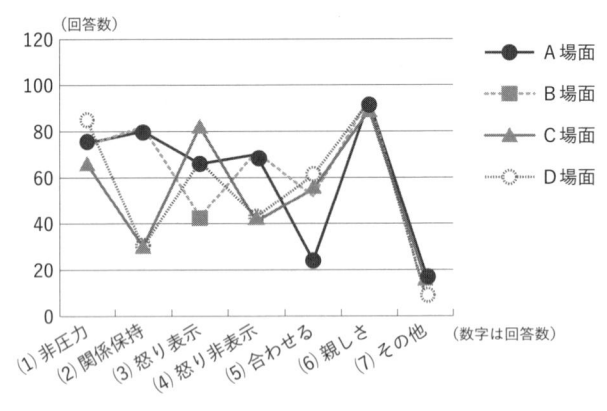

図6　英語の表現態度

一方、図6の英語話者はかなり異なる。まず日本語のようにC場面（▲マーカーの実線）と他の場面との明確な対立関係がみられない。大まかには、C・D場面が類似して、A・B場面と対立傾向にある。前節でみた「事態評価」と同様、「表現態度」でも、親疎の差が決め手となっているといえよう。C・D場面では(2)「相手との関係を壊したくない」、(4)「怒っていないことを伝えたい」を選んだ回答者が少なく、A・B場面と鋭く対立している。しかし(3)「さりげなく怒っていることを伝えたい」がC場面で多く選ばれるが、D場面とA場面は同程度であったり、A場面だけ(5)「相手の雰囲気に合わせたい」の数値が少ないことなどが示すように、明確なパターンではない。ここで指摘できることは、親疎の差が「事態評価」と同じく「表現態度」にも作用しており、あまり親しくない相手には、関係を保持したい、怒っていないことを伝えたいという「表現態度」をもたない傾向が強いということである。

日英で比較すると、日本語では全場面で同程度選択されていた(2)

「相手との関係を壊したくない」が，英語では親しい友人に対してのみ非常に多かった。（5）「相手の雰囲気に合わせたい」も日本語では全場面で同程度選択されたが，英語ではA場面のみ大変少なかった。（6）「親しさを表したい」は日本語では比較的低かったが，英語では最も多く選ばれていた。

5.3 言語表現

「言語表現」を分析するに当たり，返信メールを以下のように意味の切れ目で分け（絵記号は除外），コーディング表（表1）を作成した。

ええっっ♪（笑）わかった🎵✧♪待ってるね✧♪
（応答表現）　（事態の了解）　（自己の行動予定）

表1　返信メールのコーディング

相手への反応	A. 肯定・中立的応答表現　B. 否定的応答表現
事態に関する態度	C. 事態の了解　D. 事態の受諾　E. 評価
状況報告	F. 自己の現況報告　G. 自己の行動予定
相手への要求	H. 努力行動要求　I. 一般的行動要求 J. 事後行動要求　K. 補償要求
相手への配慮	L. 原因言及　M. 改善努力への配慮 N. 自責の念の緩和　O. お互い様／一般化 P. 語気の強さの緩和　Q. 相手への提案
挨拶	R. 開始のことば／呼びかけ／名前呼び* S. 結語　T. 末尾の挨拶
その他	U. 返信しない　V. 冗談をいう　W. 皮肉 X. 書き方の批判　Y. 罵倒／怒り／不満 Z. その他

＊それぞれ挨拶としての「開始のことば」「呼びかけ」「名前呼び」をさしている。

図7と図8はその分布である。まず，英語のほうが様々なストラテジーを使い，総数もかなり多いことが目につく。表現に幅があり多彩である。が，留意しておきたいのは，ここでは狭い意味での「文字」で表

された表現のみを問題にしていることである。日本語で圧倒的な数を誇る絵記号はここには含まれていない。この点に関しては後述する。

図7　日本語におけるストラテジーの分布

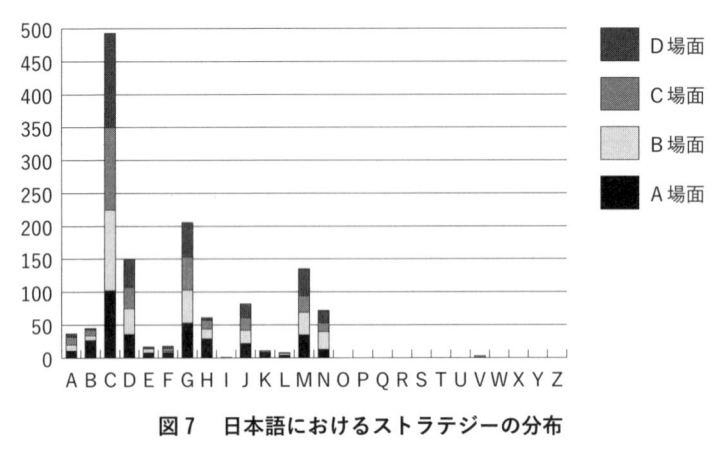

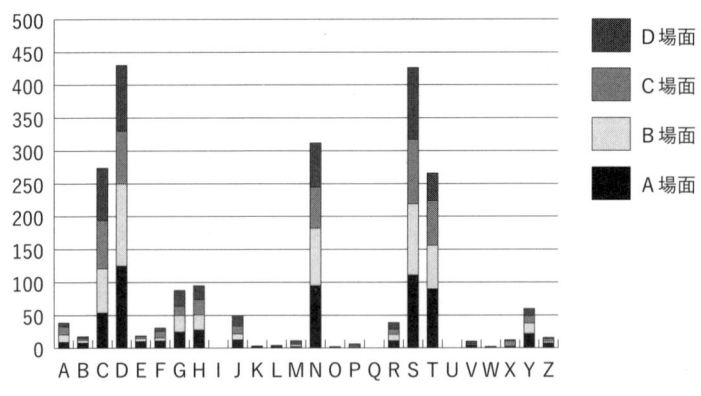

図8　英語におけるストラテジーの分布

　日本語で最も多かったストラテジーは、「C. 事態の了解」、「D. 事態の受諾」、「G. 自己の行動予定」、「M. 改善努力への配慮」である。英語では「C. 事態の了解」、「D. 事態の受諾」、「N. 自責の念の緩和」「S. 結語」「T. 末尾の挨拶」だった。表2に主要ストラテジーの具体例を示す。

表2　主要ストラテジーの具体例

ストラテジー	日本語	英語
C. 事態の了解	わかった／了解／あいよっ／はい	OK. / okkI / Okiedokie
D. 事態の受諾	いいよ／大丈夫だよ	That's all right / That's fine / no prob
G. 自己の行動予定	適当に時間つぶしてるね／そこらへんで待ってるから	（日本語の半分以下）I'll wait 4 u / I'll just go get a starbucks
M. 改善努力への配慮	ゆっくりきてね／気をつけて／急がなくていいよ	（例はほとんどない）It's normally me who is late
N. 自責の念の緩和	気にするな／自分もやるし／ドンマイ	Don't worry / Take it easy / No worries
S. 結語	（例なし）	See you in a bit / cya soon! / see you later
T. 末尾の挨拶	（例なし）	xxx / Ü(love you) / love

　主要ストラテジーを使った典型的な返答例を2例ずつ以下に示す。
　　日本語：わかった〜　適当に時間つぶしてるね
　　　　　　了解　気をつけてね
　　英語：　No worries. I'll wait 4 u.
　　　　　　That's all right. See you in a bit xxx

　日本語では，謝罪に対する応答は「C. 事態の了解」と「D. 事態の受諾」が主に担っていると考えられる。その後に現れる表現で「G. 自己の行動予定」を教えたり「M. 改善努力への配慮」を示したりすることにより，相手が心配したり慌てたりしないような配慮をしている。
　一方，英語でも「C. 事態の了解」と「D. 事態の受諾」は多いが，これに加えて「N. 自責の念の緩和」も頻繁に文頭に現れ，謝罪に対する主要な応答となっている。メールは最後に「S. 結語」,「T. 末尾の挨拶」(対面なら軽く抱き合ったりキスをしたりする行為である。手紙やメモなら「xxx」で示されるキスの印)が頻繁に現れて締めくくられる。
　「C. 事態の了解」「D. 事態の受諾」「N. 自責の念の緩和」が文頭に現

れ，多様な表現で謝罪メールに答えた後，定型的な挨拶表現でメールを終える英語は，日本語よりも配慮の表現を様々に駆使しているようにみえる。しかしその一方で，不快感を露わに示す表現もかなり多くみられる。「その他」のWからYには不快感を表す表現を集めているが，これに分類される日本語は皆無だったのに比べ，英語は必ずどの場面にも現れ，とくに「Y.罵倒／怒り／不満」は4場面で60件にのぼった。

日本語では，最も評価が低かったC場面の返信メールを調べたところ，189件中，明白に怒りを表すと判断できる表現はなかった。多少の冷淡さや困惑が感じられるものとして「もう着いて待ってるから，着いたら電話して」「え～まじかよ！！とりあえず，まってるよ～」「じゃ先行ってるよ～↑」などが8件見出せた。このほか要求表現「はやくこいよ！！」などが6件，計14件であった。しかしこの結果は，他のA・B・D場面と数はほとんど変わらず，厳しい評価の反映とはいえない。

英語では日本語ほど厳しい評価をしていなかったにもかかわらず，厳しい表現が散見される。187件中，冷淡な"OK""k"のみの応答メールが2件あったほか，明確な要求や不満を表す"Idiot! Hurry up! Nothing to do here!""Hry up Im bored!"などが8件現れた。皮肉や冷淡さを表す"OK, thanks for telling me.""Never mind, we can reschedule, got other things to do"などが2件。明白な不快感表明である"Well fine I will just kill myself then."や"Sick""Dont take the piss""Dont bother coming"など，怒りを露わにした表現が8件，計20件の厳しい表現がみられた。

日本語話者は最も不快に感じているときでさえ明白な言語表現で表わさないのに比べ，英語話者はより明確に示す傾向があるといえそうだ。

6. 間接的に示される日本語の「事態評価」と「表現態度」

「文字」そのものには表れにくい日本語話者の厳しい「事態評価」と「表現態度」は，他の何らかの方法で示されているのだろうか。ここでは，これまで分析に加えてこなかった「文字」以外の要素である「絵記号の数」と「文体の丁寧度」に着目する。これらは日本語のメールには

非常に重要な言語要素である。しかし英語の携帯メールには絵文字がなく，エモティコン，スマイリーと呼ばれる「:-)」「:-(」「:-D」などの顔文字もさほど使われない。丁寧体と普通体の文体の区別もない。この日英の差は，配慮の示し方の違いに大きく関わっていると考えられる。

6.1 絵記号の数

日本語の4場面で使われた絵記号は総計で781個，平均して1メールに1個以上使われている。英語に含まれていた顔文字は，A場面で16個，B場面で8個，C場面で9個，D場面で5個，合計38個であった。20メールにわずか1個程度の割合であり，日本語とは比べ物にならない。

返信メールに含まれた絵記号の数を図9に示す。使用分布をみると，C場面とB場面の絵記号の数が同程度である。B場面で受け取った謝罪メールには絵記号がまったく含まれておらず，C場面には3個も使われていたにもかかわらずである。これをどう解釈すればいいだろうか。

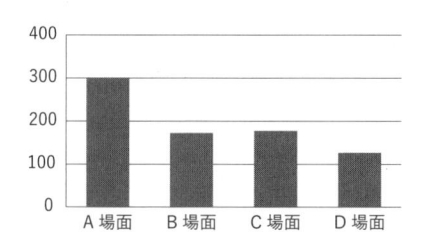

図9　日本語の絵記号の数

加藤由樹・加藤尚吾・赤堀侃司(2006)の一連の研究によれば，友人間の携帯メールに顔文字がないことは，相手の怒りの感情の生起に最も強い影響を与えるという。顔文字は絵記号の中の一部でしかないが，絵記号なしのメールはそっけなく感じるといったコメントが若者間で多く聞かれることからも，何らかの感情や空気を伝えることに貢献していると考えられる。C場面の返信において絵記号が少ないのは，送り手の感情をみせずに距離感を醸し出し，「怒っていることをそれとなく伝えよう」

とする「表現態度」の現れだと考えられる。

「**5.3 言語表現**」でみたように，日本語の返答メールは英語に比べると表現の幅が狭く，発話数も少なかった。しかし，ここで絵記号をひとつの発話として数えれば，英語の発話数にほぼ匹敵する数となり，表現の幅も大きく広がる。絵記号自体の意味はしばしば曖昧で希薄，ときには単なる飾りとしか受け取れないようなものもある（三宅和子 2011: pp.246-250）。したがって，絵記号にどのような意味や感情が含まれているかを精査してもあまり意味がない。しかし，絵記号がそこにあることで，受け手は何らかの気持ちや雰囲気を感じ取っていることには変わりはない。その意味では，絵記号は，英語の「文字」が果たしている役割の一部を担っていると考えられる。C場面では絵記号が少ないそっけないメールを返して距離を感じさせ，逆にB場面では，絵記号を入れたメールを返し，親密感を表現しているのではないかと考えられる。

6.2 丁寧体と普通体

次に丁寧体，普通体，混交体（丁寧体＋普通体）が使われた発話数を図10に示す。C場面がB場面とほぼ同様の割合であった。絵記号の数の場合と類似の結果であることが興味深い。B場面の親しい友人からの謝罪メールは丁寧な文体だったが，それに対して多くの回答者が普通体で返信している。C場面のあまり親しくない友人からはくだけた文体のメールがきたが，これには丁寧体で返信した回答者がかなりの数いる。

絵記号と普通体を基調とするくだけた文体は，メールの話しことば的な効果を作り出す基盤をなす要素である。絵記号はさらに，送り手の気持ちや雰囲気といった情緒的な情報を相手に伝える。C場面では絵記号の多いくだけた文体の謝罪メールを送ってきた。それへの返答では，表現内容は他の場面と類似するものを用いて評価の厳しさを露わにすることを抑えつつ，絵記号の少ない丁寧体で返すことによって距離感を表現し，冷やかさや怒りをそれとなく示すことを志向したと考えられる。

このように，言語内容だけではなく，絵記号や普通体／丁寧体の使い分けなどを含めて表現されるのが日本語の「言語表現」の実際である。

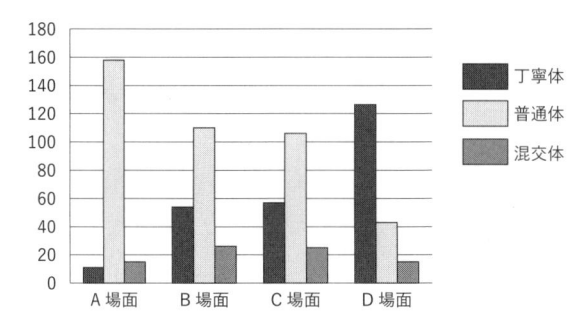

図10 日本語の文体の丁寧度（丁寧体・普通体・混交体）

7. 携帯メールにおける日本語と英語の配慮言語行動

　以上みてきたように，日本語では「事態評価」に関与しているのは，親疎の差と文体の差であり，それが「表現態度」にも反映していた。しかし，「言語表現」には表面上は厳しい表現や内容がほとんどみられなかった。厳しい評価や態度は，絵記号の使用数や丁寧体と普通体の使い分けなど，狭い意味での「文字」以外の部分で示されていた。最も厳しい評価を受けた，あまり親しくない友人からの絵記号をふんだんに使った普通体のメールに対し，絵記号の少ない丁寧体のメールを返すことにより，書きことば的雰囲気や情緒的な距離感を作り出し，厳しい評価を「それとなく」示していた。

　これに対して英語では，評価は日本語ほど厳しくないが，親疎の差が評価に影響を与えている可能性が示唆された。表現態度にも親疎の差が影響した可能性があるが明確な結果ではなかった。返答メールは全般に，日本語より配慮のストラテジーが多彩かつ多数であり，相手の自責の念を緩和する表現を多用するなど，配慮表現が多く示される傾向がみられた。その一方で，英語には怒りや批判をあからさまに示すメールもみられた。英語では，絵記号はほとんど使われず，丁寧体と普通体という文体差もない。綴りや音声的な操作による逸脱的表現や表記を用いて話しことば的な雰囲気を盛り上げることはできるが，日本語の絵記号類や文体差が伝達する情緒的な情報は表現できにくい。これらに頼らずに

意図を伝えるには，言語内容で配慮を明確に示したり，否定的な感情を明白に表現したりする必要があるのだと考えられる。

　この論文では，携帯メールにおける配慮の分析を通して，日本語と英語のコミュニケーションの特徴と相互の異なりを明らかにした。現代の配慮言語行動の考察には，言語的特徴，社会文化的特徴のほかに，メディアを介することによるコミュニケーションの特徴をも考慮に入れて分析を進める必要がある。

引用文献

加藤由樹・加藤尚吾・赤堀侃司(2006)「携帯メールを使用したコミュニケーションにおける怒りの感情の喚起に関する調査」『教育情報研究』22-2, pp.35-43, 日本教育情報学会.

菊地康人(1994)『敬語』角川書店.

杉戸清樹(1983)「〈待遇表現〉気配りの言語行動」水谷修(編)『話しことばの表現』pp.129-152, 筑摩書房.

西尾純二(2001)「マイナス敬意表現の諸相」『日本語学』20-4, pp.68-77, 明治書院.

南不二男(1974)『現代日本語の構造』大修館書店.

三宅和子(1993)「感謝の意味で使われる詫び表現の選択メカニズム」『筑波大学留学生センター日本語教育論集』8, pp.19-38, 筑波大学.

三宅和子(2003)「対人配慮と言語表現―若者の携帯電話のメッセージ分析―」『文学論藻』77, pp.16-47, 東洋大学.

三宅和子(2011)『日本語の対人関係把握と配慮言語行動』ひつじ書房.

三宅和子(2014)「電子メディアの文字・表記―「超言文一致体」の現在と未来―」高田智和・横山詔一(編)『日本語文字・表記の難しさとおもしろさ』pp.198-183, 彩流社.

Crystal, David. (2001) *Language and Internet*. Cambridge: Cambridge University Press.

Crystal, David. (2008) *Txtng: The Gr8 Db8*. New York: Oxford University Press.

あとがき

　この本は，構想から出版までに10年ほどかかりました。
　2003年に沼田善子と野田尚史の編集で『日本語のとりたて——現代語と歴史的変化・地理的変異——』が出た後，その本の執筆者から「こういう研究を続けたい」という声が上がりました。ただし，「とりたて」の研究を続けたいという人たちと，別のテーマで現代語と歴史的変化と地理的変異を扱う研究を続けたいという人たちの両方がいました。
　そのうち，別のテーマで同じ方向の研究を続けたいという思いが強かった今回の本の編者が中心になって，新しいテーマを考えました。最初は「モダリティ」が有力な候補になりましたが，文法の枠には収まらない新しいテーマに挑戦したほうがおもしろいということで，最終的に「配慮表現」に決めました。そして，「とりたて」のときとは違う新しいメンバーにもたくさん参加してもらうことにしました。
　言語研究の多くは，それぞれの言語形式がどんな意味・機能を表しているかを明らかにするという方向で行われるのが普通です。それに対して，私たちの研究は，それぞれの意味・機能を表すのにどんな言語形式が使われるのかを明らかにする方向で行いました。
　これまでの研究とは逆の方向だったため，索引やコーパスが使えるわけでもなく，最初はなかなかうまく進みませんでした。科研費「日本語の対人配慮表現の多様性」(研究代表者：野田尚史)が取れた2005年から4年間は，毎年2回，2泊3日の合宿で活発な議論を行い，内容を深めていきました。公開シンポジウムもこれまでに4回開催しました。
　10年前には「配慮表現」についての書籍も論文もほとんどありませんでしたが，この10年間で飛躍的に増えました。この本の執筆者が書いたものも多くあります。この本の出版までには時間がかかりましたが，その間に「配慮表現」の研究が盛んになったことは，うれしいことです。
　この本の出版をきっかけに，今後さらに「配慮表現」の研究が盛り上がったり，一つのテーマについて歴史的変化や地理的・社会的変異を多角的にとらえる研究が盛んになることを願っています。　　（野田尚史）

配慮表現の史的研究は未開拓の領域なので，初めは少し手こずりましたが，「このメンバーならなんとかなるだろう」と楽観的に考えていました。合宿やシンポジウムを重ねることで，着実に前進していけたと思います。合宿では，参加者全員が研究発表をし，活発な議論を行いました。自分の発表を他分野の人に聞いてもらい，他分野の人の発表を聞く機会を得て，視野が一気に広がった気がします。夜の部では，一杯やりながら深夜まで語り合い，学生に戻った気分でした。個性的なメンバーばかりですが，他者への「配慮」が随所に見られ感心しました。「配慮」の研究と同時に，実践の場でもあったようです。　　　　（高山善行）

　野田さん率いる「配慮」チームに入れてもらい，今回もいろいろ勉強することができました。前回の「とりたて」の研究もそうでしたが，この企画のおもしろいところは，現代・歴史・地理の三拍子が揃っていることです。ですから，私のような地理に籍を置く者は，同じ分野の仲間だけでなく，現代・歴史のみなさんからも刺激を受けることができます。その醍醐味は，参加した人でないとちょっとわからないかもしれません。考えてみれば現代は歴史の産物であり，歴史は地理に反映しています。それぞれ勝手に研究するのはもったいなく，また，研究の方法として不十分な気さえします。その点，理想に近い研究の進め方を今回のプロジェクトで体験できて，とてもよかったと思います。　　　　（小林隆）

　奈良時代の配慮表現を洗い出すという課題に，どう取り組めばよいのかわからないまま，とにかく資料を読み込み，対人配慮の効果が認められそうな場面を抜き出す作業を始めました。その過程で，ナマコ（海鼠）がノーと言えずに沈黙する場面（『古事記』）に遭遇し，「そうだよな，黙っているのも一種の配慮だよな」と思うと同時に，沈黙も研究対象に含まれることに気づきました。これは通常の史的研究では考えられないことで，軽いショックを受けました。この分野が本当に新しいことを実感しました。未開拓の地には人知れず財宝が眠っているもの。多くの方に財宝を掘り起こして頂きたいと思います。　　　　（小柳智一）

私が『日本語学』に「平安和文の謝罪表現」を書いたのは1993年でした。20年前のことです。つづけて感謝表現，依頼表現を発表しましたが，なんの反応もありませんでした。「そう言えばそうだね」これが当時いただいた唯一の感想だと思います。配慮にもしくみがあるというのはおもしろいと思ったのですが，世間の関心はありませんでした。その後，縁あって野田尚史さんの研究グループに参加し，この配慮表現の世界が一気に開拓されるのを目の当たりにしました。とても幸せな体験でした。今日，研究水準も上がり評価もきびしいと思いますが，放置されるより批判される方がましです。ご批判を乞います。
　　　　　　　　　　　　　　　　　　　　　　　　　　　　（藤原浩史）

　もともと学会にもそっと現れそっと消えることが多く，研究会等にも積極的に参加することの少ない私ですが，なぜか「とりたて」に続いて，自分が取り組んできた史的研究以外の分野の方々と交流できるプロジェクトに加えていただきました。今回も，みなさんとのやりとりを通じて，たくさんのことを学べました。そういえば合宿の折，サッカー好きのメンバーで日本代表の試合をテレビ観戦した記憶がありますが……確かジーコジャパンでしたね。毎回集まるのが楽しい研究会だったこともあって，終了したときには短くも感じましたが，あのとき見た代表を思うと，やはりここに至るまで長かったのですねえ。
　　　　　　　　　　　　　　　　　　　　　　　　　　　　（森野崇）

　そう。あの頃のサッカーは，海外で活躍する選手もいるにはいたものの，中田選手が孤軍奮闘という印象でした。いまや長友選手の「お辞儀」が世界に向けて発信され，日本人選手が海外有力チームの選手の輪の中でもみくちゃにされる姿も見慣れたものになりました。既存の垣根を越えるチャレンジは，視野を広げ，新しい刺激を与えてくれます。どうしても個人研究が中心になりがちな歴史分野で，この研究グループに参加させていただいたことは，私にとって大変有意義な経験でした。新たに見えてきた課題を十分に反映しきれなかったのは残念ですが，それはまた次のチャレンジとして，今後さらに深めていきたいと思います。
　　　　　　　　　　　　　　　　　　　　　　　　　　　　（森山由紀子）

大学院も終わりの頃,「狂言に見られる表現を機能の観点から分類したらどうなるだろか」といった安易な思いつきで,用例を採り始めました。しかし,博士論文をまとめなければならない時期と重なったために,この作業を中断していました。その後,幸いにも本研究グループに参加する機会を得たので,再び用例を整理し,結果を気にせずやってみようと試みたものの,用例に振り回されていました。しかしこのような状況でも議論に参加し,内容を深めることができたのは,共同研究の「良さ」だと思います。これまでの「型」と異なる方法であって,見るべき点は必ずあるとの実感を得ました。
　　　　　　　　　　　　　　　　　　　　　　　　　　　（米田達郎）

　それにしても,楽しい研究会でした。初顔合わせの際になぜか過去の補導歴を暴露させられたことも,初対面の日高さんに似顔絵を描かせてしまったことも,今では懐かしい思い出です。合宿の開催を知らせるリーダーの野田さんからのメールには,出席の可否に加え,2日目のランチの店の紹介(和・洋・中・イタリアンなど4,5軒),そしてディナーのスープは冷製か温製か,メインは肉か魚か,ワインは赤か白か,といった選択事項まで盛り込まれていました。終始,最後尾をよたよたしながらついていくしかなかった私が何とか原稿を出すことができたのは,あの日の冷製スープのおかげです。読者のみなさんにも,この味わいが伝われば幸いです。
　　　　　　　　　　　　　　　　　　　　　　　　　　　（青木博史）

　小松英雄氏が言っていますが,古いテクストは通常,「物語」を伝えるためのものであって,「言語」を伝えるためのものではありません。配慮表現の史的研究はテーマとしては手ごわく,私の非力ゆえに,担当箇所では,主張できる事柄が豊富に得られたとはいえない結果となりました。しかしながら,従来と異なる観点で近松世話物を読み込んでいくと,当時の人々の意外な心性——日本人らしい面ももちろんあるが,別の面では今の日本人と明らかに違う——に触れることができ,他では得がたい経験をしました。私たちが「日本の伝統」と思っている現象の多くが,比較的新しい,表層のものなのかもしれません。　（福田嘉一郎）

対人配慮表現の形式と意図との関係を考えていくうちに，日本語の「ありがとう」や「すみません」は本当に「感謝」や「謝罪」という概念で説明できるのだろうか，と疑問を抱くようになりました。そして，「感謝」や「謝罪」という別のラベル付けがされてきた表現を「恐縮」というキーワードで見直してみたらどうなるだろう，と思うようになりました。もし，日本人にとって，「感謝」や「謝罪」は「恐縮する気持ち」に支えられているということが証明されれば，「ありがとう」と言えずに，何でも「すみません」ばかりを使っていた子供のころの自分を正当化できるかもしれない，と夢想しています。　　　　　　（木村義之）

　4年間にわたる配慮をテーマにした科研に参加でき，これまで進めてきた方言研究を見直す良いきっかけとなりました。言語形式のみに注目した方言の地域差の研究を行うのは目新しさにかけるという厳しい批判を受けたとき，カルチャーショックに似た強い衝撃を受けましたが，後になって思えばこのことが逆に本当に良い刺激になりました。例えば調査で得られた自由回答をテキストマイニングソフトによって分析を試みたり，統計処理してみたりする方向へ進めたのもすべてここからスタートできたからだと感謝しています。今後，配慮表現の研究を継続し，さらに深い分析を行いたいと思っています。　　　　　　（岸江信介）

　現代日本語のことしか分らない私にとって，昔はどんな表現が「配慮」として機能していたのかとか，そもそもどのようなことに気配りをしていたのかなどについて，これまで交流する機会がほとんどなかった「古典」チームの研究者の皆さんから研究発表を聞き，議論に加わらせていただけたのは，本当にワクワクする経験でした。十分な実りとはならなかったものの，現代日本語でどんな表現が「配慮」として機能しているのかという根本的な課題について，自分なりにあれこれ考え続けるよい機会ともなりました。若い読者の方々には，"異業種交流"に積極的になり，そこからヒントを得て，これまで考えもしなかった斬新な研究を展開してくれることを期待します。　　　　　　（尾崎喜光）

言語行動の多様性に関心を寄せ続けていましたが，日本全国規模の大規模調査を実現することは一つの「夢」でした。今回この研究グループで，多くの学兄のご協力を得て，全国で1000名近い規模のアンケート調査が実施できたことで夢が一つ叶いました。そして，日本語の歴史的・社会的・地理的研究と言語行動研究分野がコラボすることには，強い刺激を受けました。おかげで，普段から目を通す論文の分野が，少し広がった気がします。科研費の補助を受けた期間は4年間でしたが，今でも多くのメンバーと交流があることは，研究人生の大きな財産です。
（西尾純二）

　最初の合宿で，初対面の青木さんから「似顔絵を描いてくれ」と頼まれ，有無を言わせぬ迫力に押されて，その場で似顔絵を描きました。やはりそこで知り合った小柳さんは，私が貫禄負けしてしまうのを気遣ってか，「姐さん」と呼んでくれます。お二人とも相当に迫力と貫禄のある方ですが，私と同世代です。同世代にこんなに迫力と貫禄と研究の実力のある人がいることに感動し，さっそく私が進めている方言文法の研究会に加わってもらいました。この研究プロジェクトで得た最も大きなものは，メンバー間のつながりです。私が似顔絵を描くことは野田さんくらいしか知らないはずなので，野田さんはメンバーを結びつける配慮として，それを青木さんに伝えたのでしょうか。
（日高水穂）

　1990年代の中頃にポケベルが大ブレイク，後半は携帯電話が爆発的に売れました。たまごっちの大流行は97年。そうそう，So-netのポストペットがメールを運んでいたっけ。電話のキーを叩いて暗号を送ったり，電子ペットのお世話をしたり，面と向かって言わないでメールしたりと，手間暇かかるコミュニケーションにのめり込む若者の姿に興味を掻き立てられ，電子メディア上の配慮を研究するようになりました。その後このプロジェクトに誘われ，歴史の縦糸と地域の横糸を結ぶ研究の世界に，電子メディアが仲間入りしました。皆さんの研究に身近に接し，温かいお付き合いができたことは私の宝となりました。（三宅和子）

索　引

■あ

挨拶　247-248, 289-292
　　末尾の挨拶　289-291
あいづち　280
相手の感情への理解　175, 178-179
相手の行為への評価　168-170, 173
相手への畏敬　175, 181-182
相手への働きかけが強い文　7
相手への働きかけが強くない文　8
相手への働きかけがない文　8
相手への憐憫　175, 177-178
「あげる」　228-229
　　「てあげる」　228-229
「あつ」　160
「あなかしこ」　96
「あふ」　160
「ありがたい」　164-165, 172
「ありがたし」　116-119
「ありがとう」　194-195, 197, 247
「ありがとうございます」　247
「あるまじ」　103, 109
　　「その儀あるまじ」　109
「あるまじきこと」　103
合わせる　287-288
アンケート　16, 38, 208-209, 224, 245, 283

■い

言いさし　102, 108
言い訳　186

「いかでか」　27, 100
怒り　292
怒り非表示　287-288
怒り表示　286-288
畏敬　96, 181-182
　　相手への畏敬　181-182
意向確認　41
意識調査　13
「いただく」　213-214, 228-229
　　「ていただく」　228-229
逸脱法　285
「いとしい」　177
「いな」　64, 103
「いなや」　109
畏怖　96
畏慎　73, 161
「嫌」　158
嫌ダ型　157-158
依頼　25, 59-61, 76-77, 84-90, 131-148, 186, 189, 191-194, 220, 263-267, 270
依頼・禁止表現の回避　90-91
依頼行動の東西差　210-211
依頼時の負担　217-218
依頼時の文末形式　213-216
依頼時の前置き表現　211-213
依頼の可能性確認　186
依頼の切り出し　269-272
依頼の導入部　192
依頼の取り下げ　276-277
依頼表現　206

依頼表現の敬語運用　78-85
依頼表明　132-135, 138
依頼・命令・禁止（行為指示）に対する受諾　160-163
依頼予告　269-272
慰労　188-190
因果関係　27

■う

受け手の配慮言語行動　282-283
ウチソト　251
「うれし」　81-82, 96-97, 105, 114-116, 119

■え

英語　284
絵記号　280, 293-294
「え〜じ」　26, 107
江戸時代　149-183
江戸時代後期江戸語　145-147
江戸時代後期上方語　143-145
江戸時代前期上方語　139-143
「え〜否定」　100
「え〜まじ」　26
絵文字　9-11, 16, 280
演技　275
婉曲的（間接的）な表現　159
演出　47, 266
遠慮　199

■お

応答　64-65, 150-151, 225, 261, 263, 266-267, 280, 289
お悔やみ　244
「おそる」　198
畏れ　112-114, 119

「恐れ入りますが」　199
畏れの心情　122-123
落ち度　45-46
「お疲れ様です」　248
驚き　257, 273-275
「お〜なされい」　134-135, 144, 146-147
「お願い」　214
「おはよう」　247
「お〜やれ」　134-135
恩恵　242
恩恵授受表現　76
恩恵認定　248, 254-255
音声　9-10, 17

■か

開始部　263
改善努力への配慮　289-291
快の感情の表明　168, 170, 173
回避　221-222, 236
　　禁止表現回避　221-222
顔文字　9-11, 280, 293
書きことば　279-280
確認　220, 255, 272-275
「かしこき」　95
「かしこし」　64-66, 70, 72-73, 81-82, 96, 112-114, 119, 122-124, 198
「あなかしこ」　96
「畏まった」　161
「畏まってござる」　153, 161, 165
畏まり　147
「かしこまる」　112-114, 119, 122-123
過失　242, 245-246, 250
過失弁明　71-72
「貸せ」　40
仮説　13
家族　250-251

「かたじけない」 164-165, 171-172, 174, 196-197
「かたじけないが」 196
「かたじけなうござる」 165
「かたじけなくとも」 94
「かたじけなし」 69, 72, 81-82, 116-119, 171
「かたじけなみ」 69
仮名散文 32
可能 30-31
可能型 215
可能表現 25-26, 30
「過分」 169-170
鎌倉時代 75-92, 103-109, 111-128
関係保持 286-288
漢語 147
漢語の受容 147
漢語の使用拡大 147
感謝 71-72, 111-121, 164-165, 168-174, 195-197, 199, 248, 267, 272-277
感謝言明 71-72
感謝行為の遂行文 71
感謝・謝罪行動の契機 242-245
感謝・謝罪の言語行動 246-251
感謝遂行 71-72
感謝内容 71
感謝による導入部 196
感謝の気持ち 244-245
感謝の表現 69-70
感謝の標識 120
感謝表現 81, 194-197
　断り場面における感謝表現 194-197
　平安時代の感謝表現 81
感謝表現の歴史的変化 164
間接的な依頼・禁止の表現 206-207
間接的な表現 9
感嘆 44
漢文訓読 32, 58

漢文書簡 76, 83, 85, 90
願望型 215
勧誘 194
勧誘表現 101
緩和 150-151, 163, 289-291
　自責の念の緩和 289-291

■き

記号 9-11, 280
機能から見た配慮表現の種類 11-12
機能的要素 251-257
規範・社会常識からの逸脱 28
希望 61
決まり文句 248
疑問 61, 99-100, 107
ギャル文字 280
共感表明 11
狭義の禁止 62
狂言 133, 151, 164, 195
「恐縮」 197-199
恐縮 64, 73, 94-97, 103, 151, 160-161, 165, 171, 188-192, 194-200
恐縮の感情の表明 168, 173
「恐縮」の変化 199-200
恐縮表明 47-52, 63-64, 68-69, 71-73
恐縮表明の定型表現 72
許可型 215-216
拒否 64-69, 98-103, 106-109, 149-159, 230-239
拒否の意志表示 98
拒否発話の回避 102
拒否明示 68
拒否理由の明示 99, 106-107
切り出し 185-186, 188, 191-192, 269-272
　依頼の切り出し 269-272
際立たせ 266

禁止　59, 62-64, 76-78, 84-90, 131-148, 220
　　狭義の禁止　62
禁止にみる配慮表現　218-222
禁止表現　206, 218-222
禁止表現回避　221-222
禁止表現における敬語表現　84
禁止表現にみられる性差　221
禁止表現の地理的変異　219-221

■く

くだけた表現　280
「ください」214, 228-229
　　「てください」228-229
「くださる」143
　　「てくださりませ」143
　　「てくだされ」143
「くだされ」180
　　「許してくだされ」180
「くだされい」134-135
　　「てくだされい」134-135
「口惜し」124
「くれ」180
　　「許してくれ」180
「くれる」40-41, 143-145, 147, 214
　　「ておくれ」40, 143, 145
　　「ておくれなされ」143
　　「ておくれや」143
　　「てくれ」40, 143, 145
　　「てくれなんしか」144
　　「てくれぬか」144
　　「てくれる」40
　　「てくれるか」40
　　「てくれろ」145

■け

敬意度　80-81

敬語　4-5, 9, 19, 33
敬語史研究　22
敬語動詞　140
敬語動詞の命令形　61
敬語表現　84-85, 138, 141
　　禁止表現における敬語表現　84
形式から見た配慮表現の種類　8-11
形式基盤型研究　22-23, 31
携帯メール　16, 279-296
「怪我でござる」181
結語　289-291
言語共同体　32-33
　　閉じられた言語共同体　33
　　開かれた言語共同体　33
言語形式の配慮　281-282
言語行為　115, 120
言語行動　22-25, 59, 282-283
　　受け手の配慮言語行動　282-283
言語表現　280, 282-284, 289-292, 294
謙遜　94-97, 103, 150-151, 159-160
謙遜表明　67-68
限定的な定型表現　247

■こ

コイネ（koine）　32
厚意　242, 247
行為指定　86
行為遂行文　71
行為の貴重さ（貴さ）　116-117, 119
行為の評価　116-119
行為要求　41, 185-188, 190-194
効果補強　63-64, 68, 71
肯定応答　67
肯定疑問文　42-43
口頭語　58, 133, 137, 139, 146
行動要求　63-64
構文上の主体　39-41

コーパス 14-15
古記録 136, 198
「御苦労ながら」 189
「心得た」 161
心の内をあらわにする表現 275
快さ 266
「後生だから」 189
個人差 6
「こそ〜め」 101
古代語の文構造 28
「ごちそうさま」 247
断り 25, 27, 29-31, 150, 153, 186-187, 194-195, 224, 230-239, 263-267
断りに対する関係修復 275-277
断りの定型表現 30
断りの導入部 194-196
断り場面における感謝表現 194-197
誤表記 280
コミュニケーション 5-6, 52, 257
「ごめん」 48-49, 213, 233-234
「御免あれ」 179
「ごめんなさい」 233
「御免なれ」 179
小文字 280
懇請 188-190
「こんにちは」 247
「こんばんは」 247
困惑 44, 266

■ さ

先延ばし 101, 107-108
「さしめ」 134-135
「させたまへ」 78-83, 86, 89
「させられい」 134-135
「さん」 144

■ し

「じ」 88
 「え〜じ」 26, 107
「しかるべし」 105
自己の行動予定 289-291
事実 46
事情説明 76, 91, 124, 126, 156, 186-187, 191, 193, 195
自責の念の緩和 289-291
「辞退する」 157
事態の受諾 289-291
事態の了解 289-291
事態評価 282-286, 292-295
親しい間柄 255-257
親しさ 287-288
「失敬」 188
「失敬だが」 196
「失敬ながら」 188
質問文 42-43
シナリオ 14
自分の過ちの承認 175-176, 178, 180
自分の行為の叙述 175, 179-180, 182
自分の不本意の表明 175-176
「しめ」 134-135
「しめたまへ」 83, 86
社会構造 31-33, 52-53
社会構造の変化 32-33
社会的・心理的距離 207
謝罪 11-12, 24, 44, 70-72, 98, 121-127, 149-150, 152-153, 175-182, 191, 248, 256, 267, 269-270, 272-277, 282
謝罪言明 68, 71-72
謝罪行為の遂行文 71
謝罪遂行 71-72
謝罪内容 71-72
謝罪の欠如 98, 106
謝罪表現 243-244
謝辞 114-116

洒落本　143, 152, 158, 160
終助詞　225
羞恥　44
修復　275-277
　　断りに対する関係修復　275-277
終了部　263
受益　39-41, 245-246, 250
受益の補助動詞　33
祝福　244
授受型　215
授受動詞　40, 143-146
授受表現　76, 151, 225
　　恩恵授受表現　76
主体　41
　　構文上の主体　41
主体尊敬表現　76-81
受諾　64-69, 93-97, 103-106, 150-151, 153, 159-165, 223-230, 263-267, 289-291
　　依頼・命令・禁止(行為指示)に対する受諾　160-163
　　事態の受諾　289-291
　　勧め・申し出(恩恵表明)に対する受諾　163-165
受諾に対する反応　272-275
受諾の意志の直接的表現　104-105
受諾場面の負担度　225-227
受諾明示　67-68
受恵表現　228-229
授恵表現　228-229
主要部　263
授与形　60
逡巡　255
上位待遇　11
状況確認　44, 269-270
状況説明　44-48, 50-52, 63, 132-135, 269-272
上下関係　252-255

条件付与　101, 107-108
小説　13-14
浄瑠璃　139, 152, 158, 163-164
助言　220
心情　101, 105-106
心情表明　44, 47-48
親疎関係　207
慎重さ　266
心的態度　33

■す
遂行動詞　140, 189
遂行文　71-72, 140
　　感謝行為の遂行文　71
　　行為遂行文　71
　　謝罪行為の遂行文　71
推定　13-14
推量　42-43
推量表現　99-100, 107
勧め・申し出(恩恵表明)に対する受諾　163-165
「すまない」　48
「すまん」　233
「すみません」　194, 197, 213, 233, 243-244, 247
「すみませんが」　186, 188, 190-194
「すみませんが」の定型化　192-194

■せ
正格漢文　58-59
性差　207, 213, 215-216, 221
　　禁止表現にみられる性差　221
　　文末形式にみられる性差　215-216
　　前置き表現の性差　213
制止　62
積極性明示　225, 227-228
説明　11-12, 27, 29-30, 44-48, 50-52, 63,

68, 76, 91, 99, 124, 126, 132-135,
149-150, 154-156, 158, 186-187,
191-193, 195, 221, 230, 234-235,
269-272
　事情説明　76, 91, 124, 126, 156, 186-187, 191, 193, 195
　状況説明　44-48, 50-52, 63, 132-135, 269-272
　理由説明　11-12, 27, 29, 68, 76, 99, 124, 154-156, 158, 186-187, 192, 221, 230, 234-235
「ぜひ」 227
「せられい」 134-135
宣命　73

■ そ
「楚忽ながら」 142
「率爾ながら」 142
「その儀あるまじ」 109
尊敬　76-81
　主体尊敬表現　76-81

■ た
代案　101, 107-108
「大儀」 146-147
「大儀ながら」 142
大正時代　185-202
対人関係の配慮　281-282
対人行動の連鎖　262
対人的モダリティ　33
代替措置　276-277
態度派生可能な定型表現　247
態度非派生の定型表現　247
多義性　31
脱規範的表記　280
「たふとし」 116-119
「たまふ」 81-82

「たまへ」 77-83, 86, 89
「させたまへ」 78-83, 86, 89
「しめたまへ」 83, 86
「たもれ」 180
「許してたもれ」 180
断定緩和　11
談話　6, 16, 38, 261-278
断ワル型　157-158

■ ち
周圏分布　40
注意喚起　192-193
中国語文　58
注目喚起　63, 132-133
中立形　60
調整　261, 263, 267
直接型　215
直接的な依頼・禁止　206
直接的な拒否の意志表示　102-103, 109
地理的変異　207, 211-214, 219-221
　禁止表現の地理的変異　219-221
　文末形式にみられる地理的変異　213-214
　前置き表現の地理的変異　211-213

■ つ
通達型　89-90
通達的な依頼・禁止　85-89
慎み　248, 256-257

■ て
「てあげる」 228-229
定型化　28-29, 192-194, 275
　「すみませんが」の定型化　192-194
定型的な言い回し　47
定型表現　30, 72, 247
　恐縮表明の定型表現　72

限定的な定型表現　247
断りの定型表現　30
態度派生可能な定型表現　247
態度非派生の定型表現　247
汎用的な定型表現　247
「ていただく」　228-229
丁寧体　294-295
丁寧語　33
「ておくれ」　143, 145
「ておくれなされ」　143
「ておくれや」　143
テキストマイニング　205
「てください」　228-229
「てくださりませ」　143
「てくだされ」　143
「てくだされい」　134-135
「てくれ」　40, 143, 145
「てくれなんしか」　144
「てくれぬか」　144
「てくれる」　40
「てくれるか」　40
「てくれろ」　145
「てむや」　86
「てもらう」　40, 143, 228-229
「てもらえるか」　40
「てやる」　228-229
伝達手段　6-7

■と

当為の根拠　62
当為表現　61-62, 85
東西　229, 235, 237
東西差　210-211, 213
　　依頼行動の東西差　210-211
東西対立　48
「どうしても」　230, 237-238
導入部　187-196, 199

依頼の導入部　192
感謝による導入部　196
断りの導入部　194-196
発話導入部　187-190
詫びによる導入部　196
都市　52-53
閉じた共同体　32
閉じた表現　32
閉じられた社会　31-33
取り下げ　276-277
　　依頼の取り下げ　276-277

■な

「な」[希望の終助詞]　61
「な」[禁止の終助詞]　62
「な〜そ」　62
名乗り　155
「なませんか」　144
「なむ」　97, 100-101, 104
「なむや」　86
奈良時代　57-74
「成らぬ」　157
「なり」　29

■に

日本語以外の言語　17
日本語と英語　295-296
人間関係　6-7

■ね

「ね」　61
「ねたし」　124
念押し　44

■の

農村　52

■は
「はあ」160
配慮表現 3-296
　機能から見た配慮表現の種類 11-12
　禁止にみる配慮表現 218-222
　形式から見た配慮表現の種類 8-11
配慮表現史 22
配慮表現の現れ方 7-8
配慮表現の多様性をとらえる意義 6-7
配慮表現の連鎖 262
配慮表現をとらえる意義 4-6
配慮表現をとらえるための基本的な方法 14-15
配慮表現をとらえるためのさまざまな方法 16
配慮表現をとらえるためのデータ 12-14
働きかけ 7-8
　相手への働きかけが強い文 7
　相手への働きかけが強くない文 8
　相手への働きかけがない文 8
発話導入部 187-190
罵倒 292
話しことば 280-281
「はばかり（さま）＋逆接」199
「欅様ですが」199
「憚りながら」189
「はばかる」198-199
パラ言語 281
反語 26-27, 88, 99-100, 107-108
汎用的な定型表現 247

■ひ
非圧力 286-288
非敬語動詞の命令形 59
非言語 17, 281
否定疑問文 42-43, 77

否定的評価 103
評価 101, 103, 105-106, 109, 116-119, 168-170, 173
　相手の行為への評価 168-170, 173
　行為の評価 116-119
　否定的評価 103
評価［表現に対する評価］17, 46, 281-286, 292-295
　事態評価 282-286, 292-295
評価・心情の表現 65-66
評価や心情を表す語 96-97
表記体 58
表現態度 282-284, 286-289, 292-295
表現の構造 39, 50-52
表現の要素 38, 43-50
開いた共同体 32
開いた表現 32
開かれた言語共同体 33
開かれた社会 31-33
「便なし」124

■ふ
フェイス侵害行為 206
不快度 285
不可能ダ型 26, 157-158
不可能表現 99-100, 107, 150, 230, 235-237
不信頼度 285
不誠意度 285
負担 217-218, 244
　依頼時の負担 217-218
負担度 225-227, 231-232
　受諾場面の負担度 225-227
負担認定 255
負担表明 11-12
普通体 294-295
仏教説話 136

「不便なり」 124
不満 292
文型による配慮の選択 89-90
文構造 28
　古代語の文構造 28
文体 58, 284-286, 292-294
文タイプ 39-41
文法カテゴリー 5
文法史 22
文末形式 213-216
　依頼時の文末形式 213-216
文末形式にみられる性差 215
文末形式にみられる地理的変異 213-214
文末のモダリティ表現 9
文末表現 145

■へ

「べ」 43
平安時代 75-103, 111-128
平安時代の感謝表現 81
「べきなり」 85-86
「べし」 30-31, 62, 77, 105
　「しかるべし」 105
別の協力の申し出 230, 238-239
変体漢文 58-59

■ほ

報恩表明 253-254, 256
補強 149-150, 158
保障提示 44-45, 49-52
「骨折りながら」 138
「骨折りなりとも」 138
「骨折りなれども」 138
ポライトネス理論 206

■ま

前置き 9-10, 27-29, 33, 44, 102, 132-133, 135-139, 142-144, 146-147, 150, 152-155, 158, 185-187, 198
前置き表現 211-213
　依頼時の前置き表現 211-213
前置き表現の性差 213
前置き表現の地理的変異 211-213
前置き要素と文末要素 76-78
「まじ」 26, 30-31, 88, 103, 109
　「あるまじ」 103
　「あるまじきこと」 103
　「え〜まじ」 26
　「その儀あるまじ」 109
「ましじ」 63
末尾の挨拶 289-291
万葉仮名文 58

■む

「む」 30-31, 61, 77, 86-88, 100-101, 104
　「こそ〜め」 101
　「てむや」 86
　「なむや」 86
「む」型の行為指定 88
無敬語方言 17
「無心ながら」 142
「むつかしながら」 142
「むや」 61
室町時代 149-183
室町時代末 133-139
室町時代末以前 136-137

■め

明治時代 185-202
命令 60, 207-208, 220
命令形 59, 61, 78-79, 81, 85, 88-89, 147
　敬語動詞の命令形 61

非敬語動詞の命令形　59
　命令形による依頼表現　79
　メタ言語表現　76
　「面目ない」　176
　「面目なや」　181

■ も
　申し出　230, 238-239
　　別の協力の申し出　230, 238-239
　「申し訳ない」　48, 233
　モダリティ　33
　　対人的モダリティ　33
　モダリティ表現　30-31
　持ちかけ　261, 263, 265, 267, 270-271
　「もったいない」　181
　「もらう」　40-41, 143, 147, 213-214, 228-229
　　「てもらう」　40, 143, 228-229
　　「てもらえるか」　40

■ や
　「やすきこと」　162-163
　「やすし」　96, 105
　「やる」　228-229
　　「てやる」　228-229

■ ゆ
　「許してくだされ」　180
　「許してくれ」　180
　「許してたもれ」　180
　許しの依頼　175, 179-182

■ よ
　「よい」　168
　要求　44, 59-62
　要求から始まる回答　51

　要求提示　44, 50-51
　要求表現　38-43
　要求表現の通時的展開　41
　用例調査　23-24
　「よきこと」　118, 162
　「よし」　65-66, 70, 81-82, 96, 105
　呼びかけ　187-188, 192-193
　「よろこび」　114-116, 119
　喜び　114-116, 119, 257
　「よろこびきこゆ」　119
　「喜んで」　227-228

■ ら
　落語速記　190
　「らる」　82-83

■ り
　リーグ戦式ロールプレイ　268
　利益　242, 244-245, 247, 249-250, 253-255
　利益の循環システム　255-257
　利益の連鎖システム　252-255
　流行語　280
　理由説明　11-12, 27, 29, 68, 76, 99, 124, 154-156, 158, 186-187, 221, 230, 234-235
　「慮外なれども」　138

■ る
　「る」　83

■ れ
　連鎖　252-255, 262
　　対人行動の連鎖　262
　　配慮表現の連鎖　262
　　利益の連鎖システム　252-255

連用形　140, 142, 144
連用形＋終助詞　140
連用形＋テ形　140

■ろ

ロールプレイ　13, 16, 262, 263, 268
　　リーグ戦式ロールプレイ　268

■わ

和歌　58
詫び　121-124, 126-127, 186-188, 190-195, 197
「詫びことを言う（申す）」　157
詫びによる導入部　196
詫び表現　230, 232-234
「悪い」　48, 233

■を

「を」　64, 67

著者紹介

(2014年4月現在)

野田 尚史(のだ ひさし)
- 【生まれ】1956年，金沢市
- 【学　歴】大阪外国語大学イスパニア語学科卒業，大阪外国語大学修士課程日本語学専攻修了，大阪大学博士課程日本学専攻中退，博士(言語学)
- 【職　歴】大阪外国語大学助手，筑波大学講師，大阪府立大学助教授・教授，国立国語研究所教授
- 【著　書】『「配慮」はどのように示されるか』(共編，ひつじ書房，2012)，『日本語のとりたて―現代語と歴史的変化・地理的変異―』(共編，くろしお出版，2003)など

高山 善行(たかやま よしゆき)
- 【生まれ】1961年，愛媛県松山市
- 【学　歴】愛媛大学法文学部卒業，大阪大学大学院文学研究科修士課程修了，同博士課程中退，博士(文学)
- 【職　歴】大阪大学助手，大手前女子大学講師，大手前大学助教授，福井大学助教授・教授
- 【著　書】『日本語文法史研究1』(共編，ひつじ書房，2012)，『日本語モダリティの史的研究』(ひつじ書房，2002)など

小林 隆(こばやし たかし)
- 【生まれ】1957年，新潟県上越市
- 【学　歴】東北大学文学部卒業，東北大学大学院文学研究科博士前期課程修了，同後期課程中退，博士(文学)
- 【職　歴】国立国語研究所研究員・主任研究官，東北大学大学院文学研究科助教授・教授
- 【著　書】『シリーズ方言学1～4』(編著，岩波書店，2006～2008)，『方言学的日本語史の方法』(ひつじ書房，2004)など

小柳 智一（こやなぎ ともかず）
【生まれ】1969年，東京都目黒区
【学　歴】国学院大学文学部文学科卒業，国学院大学大学院文学研究科博士課程前期修了，同課程後期修了，博士（文学）
【職　歴】福岡教育大学教育学部准教授，聖心女子大学文学部准教授
【論　文】「たましゐをいれべきてには―副助詞論の系譜―」（『日本語の研究』9-2，2013），「古代の助詞ヨリ類―場所格の格助詞と第1種副助詞―」（『日本語文法の歴史と変化』くろしお出版，2011）など

藤原 浩史（ふじわら ひろふみ）
【生まれ】1962年，兵庫県西脇市
【学　歴】東北大学文学部卒業，東北大学大学院文学研究科博士課程中退
【職　歴】国立語研究所研究員，日本女子大学文学部専任講師・助教授，中央大学教授
【論　文】「『枕草子』における概念形成―副助詞「など」の運用―」（『古代語研究の焦点』武蔵野書院，2010），「真の情報を導く副詞の形成」（『文法研究の諸相』中大出版会，2011）など

森野 崇（もりの たかき）
【生まれ】1960年，東京都荒川区
【学　歴】早稲田大学教育学部卒業，早稲田大学大学院文学研究科修士課程修了，同博士後期課程単位取得退学
【職　歴】早稲田大学助手，秋草学園短期大学講師，二松学舎大学文学部講師・助教授・教授
【論　文】「「こそは」考―『源氏物語』の用例から―」（『源氏物語の展望　第六輯』三弥井書店，2009），「桐壺帝の依頼表現」（『源氏物語の始発―桐壺巻論集―』竹林舎，2006）など

森山 由紀子（もりやま ゆきこ）

【生まれ】1963年，滋賀県大津市

【学　歴】奈良女子大学文学部卒業，奈良女子大学大学院修士課程修了，博士（文学）

【職　歴】奈良女子大学助手，同志社女子大学研究助手・専任講師・助教授・教授

【論　文】「『古今和歌集』詞書の「ハベリ」の解釈―被支配待遇と丁寧語の境界をめぐって―」（『日本語の研究』6-2，2010），「源氏物語にみる「はべり」の表現価値試論―敬語形式の確立と意味の重層性―」（『源氏物語の展望　第十輯』三弥井書店，2011）など

米田 達郎（よねだ たつろう）

【生まれ】1971年，浦和市（現さいたま市）

【学　歴】埼玉大学教養学部卒業，大阪大学大学院文学研究科博士前期課程修了，同後期課程修了，博士（文学）

【職　歴】大阪工業大学専任講師・准教授

【論　文】「江戸時代中後期狂言詞章の終助詞トモについて―鷺流狂言保教本を中心に―」（『国語と国文学』90-10，2013），「江戸時代中後期狂言詞章に見られる終助詞ワイノについて―鷺流狂言詞章保教本を中心に―」（『近代語研究』16，武蔵野書院，2012）など

青木 博史（あおき ひろふみ）

【生まれ】1970年，福岡市

【学　歴】九州大学文学部文学科卒業，九州大学大学院文学研究科修士課程修了，同博士課程修了，博士（文学）

【職　歴】京都府立大学文学部講師・助教授・准教授，九州大学大学院人文科学研究院准教授

【著　書】『日本語文法の歴史と変化』（編著，くろしお出版，2011），『語形成から見た日本語文法史』（ひつじ書房，2010）など

福田 嘉一郎（ふくだ よしいちろう）
【生まれ】1963年，大阪府豊中市
【学　歴】京都大学文学部卒業，京都大学大学院文学研究科修士課程修了
【職　歴】熊本県立大学講師・助教授，神戸市外国語大学助教授・教授
【著　書】『日本語文法史研究1』(共編著，ひつじ書房，2012)，『ガイドブック　日本語文法史』(共著，ひつじ書房，2010)など

木村 義之（きむら よしゆき）
【生まれ】1963年，青森市
【学　歴】早稲田大学第一文学部卒業，早稲田大学大学院文学研究科修士課程修了，同博士後期課程単位取得満期退学
【職　歴】早稲田大学助手，十文字学園女子短期大学専任講師・助教授，大正大学准教授，慶応義塾大学准教授・教授
【著　書】『隠語大辞典』(共編，皓星社，2000)，『斉東俗談の研究―影印・索引―』(編著，おうふう，1995)など

岸江 信介（きしえ しんすけ）
【生まれ】1953年，三重県津市
【学　歴】愛知大学文学部卒業
【職　歴】徳島大学総合科学部助教授・教授，徳島大学大学院ソシオ・アーツ・アンド・サイエンス研究部教授
【著　書】『大阪のことば地図』(共編，和泉書院，2009)，『都市と周縁のことば』(共編，和泉書院，2013)など

尾崎 喜光（おざき よしみつ）
【生まれ】1958年，長野県上田市
【学　歴】北海道大学文学部卒業，北海道大学大学院文学研究科修士課程修了，大阪大学大学院文学研究科博士後期課程単位取得退学
【職　歴】大阪大学助手，国立国語研究所研究員・主任研究官・室長・主任研究員・准教授，ノートルダム清心女子大学教授
【著　書】『しくみで学ぶ！　正しい敬語』(ぎょうせい，2009年)，『対人行動の日韓対照研究―言語行動の基底にあるもの―』(編著，ひつじ書房，2008)など

西尾 純二（にしお じゅんじ）

【生まれ】 1971年，兵庫県尼崎市

【学　歴】 三重大学人文学部卒業，大阪大学博士前期課程日本学専攻修了，同後期課程中退，博士（文学）

【職　歴】 大阪大学助手，大阪府立大学講師・准教授

【著　書】 『関西・大阪・堺の地域言語生活』（大阪公立大学共同出版会，2009），「再検討・日本語行動の地域性」（『言語』38-4，大修館書店，2009）など

日高 水穂（ひだか みずほ）

【生まれ】 1968年，山口県柳井市

【学　歴】 大阪大学文学部卒業，大阪大学大学院文学研究科博士前期課程修了，同後期課程修了，博士（文学）

【職　歴】 秋田大学講師・助教授・准教授・教授，関西大学教授

【著　書】 『方言学入門』（共編著，三省堂，2013），『授与動詞の対照方言学的研究』（ひつじ書房，2007）など

三宅 和子（みやけ かずこ）

【生まれ】 福岡県飯塚市

【学　歴】 熊本女子大学文家政学部，筑波大学大学院地域研究研究科修了，博士（文学）

【職　歴】 東洋大学短期大学講師・助教授，東洋大学助教授・教授

【著　書】 『日本語の対人関係把握と配慮言語行動』（ひつじ書房，2011），『メディアとことば1，2，4』（共編著，ひつじ書房，2004，2005，2008）など

原稿チェック・索引作成補助：中西太郎（明海大学）
　　　　　　　　　　　　　　　野田高広（国立国語研究所）

日本語の配慮表現の多様性
──歴史的変化と地理的・社会的変異──

2014年6月15日 第1刷発行

編者　野田尚史・高山善行・小林 隆

発行　株式会社　くろしお出版
　　　〒113-0033　東京都文京区本郷3-21-10
　　　電話：03-5684-3389　FAX：03-5684-4762　WEB：www.9640.jp

装丁　折原カズヒロ　　印刷所　三秀舎

©Hisashi NODA, Yoshiyuki TAKAYAMA, Takashi KOBAYASHI 2014, Printed in Japan

ISBN978-4-87424-622-1 C3081

本書の全部または一部を無断で複製することは，著作権法上での例外を除き禁じられています。